LE CHARME SECRET DE NOTRE GRAISSE

"Questions de santé"

Titre original :
Vet belangrijk
Éditeur original :
Ambo/Anthos Uitgevers, Amsterdam

ISBN 978-2-330-15050-1

Dr Mariëtte Boon
Pr Liesbeth van Rossum

LE CHARME SECRET DE NOTRE GRAISSE

ET SON RÔLE EN FAVEUR DE NOTRE SANTÉ

essai traduit du néerlandais
par Isabelle Rosselin

ACTES SUD

À nos parents.

INTRODUCTION

En entendant parler de "graisse corporelle", la première image qui vient à l'esprit est probablement le bourrelet qui commence à dépasser du pantalon quand on a trop mangé pendant les fêtes de Noël. Ou le gras des fesses sur lesquelles se voient, sous un mauvais éclairage, des petits creux (du moins, chez la plupart des femmes). Beaucoup de gens entretiennent avec leur graisse corporelle une relation amour-haine où la haine l'emporte souvent.

Cet état de fait est incontestablement amplifié par les médias. On ne peut ouvrir un magazine sans tomber sur un article préconisant une méthode pour perdre du poids comme des régimes, des médicaments ou des compléments alimentaires amincissants. Le tout sans se donner trop de mal bien sûr. On vous rebat les oreilles d'innombrables expériences réussies et des mannequins aguerris vous coulent un regard aguicheur. À la télévision, le message est clair aussi : nous devons tous devenir plus minces et plus sportifs et nous attaquer à notre graisse corporelle. Mais, comme tout ce qui constitue notre corps, la graisse n'est pas là pour rien. Elle sert forcément à quelque chose, n'est-ce pas ? Alors de quoi est-elle faite et quel est son rôle au juste ? Est-elle aussi néfaste que tout le monde le prétend ?

Jusqu'à récemment, aucun de nos organes n'était aussi méconnu que la graisse. Eh oui, la graisse corporelle est un organe, tout comme le cœur et les poumons. Pendant des années, non, des siècles, on pensait qu'elle n'était guère plus qu'une petite couche isolante, un tas de gras qui protégeait nos organes internes contre le froid et les chocs. Mais rien n'est moins vrai. À présent, nous savons que la graisse corporelle est un des plus grands organes de notre corps. Les recherches à ce sujet ont connu un développement exponentiel ces dernières années et nous ont ouvert de nouvelles perspectives. Si nous, en tant que médecins et chercheurs, avons appris une seule chose ces dernières années, c'est que la graisse est non seulement un organe important, mais qu'elle est absolument indispensable. Elle permet de fournir continuellement de l'énergie à nos autres organes au cas où nous ne mangeons pas pendant un certain temps. Nos ancêtres en avaient besoin pour survivre. Mais la graisse fait bien plus ! Elle fabrique aussi d'innombrables hormones, des substances diffusées dans le sang pour communiquer à distance avec d'autres organes, comme le cerveau. Elle sécrète par exemple des hormones qui inhibent l'appétit : quand on vient d'avaler une assiette de frites, elles empêchent qu'on mange sans s'arrêter. Pratique, non ?

On parle de graisse corporelle essentielle et de graisse corporelle excédentaire. Il serait plus correct de dire que notre graisse corporelle a deux visages. Tant qu'elle reste dans certaines limites, en termes de volume, elle nous est bénéfique et nous maintient en bonne santé. Mais quand nous n'en avons pas assez ou bien trop, elle peut devenir nuisible. En cas de poids insuffisant, la graisse sécrète en trop faible quantité une hormone cruciale, ce qui entraîne un déséquilibre hormonal pouvant même être une cause de stérilité. En cas de surpoids, la graisse émet au contraire un excédent d'hormones nocives et d'autres substances qui perturbent toutes sortes de processus dans le corps et peuvent provoquer des maladies. Les affections associées au surpoids sont entre autres le diabète (de type 2, dans le reste de cet ouvrage, nous utiliserons pour simplifier le terme "diabète"), la stérilité, la dépression et certains types de cancer. Aussi les entreprises misent-elles sur la vente de médicaments, de compléments alimentaires, de régimes livrés à domicile et autres procédés ingénieux tels que des gilets dans lesquels circule de l'eau froide pour favoriser une diminution ou une élimination du surpoids et ainsi une meilleure santé. Les consommateurs qui cherchent à maigrir se les arrachent, mais n'obtiennent souvent que des résultats décevants. Nous sommes d'avis qu'il est important que vous puissiez vous-mêmes acquérir des notions utiles pour les appliquer judicieusement à votre propre vie afin de réduire (ou au contraire accroître) votre masse corporelle, la rendre plus saine ou éviter qu'elle n'augmente malgré vous.

Dans ce livre, nous vous invitons à faire la connaissance de plusieurs patients que nous avons été amenées à rencontrer au cours de notre pratique quotidienne. Certains d'entre eux ont des problèmes très classiques de graisse corporelle (comme un surpoids ou une affection due à leur surpoids) en général bien connus. Vous allez constater cependant que chacun y réagit à la manière qui lui est propre. Fait passionnant, selon nous. Par ailleurs, nous évoquons le parcours de quelques patients qui présentent une maladie très rare affectant leur graisse corporelle et nous ont de ce fait fortement marquées. Mais ce n'est pas tout, ces patients ont aussi permis aux chercheurs d'obtenir bien des éclaircissements sur le fonctionnement prodigieux de la graisse corporelle et d'en découvrir de nombreux secrets.

En contant des histoires ordinaires et d'autres qui le sont moins, nous vous proposons un voyage à travers cet organe mystérieux. Comment fonctionne précisément notre graisse corporelle ? Comment se fait-il que telle personne en a beaucoup tandis que telle autre en a peu ? Les perturbations hormonales en sont-elles partiellement la cause ? Un excédent de graisse a-t-il des conséquences néfastes pour tout le monde ? Pourquoi les régimes ont-ils souvent une efficacité limitée, ou juste temporaire, et comment conserver durablement un poids sain ? Faut-il éviter le stress, affronter le froid pour stimuler la combustion des graisses ou peut-on recourir à d'autres astuces ? Quelle est l'influence du rythme veille-sommeil, de nos hormones et des médicaments sur la graisse corporelle ? Nous savons tous qu'une mauvaise alimentation et un manque d'exercice physique contribuent à l'épidémie d'obésité. Mais ces dernières années, des recherches ont mis au jour bien d'autres aspects, révélant une grande diversité de causes cachées de prise de poids ! La bonne nouvelle, c'est que certains de ces aspects exercent une influence positive ! Vous pouvez donc souvent reprendre le contrôle sur votre poids. Dans ce livre, nous nous intéresserons à tous ces sujets. Et nous donnons des conseils pratiques applicables directement. Bienvenue dans le monde merveilleux de notre graisse corporelle !

Mariëtte Boon et Liesbth van Rossum,
avril 2019.

1

BRÈVE HISTOIRE DE LA GRAISSE CORPORELLE

Au service de la survie de nos ancêtres

Dans notre monde moderne, la nourriture est abondante et à portée de main. Il suffit de se rendre au supermarché pour remplir son caddie. On peut se faciliter encore plus la vie en commandant ses courses en ligne. Rien à voir avec nos ancêtres de la préhistoire qui devaient chasser en parcourant de longues distances à pied à la recherche de leur nourriture ! Ils avaient à fournir d'immenses efforts pour rentrer parfois bredouilles après des kilomètres de marche. Heureusement, ils avaient toujours sur eux des provisions sur lesquelles ils pouvaient compter : leur graisse corporelle. Les jours sans nourriture, elle libérait de l'énergie, permettant à des organes majeurs comme le cerveau et le cœur de fonctionner. Leurs bourrelets étaient leur kit de survie.

Certains ancêtres chanceux étaient dotés d'un système énergétique particulièrement économe : capables de puiser dans de très petites quantités de nourriture beaucoup d'énergie qu'ils stockaient dans leur graisse, ils savaient aussi brûler cette graisse avec parcimonie. Ce double avantage leur permettait de disposer d'un stock plus important et, durant des périodes de famine, d'en profiter plus longtemps.

Par conséquent, durant la préhistoire, seules les personnes bien enveloppées pouvaient affronter des périodes de disette, et même survivre à une famine prolongée. En d'autres termes, elles possédaient un avantage évolutif, qui s'est avéré indispensable à la survie de notre espèce. Pendant la préhistoire, la graisse corporelle était donc particulièrement appréciée, peut-être même idolâtrée. On a pu s'en apercevoir lors de la découverte de plusieurs mystérieuses statuettes de l'âge de pierre. La plus connue d'entre elles est la Vénus de Willendorf (voir fig. 1.1), qui date d'environ 25 000 ans avant J.-C. Cette statuette représentant une femme au ventre rond, aux seins opulents et aux larges hanches serait un symbole de fertilité. L'ironie de l'histoire : aujourd'hui on sait que l'obésité diminue les chances de procréer.

Fig. 1.1. La Vénus de Willendorf.

Il y a environ 10 000 ans, un important changement s'est produit : les chasseurs-cueilleurs commencèrent à se sédentariser – première étape vers la création de villages et de villes. Ils se mirent à domestiquer des animaux, à développer l'agriculture et purent ainsi constituer des réserves de nourriture. À partir de ce moment-là, les périodes de famine furent révolues, même si les populations restaient soumises aux caprices de la nature : les aléas climatiques compromettaient souvent les récoltes. Ainsi, la graisse corporelle restait la meilleure alliée des humains. Ce fut le cas jusque vers la fin du XVIIIe siècle.

C'est là qu'advint une période que Robert Fogel, lauréat du prix Nobel d'économie en 1993, a nommée la "deuxième révolution agricole". Dans son livre *The Escape from Hunger and Premature Death, 1700-2100* [La fin d'une époque de faim et de mort prématurée], il décrit les bouleversements survenus durant cette période. Voici schématiquement ce qui s'est passé : l'amélioration des techniques agricoles a favorisé la production d'une plus grande quantité de nourriture ; les êtres humains, en majorité petits et maigres, se sont développés, tant en hauteur qu'en largeur, et sont devenus plus costauds ; ils ont ainsi pu consacrer plus de force et d'énergie à un travail plus dur. Résultat : croissance économique, essor de nouvelles technologies (entre autres des machines) et… accès à une quantité encore plus grande d'aliments. Les populations occidentales se sont donc retrouvées en quelque sorte dans une spirale positive.

Cette évolution avait son revers. Les hommes et les femmes ont fini par atteindre la taille maximale déterminée par leur génome, alors que la nourriture demeurait abondante. Sans compter que les machines se chargeaient d'une partie du travail : l'effort pour survivre devenait moindre. À partir de ce moment-là, l'évolution s'est lentement retournée contre nous. Alors qu'autrefois, ceux qui stockaient plus de graisse et pouvaient en brûler très peu étaient des champions de la survie, ils se retrouvaient handicapés à une époque où le travail demandait moins d'effort physique et où l'abondance de nourriture fournissait plus de carburant qu'ils ne pouvaient en brûler. En stockant plus de graisse que nécessaire, les gens autrefois si petits et minces ont été remplacés par des personnes en surpoids et des obèses. Il a fallu un certain temps avant que le surpoids soit considéré comme un problème médical. Ce phénomène s'explique par la bonne réputation dont la graisse a si longtemps bénéficié.

De la meilleure alliée à l'ennemie jurée

Le regard sur la graisse corporelle a considérablement changé au fil de l'histoire. Tout comme la coiffure et le maquillage, la quantité recherchée de graisse corporelle dépend fortement des caprices de la mode. Qui ne connaît pas les femmes charnelles aux larges hanches et aux petits seins peintes par Rubens au début du XVIIe siècle. Elles sont encore aujourd'hui si présentes dans les esprits qu'il existe sur internet des sites comme Rubensdating pour ceux qui aiment les femmes bien en chair.

Dans l'Égypte antique, les femmes que l'on voyait flâner en ville n'avaient pas du tout le même aspect. Elles étaient minces et musclées. Elles avaient les yeux très maquillés, au khôl noir, et des coiffures élaborées. Dans la Grèce antique aussi, il fallait être mince et musclé, surtout les hommes. À tel point que les gros étaient bannis de la ville, comme l'ont révélé les récits des Spartiates. Et le philosophe grec Socrate faisait apparemment de la gymnastique chaque matin pour garder la ligne. À partir de la fin de la Renaissance, on aimait être potelé. Tout comme Pierre Paul Rubens, Michel-Ange a représenté sur ses fresques de la chapelle Sixtine des femmes plantureuses. Au XIXe siècle, les rondeurs étaient toujours aussi appréciées. Elles évoquaient la richesse, le succès et le pouvoir. Cela n'a rien d'étonnant, à une époque où la nourriture restait assez rare. Et quand une chose est rare, tout ce qui y est associé devient attractif.

Attardons-nous un peu sur un phénomène du début du XXe siècle. Cela se passe dans une toute petite ville du Vermont : Wells River. Chaque année une armée d'hommes au gros ventre et au double menton se réunissaient dans l'auberge locale afin de passer le week-end ensemble. Cette auberge était le siège de leur New England Fat Men's Club. Oui, vous avez bien lu, le club avait été spécialement créé pour les gros ! Il fallait peser au moins 100 kilos pour devenir membre et posséder une belle fortune. Le but du club était d'ailleurs de créer un réseau de riches hommes d'affaires et de politiciens influents. Le New England Fat Men's Club était loin d'être le seul en son genre. Au XIXe siècle, ces clubs d'hommes corpulents poussaient comme des champignons, non seulement aux États-Unis mais aussi en France. La graisse avait son heure de gloire. Dans la littérature de l'époque aussi, elle avait manifestement bonne réputation. Dans les romans de Charles Dickens, par exemple, un gros garçon était un *wonderfully fat boy*, un garçon délicieusement grassouillet. D'autres écrivains qualifiaient les gros de "joyeux", "aimables" et "bonhommes". Cette situation allait cependant vite changer…

Tout d'abord, la graisse corporelle commença à perdre sa bonne réputation parce que la corpulence n'était plus considérée comme esthétique. Vers le début du XXe siècle, il fallait être mince. Cette tendance fut exploitée dès le début des années 1920 par des entreprises à la recherche de profit. En 1925, le fabricant de cigarettes Lucky Strike lança une campagne publicitaire avec pour slogan *Reach for a Lucky instead of a sweet* (Prenez une Lucky au lieu d'une friandise). Le pire, c'est que ce genre d'incitation fonctionne, car la nicotine coupe l'appétit. Aujourd'hui nous savons que la cigarette n'est pas une bonne alternative aux gourmandises. N'empêche que le slogan était malin. Dans les années 1930, une pilule amincissante très efficace mais dangereuse fut introduite sur le marché : le dinitrophénol (DNP). Elle favorisait une production massive de chaleur par les cellules de l'organisme. Les gens perdaient certes leurs kilos, mais cette combustion intensive les mettait en état de surchauffe. Plusieurs femmes en sont mortes. La pilule fut d'ailleurs retirée du marché dès 1938. Il est choquant de constater que, quatre-vingts ans plus tard, on peut encore la commander illégalement sur internet. Dans les années 1950 fut commercialisé un nouveau "produit miracle", testé avec succès par la célèbre cantatrice Maria Callas. Elle perdit plus de 30 kilos en prenant un comprimé qui contenait des œufs de ténia. Ceux-ci se développèrent en longs ténias affamés qui la firent maigrir. Méthode aussi efficace que répugnante et, qui plus est, dangereuse. Dans les années 1960, la minceur extrême devint à la mode, à la suite de la carrière fulgurante de la jeune et svelte mannequin Lesley Hornby, surnommée Twiggy (autrement dit "brindille"). Les jeunes femmes voulaient lui ressembler, le but n'étant donc plus d'être minces, mais carrément maigres. Maigrir devint l'obsession qu'on connaît. En 1963, Jean Nidetch, une femme au foyer se disant obsédée par les biscuits, fonda un club pour surveiller son régime, Weight Watchers. Le club est désormais une véritable institution de la perte de poids. Ces dernières décennies, divers régimes populaires sont apparus (entre autres Atkins ou South Beach) et, au tournant du siècle, des émissions de télévision ont vu le jour dans lesquelles les participants s'efforçaient de perdre le plus de poids possible (en voici un assortiment : *The Biggest Loser*, *Obese* et, en France, *Le Grand Perdant*). À partir du début du XXe siècle, ce désir d'être mince a eu tendance à s'accompagner de plus en plus souvent d'un regard négatif sur les personnes en surpoids ou obèses. Dans la littérature, on ne parlait plus du "joyeux dodu", mais du "tas de graisse hideux". On commença aussi à penser que, en général, si on était en surpoids, on en était responsable. Et qu'on était "faible" quand on ne savait pas modérer son alimentation. Or l'excès est loin d'être toujours la cause d'un surpoids. Toujours est-il que, pour beaucoup de personnes en surpoids, cette stigmatisation a d'importantes répercussions psychiques, comme nous le verrons au chapitre 11.

Une chose est claire : la graisse corporelle est tombée en disgrâce. Ce phénomène s'est accentué au début du XXe siècle, au moment où des scientifiques ont établi un lien incontestable entre obésité et taux de mortalité plus élevé. On notera que les premières études à ce sujet furent réalisées par des compagnies d'assurances. Elles mirent définitivement un terme à la bonne réputation de la graisse corporelle et, à partir des années 1930, le surpoids fut communément reconnu comme un problème de santé. Restait à déterminer comment la graisse agissait sur la santé. Cela resta longtemps un mystère.

Côté science : la découverte des cellules graisseuses

Revenons à l'Antiquité. Le médecin grec Hippocrate (considéré comme le fondateur de la médecine moderne) avait déjà observé, vers le IVe siècle avant J.-C., que les personnes en surpoids étaient plus souvent frappées d'une mort soudaine que les minces. Par ailleurs, il remarqua que l'obésité favorisait la stérilité chez les femmes. Il avait raison, même s'il expliquait ce phénomène différemment. D'après lui, le surpoids compliquait les rapports sexuels... Évidemment, à l'époque on ignorait encore tout des hormones, sans parler des graves perturbations de notre régulation hormonale que pouvait provoquer un excédent de graisse corporelle.

Par la suite, les ouvrages des savants ont longtemps passé sous silence le surpoids. Il est difficile de déterminer précisément le moment où l'on a découvert que le surpoids était dû à un excédent de graisse corporelle, et non à l'accumulation d'une autre matière, notamment le sang. À un moment donné de l'histoire, quelqu'un a probablement remarqué, lors d'une autopsie, qu'une personne obèse avait une couche de graisse sous-cutanée plus épaisse qu'une personne mince, et que cette couche était jaune et spongieuse. Il importe de préciser que pendant des siècles, jusqu'à la Renaissance, pour des raisons éthiques et religieuses, il était tabou d'ouvrir les corps, du moins dans le monde occidental. Les défunts devaient rester intacts. La situation a changé au XVIIIe siècle. D'innombrables ouvrages et articles sont parus sur les causes et les conséquences du surpoids. Dans certains d'entre eux figuraient des théories très intéressantes et parfois – rétrospectivement – très fantaisistes.

Thomas Short écrivait en 1727 que l'organe adipeux se composait selon lui de petites poches de graisse, séparées du sang. Cette théorie était extrêmement progressiste, à une époque où la théorie d'un organe constitué de "cellules" n'en était qu'à ses débuts. Selon lui, le surpoids était provoqué par une accumulation non seulement de sang, mais aussi de "substances huileuses", due à une transpiration insuffisante. Pour guérir du surpoids, il fallait donc transpirer davantage. Il avait là, malgré lui, donné un bon conseil si les patients comprenaient qu'il fallait faire plus de sport !

Vers 1760, le physiologiste écossais Malcolm Flemyng, un des élèves du savant Herman Boerhaave originaire de Leyde, réfléchit lui aussi aux différentes causes du surpoids. Pour lui, la première d'entre d'elles était la consommation d'une trop grande quantité de nourriture, et surtout d'aliments gras. Mais il remarqua déjà que les sujets en surpoids n'étaient pas tous de gros mangeurs et les sujets minces pas toujours de petits mangeurs. Il imagina une autre cause qui fait penser aux "poches de graisse" de Thomas Short. Flemyng croyait lui aussi que la graisse était stockée dans des poches enveloppées d'une membrane. Et si ces membranes étaient trop lâches, les poches pouvaient se distendre plus facilement, ce qui favorisait un excès de poids. Pour lui, de telles "membranes lâches" existaient au sein de certaines familles. Il fut ainsi l'un des premiers à suggérer une cause génétique du surpoids. Une autre cause possible avancée par Flemyng recoupait à peu près la conception de Thomas Short, à savoir l'élimination insuffisante de substances corporelles liquides. Il pensait qu'une partie de la graisse provenant du régime alimentaire devait être éliminée par la transpiration, l'urine et les selles. À défaut, on la stockait dans ses poches de graisse et on grossissait. Pour y remédier, il avait aussi envisagé plusieurs solutions, toutes axées sur une élimination plus importante.

L'une d'entre elles nous a frappées. Il fallait manger chaque jour un morceau de savon. Il évoque un patient qui perd 14 kilos en deux ans en consommant quotidiennement 2 à 4 grammes de savon…

La théorie de "poches de graisse" composant notre tissu adipeux, émise par Short et Flemyng, est inouïe. Grâce aux améliorations apportées au microscope par Antoni van Leeuwenhoek au XVIIe siècle, on put observer à l'échelle microscopique des petits éléments de notre corps, du sang et des plantes. Ainsi naquit la "théorie cellulaire" (voir encadré 1). Une fois les cellules du corps découvertes, il n'y avait plus qu'un pas pour constater que les cellules graisseuses (ou adipocytes) constituaient les éléments à la base de notre tissu adipeux. À la fin du XIXe siècle ceci devint un fait scientifique.

Les choses en restèrent là pendant très longtemps, la théorie dominante étant que "la cellule graisseuse" était un lieu de stockage de la graisse. Ensemble, ces cellules graisseuses formaient notre organe adipeux, qui enveloppait notre corps d'une couche chaude agréable et protégeait nos organes des chocs. Cette conception a profondément évolué dans les années 1990, quand il s'est avéré que les cellules graisseuses pouvaient elles-mêmes fabriquer des hormones, ces substances diffusées dans le sang qui ont toutes sortes d'effets sur d'autres organes. Et à distance, s'il vous plaît ! Des recherches avaient alors démontré que la graisse émettait même des signaux à l'intention de notre cerveau. Plus incroyable encore : la graisse pouvait en partie influer sur notre comportement. Non seulement notre comportement alimentaire, mais aussi notre humeur. La graisse jusqu'alors passive se transformait soudain en organe *actif.* Un nouveau domaine de recherche était né : l'exploration de tous les secrets de la graisse ! Un domaine de recherche fascinant, où des découvertes passionnantes se sont succédé à toute allure, et qui fait encore l'objet de centaines d'articles scientifiques par an, dévoilant toujours du nouveau. Mais commençons par la base : comment fonctionne la graisse corporelle au juste ?

ENCADRÉ 1.
LA CELLULE, UN ÉLÉMENT DE BASE COMPOSANT TOUS LES ÊTRES VIVANTS

Tous les organismes, que ce soient des êtres humains ou des plantes, sont composés de cellules. Un être humain est fait de quelque 100 000 milliards de cellules. Une cellule est le plus petit élément de l'organisme. Elle est constituée d'un noyau, où est stocké le matériel génétique (ADN), et elle contient les nombreux organites – de tout petits dispositifs qui la font fonctionner. Par exemple la mitochondrie est l'organite responsable du métabolisme de la cellule. Toutes les cellules ont le même "plan de construction", mais peuvent avoir, selon l'organe, un aspect très différent et de tout autres caractéristiques. Une cellule musculaire est très différente d'une cellule graisseuse. Les cellules constituent les éléments à la base des organes, comme le cœur, les poumons et… le tissu adipeux.

2

UN ORGANE-RÉSERVOIR POUR NE JAMAIS MANQUER DE RIEN

Comme une voiture a besoin d'essence pour rouler, nous aussi nous consommons un carburant pour "avancer" – dans tous les sens du terme ! Même sans bouger, nous dépensons plein d'énergie : notre cœur pompe continuellement le sang qui circule dans notre corps, nous respirons en moyenne douze fois par minute et notre foie et nos reins purifient notre sang de déchets toxiques. Quand nous pratiquons un sport, notre combustion augmente considérablement et nous avons besoin de bien plus d'énergie encore. Notre corps utilise en gros deux types de carburant : les sucres et les graisses. Contrairement à ce que l'on pense communément, ce sont les graisses qui apportent le plus de carburant à la plupart des organes. Lors de leur combustion, elles génèrent le plus d'énergie, nettement plus que les sucres. Notre corps, malin comme il est, fait donc généralement en sorte que nous disposions d'assez de graisse. Il utilise notre graisse avec une grande parcimonie, car non seulement elle est le carburant le plus précieux de notre corps, mais elle a aussi d'autres fonctions essentielles. La graisse enveloppe par exemple d'une fine couche les cellules de notre corps et gaine nos fibres nerveuses, garantissant ainsi que les nerfs transmettent rapidement leurs signaux et que nous soyons ainsi en mesure de penser et de bouger aussitôt. Vous commencez à avoir un faible pour votre graisse ?

Mais où se trouve notre carburant au juste ? Dans une voiture, c'est évident : il se situe dans un seul endroit, à savoir le réservoir. Dans notre corps, le carburant se répartit entre plusieurs endroits. Une quantité limitée de carburant – graisses et sucres – se déplace librement dans le sang, prête à être absorbée à tout instant par les organes. Chaque fois que nous mangeons, nous renouvelons ce stock. Cela soulève aussitôt des questions. Et si nous ne mangeons pas pendant un moment, par exemple tout au long d'une nuit de sommeil ? Quand aucune nourriture n'est à portée de main, comme on l'a vu pour nos ancêtres ? Que se passe-t-il quand nous faisons du sport et activons notre combustion ? Dans tous ces cas de figure, nous sommes reconnaissants de pouvoir puiser dans nos réserves d'énergie. Elles nous permettent de ne pas nous effondrer quand nous sautons un repas. Et de courir ou de faire du tennis pendant une heure en toute impunité, à condition que nous ne soyons pas en trop mauvaise forme bien sûr. Comme notre corps fonctionne en utilisant deux types de carburants, nous avons aussi besoin de deux types de réservoirs – un pour les sucres et un pour les graisses – auxquels nous pouvons faire appel quand le carburant dans le sang menace de s'épuiser.

Le glycogène : réserve des sucres

Notre plus petite réserve de carburant est celle des sucres. En l'occurrence il ne s'agit pas de sucres comme le sucre en poudre, le sucre de canne ou le sucre de betterave, mais d'une forme de sucre appelée "glucose". Pour que le glucose se stocke le plus efficacement possible, il est aggloméré en un grand écheveau. Cet écheveau de molécules de glucose est appelé “glycogène” et se situe à deux endroits : dans le foie et dans les muscles (voir fig. 2.1). Quand le taux de glucose dans le sang est trop bas (“hypoglycémie”), par exemple parce qu’on n’a pas mangé depuis plusieurs heures, du glucose est “découpé” dans le glycogène du foie et diffusé dans le sang. La glycémie augmente, ce qui permet à nouveau de faire face. Les muscles ont aussi une réserve de glycogène et le glucose qui en est libéré ne sert qu’à eux, par exemple lors de la pratique intensive d’un sport. Voilà qui est malin, car le glucose peut être fragmenté plus vite que la graisse et génère donc plus vite de l’énergie.

Quelle quantité exacte d’énergie produit la réserve de glucose ? Au total, environ 500 grammes de glycogène sont stockés dans le foie et les muscles. Comme la combustion d’un gramme de glucose génère 4,1 kilocalories, le glycogène stocke au total 2 870 kilocalories. Est-ce beaucoup ? Tout dépend du point de vue. Sachant qu’une femme adulte de poids moyen qui bouge modérément utilise 2 000 kilocalories par jour, on peut “vivre sur ses réserves” de glycogène à peine un jour et demi. Et même moins longtemps, d’autant qu’au début on ne puise que dans la réserve de glycogène située dans le foie. Ce n’est donc pas la réserve d’énergie dont devaient se satisfaire nos ancêtres quand il leur fallait survivre un certain temps sans nourriture. Elle n’est pas faite pour cela, d’ailleurs, mais pour gérer les situations d’urgence. Le glycogène peut se fragmenter très rapidement en molécules de glucose (voir fig. 2.2) qui se transforment immédiatement en énergie. Très utile quand on fait un sprint pour attraper son train. Ou, du temps de nos ancêtres, quand on était poursuivi par un tigre. En revanche, quand on n'a pas mangé depuis trois heures ou lorsqu'on doit fournir des efforts soutenus, on sollicite sa graisse corporelle.

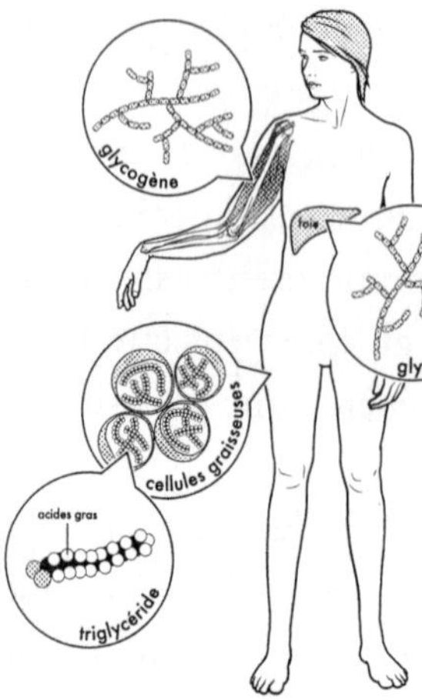

fig. 2.1. Stockage du glycogène et de la graisse dans le corps.

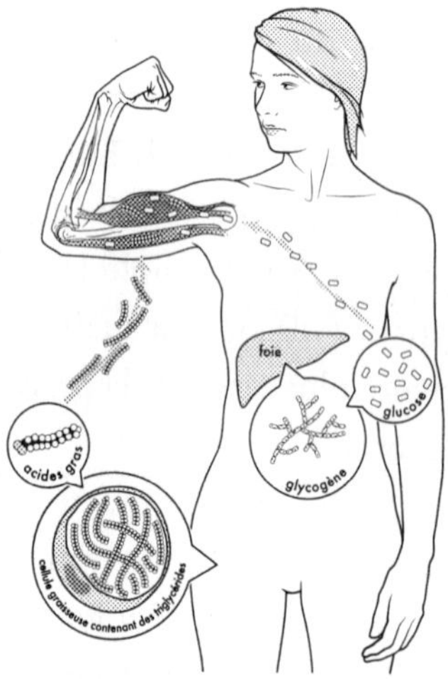

fig. 2.2. Utilisation des acides gras et du glucose comme carburant.

Le tissu graisseux

Notre graisse corporelle nous procure l'énergie indispensable quand la nourriture manque pendant un certain temps. Au fil des siècles, notre graisse corporelle a donc évolué pour se transformer en un immense entrepôt d'énergie. Elle se constitue à un stade précoce de la grossesse, quand le fœtus n'est pas plus grand qu'une noix. Elle apparaît non seulement sous la peau, mais aussi dans le ventre autour des organes. Au début, un fœtus a très peu de graisse corporelle. Ce n'est d'ailleurs pas vraiment nécessaire car, tant que le fœtus est en sécurité dans l'utérus, le placenta lui fournit de l'énergie par le cordon ombilical. Il n'a donc pas encore besoin d'une réserve. Cependant, au terme de la grossesse, le fœtus doit être prêt pour la vie en plein air. Il peut faire froid et rien ne garantit qu'une alimentation (au sein) suffisante sera aussitôt disponible. Pour assurer cette période de transition, le fœtus développe, à la fin de la grossesse, une bonne réserve de graisse. Les bébés nés prématurément ne l'ont pas encore et risquent donc de ne pas avoir assez chaud. Ils doivent par conséquent rester dans un premier temps en couveuse, un petit nid délicieusement chaud où les nouveau-nés n'ont pas besoin de dépenser beaucoup d'énergie pour se maintenir à la bonne température. Avec le temps, cette réserve de graisse se constitue d'elle-même.

Notre réserve de graisse augmente à mesure que nous avançons en âge. Mais ce n'est pas tout : notre graisse corporelle est l'un des principaux organes de notre corps. Cet organe méconnu est réparti un peu partout dans notre corps, comme vous pouvez vous-mêmes le constater (ou préférez ne pas le constater). Les deux grandes masses de graisse se situent dans le ventre autour des organes (c'est ce que nous appelons aussi la "graisse abdominale") et sous la peau (la "graisse sous-cutanée"). Cette dernière peut être présente vraiment partout, par exemple dans le visage (y compris dans le fameux "double menton"), dans les pieds et dans les bras. La plupart de la graisse sous-cutanée se situe cependant dans la région ventrale, dans les fesses et les cuisses, ce qui contrarie beaucoup de gens. Comment se fait-il que notre graisse corporelle se stocke si facilement ?

En fait, elle se compose de pas moins de cinquante milliards de petits ballons très extensibles appelés "cellules graisseuses" (ou adipocytes). Chacune de ces cellules est capable de stocker de la graisse et de s'élargir considérablement. Quand on observe de la graisse au microscope, on constate que ces cellules ressemblent effectivement à des petits ballons. Voilà qui rappelle les fameuses "poches remplies de graisse" (voir fig. 2.1), imaginées au XVIIIe siècle par Short et Flemyng.

En fait, une cellule graisseuse n'est pas qu'"un petit ballon rempli de graisse", loin de là ; ce ne serait pas lui faire honneur. Elle est et elle agit bien davantage. Elle a aussi un noyau et des organites (des petits dispositifs) lui permettant de fabriquer des protéines spécifiques. Comme... les différentes substances messagères, ces hormones qui font de la graisse un organe spécial. En plus, comme toute autre cellule du corps, la cellule graisseuse comporte des petites centrales d'énergie étonnantes, qui se chargent de la combustion.

L'histoire de Natalie, atteinte d'une anomalie rare, révèle l'importance de la graisse corporelle.

ET QUAND ON N'A PAS DE GRAISSE ?
L'HISTOIRE DE NATALIE

Natalie était une jeune femme mince, entreprenante, de dix-huit ans, issue d'une famille chaleureuse. Sa vie insouciante a soudain pris fin quand ses règles sont devenues irrégulières. Cela ne s'est pas arrêté là. "Je me sentais épuisée et chaque mouvement me faisait mal. La maladie de Pfeiffer, ont pensé les médecins. Mais je continuais de me sentir mal en point et j'avais de plus en plus de problèmes physiques. Je ne pouvais plus supporter les aliments gras, j'avais la nausée et je vomissais souvent. Tout cela ne pouvait pas s'expliquer par la maladie de Pfeiffer, si ?"

Le temps passait, sans que Natalie se rétablisse. À la suite d'une analyse sanguine, sa glycémie s'est révélée trop élevée. À vingt et un ans, on lui a diagnostiqué un diabète. Cette maladie était-elle à l'origine de tous ses problèmes ? "Je devais m'injecter de l'insuline, mais j'avais beau me faire des piqûres, le glucose dans mon sang diminuait à peine, c'en était désespérant. En plus, je continuais de me sentir très fatiguée, si bien que je n'arrivais presque pas à travailler. Je n'avais plus la moindre énergie, j'étais trop lessivée pour faire du vélo. Les médecins étaient confrontés à une énigme et moi je ne savais plus quoi faire. Tout le monde commençait à se demander si je n'avais pas une autre pathologie."

Natalie fut adressée à un gastroentérologue, qui s'aperçut qu'elle avait les bras et les jambes très maigres, alors que son ventre était visiblement bombé. Il lui fit passer une IRM et le résultat fut frappant. "Je n'avais pratiquement pas de graisse sous la peau. J'avais en revanche beaucoup de graisse à des endroits où elle n'était pas à sa place, comme sur le cœur. Mon foie aussi était très gras et avait donc enflé. C'est ce qui expliquait mon ventre si rond ! Et aussi mes fortes nausées et mon aversion pour les aliments gras. Alors que je n'avais pas de graisse sous la peau, le taux des triglycérides [graisses] dans mon sang avait sensiblement augmenté."

Natalie souffrait en fait du syndrome de "lipodystrophie". Cette anomalie rare de la graisse ne concerne qu'une personne sur dix millions. Elle fait que, d'une manière ou d'une autre, la graisse sous-cutanée ne peut pas se stocker. Des cellules graisseuses sont pourtant bien présentes, mais elles sont quasiment vides, comme de petites poches plates et flasques. Les graisses doivent donc aller ailleurs. Elles circulent dans le sang pour s'installer à un autre endroit, notamment dans la graisse abdominale, qui a une importante capacité de stockage. Une grande quantité de graisse est également stockée dans d'autres organes, dans le cas de Natalie sur le cœur et le foie, et par exemple aussi autour des reins. À terme, le stockage de la graisse se révèle très dangereux à ces endroits. Il peut entraîner entre autres des affections cardiovasculaires, des déficiences rénales et des maladies du foie. En outre, l'accumulation de graisse dans les organes perturbe leur absorption du glucose. Résultat : le glucose reste dans le sang, la glycémie augmente et on devient diabétique. On le voit : sans un fonctionnement efficace du tissu adipeux, les graisses et les sucres circulent dans le sang et finissent par arriver à des endroits où ils ne sont pas à leur place.

Comment va Natalie maintenant ? "On me prescrit à présent un médicament expérimental qui vient des États-Unis. Il ne peut pas me redonner de la graisse sous la peau, mais peut en revanche me faire perdre un peu de la graisse sur mes organes. J'ai le ventre moins gonflé, et mon métabolisme des sucres s'est amélioré. J'ai plus d'énergie aussi. J'ai retrouvé ma vie." À présent, Natalie a trente-sept ans, elle est mariée et travaille presque à plein temps dans un établissement de négoce. Elle a même assez d'énergie pour ses loisirs. Elle aime faire du vélo et passer du temps dehors. Elle continue de prendre le médicament américain.

Notre graisse : un fournisseur d'énergie durable

L'histoire de Natalie montre à quel point la graisse corporelle est indispensable ! Examinons maintenant de plus près notre "entrepôt de graisse" : comment la graisse est-elle envoyée vers d'autres organes pour leur servir de carburant ? Lorsque nous parlons de la "graisse" en tant que carburant circulant dans le sang (et pouvant être absorbée et brûlée par les organes), nous nous référons aux acides gras. Ce sont de longues chaînes composées le plus souvent de seize à dix-huit atomes de carbone. Comme le glucose, les acides gras sont astucieusement emballés pour être stockés en grand nombre dans un petit espace. Un peu comme un fichier ZIP dans un ordinateur. Les acides gras sont stockés par groupes de trois sous forme de ce qu'on appelle les "triglycérides" (voir fig. 2.1). Une seule cellule graisseuse contient des milliers de triglycérides, serrés les uns contre les autres. Cela représente une très grande quantité de carburant : une véritable mine d'or. Quand on n'a pas mangé depuis plusieurs heures ou qu'on exerce pendant longtemps une activité physique (par exemple en faisant du sport ou en effectuant des tâches ménagères), le corps cherche à se procurer ce carburant. Les acides gras sont "découpés" des triglycérides, diffusés dans le sang puis envoyés vers les organes qui en ont besoin (voir fig. 2.2). Le carburant (sous forme d'acides gras) est donc littéralement "envoyé" de la graisse corporelle vers les autres organes.

Grâce à notre couche de graisse, nous parvenons donc parfaitement à couvrir les périodes de faim. Mais pendant combien de temps pouvons-nous puiser dans nos réserves de graisse ? Des études chimiques ont révélé que la combustion d'un gramme de graisse génère 9,4 kilocalories. Pour le lecteur attentif : cela représente plus du double des 4,1 kilocalories que génère la combustion d'un gramme de glucose. Voilà pourquoi le carburant dans notre corps est stocké non seulement sous forme de glycogène, mais aussi de graisse. Vous préférez mettre dans le réservoir de votre voiture assez de carburant pour faire sept cents kilomètres plutôt que deux cents, non ? Si nous voulions stocker tout autant de calories sous forme de glycogène, nous devrions peser bien plus lourd. En effet, le poids de notre réserve de graisse n'est pas négligeable. La graisse corporelle d'un adulte en bonne santé de 70 kilos représente environ 14 kilos. Comme la combustion d'un gramme de graisse génère 9,4 kilocalories, cela correspond à une réserve totale de 131 600 kilocalories : une quantité gigantesque ! Une femme de taille moyenne qui a une activité physique modérément intensive chaque jour brûle, comme on l'a dit, quelque 2 000 kilocalories par jour, et un homme 2 500 kilocalories. Cela signifie que nous pouvons puiser dans notre réserve de graisse en moyenne 66 jours (dans le cas d'une femme) ou 53 jours (dans le cas d'un homme), à condition de ne pas être plus actifs que d'habitude.

Dans la pratique, nous pourrions même tenir plus longtemps, car nous avons une troisième réserve d'énergie, une réserve que nous préférons ne pas solliciter, sauf si notre vie en dépend. Il s'agit de notre réserve de protéines. Un adulte en bonne santé de 70 kilos porte sur lui près de 10 kilos de protéines, dont la moitié peut être fragmentée en petits morceaux appelés "aminoacides" susceptibles d'être utilisés comme carburant. Le corps préfère ne pas faire appel à cette réserve d'énergie car les protéines corporelles ne sont pas censées être une source d'énergie. Elles ont par exemple une fonction importante en tant que composantes des muscles, y compris le myocarde et les muscles de la respiration, et jouent aussi un rôle de défense contre les agents pathogènes. On le voit clairement chez les patients atteints d'anorexie nerveuse, une maladie qui fait qu'une personne mange peu, voire rien, pendant une longue période. Une personne anorexique a non seulement très peu de graisse corporelle, mais aussi peu de muscles. Le corps les a en fait fragmentés pour obtenir suffisamment d'énergie. Une personne souffrant d'une anorexie extrême est aussi vulnérable aux virus, bactéries et mycoses les plus anodins, car son système de défense n'arrive plus à les combattre.

La graisse raffole du sucre : et nous aussi

Manger est un des principaux moyens d'approvisionner nos réserves d'énergie. Voilà qui tombe bien, car la plupart des gens adorent ça. Nous aussi d'ailleurs. Les aliments que l'on mange appartiennent à trois différents blocs fondamentaux : les glucides (sucres), les lipides (graisses) et les protéines. Avant que les intestins puissent accueillir ces blocs, ils doivent d'abord être fragmentés en morceaux plus petits. Cela se produit grâce à l'action des enzymes de la digestion, sortes de mini-ciseaux qui découpent ces gros morceaux de nourriture en petits blocs.

Commençons par examiner de plus près le bloc "sucres". Par "sucres" on entend souvent des glucides (appelés aussi hydrates de carbone) qui se composent d'un seul ou de deux blocs, les "glucides simples". Le sucre que l'on pose sur la table en est un exemple. La plupart des sucres se composent de glucose, de fructose ou d'une combinaison des deux. Le fructose, présent dans la nature, entre dans la composition de denrées comme le miel ou les fruits, dont dérive son nom. Le fructose étant très sucré, on l'utilise aussi comme édulcorant dans toutes sortes de produits, notamment les biscuits, le chocolat et les réglisses. Il existe aussi des glucides, tel l'amidon, qui se composent de longues chaînes de glucose. Ce genre de glucides se trouvent entre autres dans le pain, les pommes de terre et les pâtes. Certains glucides sont appelés "glucides complexes". Ils forment des fibres. On trouve à la fois des glucides complexes et des fibres entre autres dans les légumes, les pâtes complètes, le riz complet, les lentilles, les fruits, les noix, les légumes secs et les graines. Ce sont donc les glucides nutritionnels sains.

Le glucose et le fructose (les glucides simples) passent sans problème directement dans les intestins. Les glucides complexes doivent en revanche être "découpés" au préalable en sucres isolés par les enzymes de la digestion. Plus la structure des glucides complexes est compliquée (par exemple avec beaucoup de ramifications), plus il est long et difficile de les découper en petits morceaux.

Par conséquent, après la consommation d'un produit alimentaire composé d'une grande quantité de glucides simples, donc de sucres isolés, la glycémie augmente rapidement, et après un repas comportant des glucides complexes, bien plus lentement (voir encadré 2). Quand on éprouve une sensation de faim, on a donc de bonnes raisons d'être tenté de se précipiter sur un produit alimentaire entraînant une augmentation rapide de la glycémie, comme un morceau de chocolat. Cela permet de sentir rapidement l'énergie revenir.

Lorsqu'on a mangé un aliment sucré, la glycémie met plus ou moins de temps à augmenter. Cette hausse donne le signal au pancréas de sécréter une hormone importante : l'insuline. Celle-ci est en quelque sorte un guide qui indique sa place à tout le glucose qui apparaît dans le sang. L'insuline jalonne le parcours en ouvrant une porte d'accès aux différentes cellules du corps afin que le glucose s'y introduise. Ensuite, les cellules se servent de ce glucose comme carburant. Et le muscle et le foie transforment le glucose en glycogène, pour que la réserve de sucres se remplisse. Mais l'insuline fait bien plus ! Quand le glucose pénètre dans le sang en plus grande quantité que ce qui peut être directement utilisé ou transformé en glycogène, il y a alors un "excédent". Cet excédent est pris en charge par notre graisse corporelle et transformé en triglycérides, donc en graisse ! Par conséquent, une alimentation trop riche en sucres ou en amidon pendant une période prolongée – que ce soient des sodas ou des jus de fruits, des biscuits, du riz ou des pommes de terre – peut en définitive faire grossir autant qu'une alimentation trop riche en graisses. Cela ne signifie pas qu'il faut supprimer tout glucide de son alimentation. Nous avons besoin des glucides comme carburant pour notre cerveau et pour constituer des réserves de glycogène. Les fibres sont également importantes pour nos intestins, et les personnes qui consomment beaucoup de fibres ont moins de risques d'avoir le diabète et des maladies cardio-vasculaires. Pourvu que le tout se fasse avec modération !

ENCADRÉ 2. LES GLUCIDES SIMPLES ET COMPLEXES : QUELQUES EXPLICATIONS

Les glucides simples et complexes sont différents non seulement par leur structure, mais aussi par les effets qu'ils produisent sur notre corps, comme le montre le tableau synthétique ci-après :

	GLUCIDES SIMPLES	GLUCIDES COMPLEXES
TYPES D'ALIMENTS	Pain blanc, riz blanc, chips, friandises	Pain complet, riz complet, pâtes complètes, légumes, légumes secs
EFFETS SUR LE CORPS	Augmentation rapide de la glycémie, donnant vite une sensation d'énergie	Augmentation plus lente et moins importante de la glycémie, donnant plus tardivement une sensation d'énergie
EFFETS SUR L'INSULINE	Sécrétion accélérée et pic élevé d'insuline. Cela entraîne aussi une baisse rapide de la glycémie et une sensation de fatigue	Sécrétion plus lente et pic plus bas d'insuline. La glycémie reste élevée plus longtemps et la sensation d'énergie dure plus longtemps

Aujourd'hui, il est particulièrement difficile de savoir garder la mesure. Nous savons en effet que les bonbons, les biscuits et autres friandises contiennent du sucre, mais saviez-vous qu'il y en a aussi dans de nombreux produits prêts à consommer ? Comme la soupe industrielle, le pain, la sauce tomate et même la charcuterie ? C'est ce qu'on appelle les "sucres cachés". Il s'est avéré que, sur les étiquettes des produits, les fabricants mentionnent les sucres à mots couverts. Dans notre esprit, nous associons le terme "sucre vanillé" au sucre. Mais nous ne faisons pas aussitôt le rapprochement entre le sucre et le miel ou le sirop et le sucre. Et que dire de "cassonade", "demerara", "rapadura" ? Cela nous évoque des danses exotiques. Pourtant, ce sont autant d'autres mots qui signifient sucre. Voilà une information pour le moins "édulcorée". Pourquoi les fabricants ajoutent-ils du sucre partout ? Parce que nous avons un penchant naturel pour les douceurs. Le lait maternel, par exemple, est délicieusement sucré. Quand du sucre est ajouté dans les produits, nous les trouvons encore meilleurs et nous continuons de les manger, donc de les acheter. Les fabricants sont eux aussi parfaitement au courant que nous trouvons les produits sans sucre moins bons.

Pourquoi la fringale rend-elle de mauvaise humeur ?

Peut-être vous reconnaîtrez-vous dans la situation suivante : un jour, Miranda rentre affamée de son travail. Elle a fini de déjeuner dès midi et demi, avant une série de rendez-vous, et n'a pas eu le temps de manger sa pomme habituelle dans l'après-midi. Quand elle arrive chez elle à dix-huit heures trente, Patrick, son mari, remarque qu'elle surréagit en voyant qu'il a laissé traîner ses chaussures : elle lui adresse en grommelant des réflexions exaspérées. Elle a les mains qui tremblent un peu. Patrick lui propose de préparer tout de suite le repas. Quand Miranda vient plus tard dans la cuisine, elle le voit cuisiner un risotto avec de grosses cuisses de poulet, au lieu du plat qu'elle avait prévu, un riz basmati aux légumes avec des filets de poulet. Constatant qu'il est loin d'avoir terminé, elle explose. Elle lui crie qu'il aurait pu discuter avant avec elle du menu du soir. Quelle idée il avait de choisir un plat qui mettait trois quarts d'heure à cuire plutôt que d'opter pour la recette rapide dont elle avait tellement envie. Quel idiot ! Elle prend rageusement un sachet de chips aux crevettes et une banane et disparaît d'un pas lourd à l'étage. Elle se laisse tomber sur le lit et ingurgite ses coupe-faim. Un peu plus tard, elle se sent mieux. Ses mains ne tremblent plus et elle s'est apaisée. Lentement, elle prend conscience de sa réaction exagérée. Elle descend présenter ses excuses à Patrick. Il sourit. Il ne la connaît pas d'hier et avait vu venir l'orage. Il lui sert calmement une cuisse de poulet tiède.

Il existe un mot pour cela en anglais : *hanger*, une combinaison de *hunger* (faim) et *anger* (colère). Cette *hanger* existe-t-elle vraiment ? Ou n'est-ce qu'une excuse inventée pour un comportement désagréable et des éclats dont surtout, euh…, les femmes se rendent coupables ? Non, il y a à la base pour ce phénomène une explication scientifique. En fait, quand on ne mange pas pendant longtemps, la glycémie diminue. En réaction, toutes sortes d'hormones sont sécrétées dans le corps pour faire en sorte que la glycémie augmente de nouveau. C'est important pour le cerveau, car il utilise essentiellement du glucose comme carburant. Le cerveau peut même s'endommager quand la glycémie est trop basse. Deux des hormones qui font grimper la glycémie sont l'adrénaline et le cortisol. Elles influencent aussi le cerveau. Ces hormones veillent à la fabrication de protéines médiatrices (les "neuropeptides") dans le cerveau. Ce sont de petites "protéines messagères" qui transmettent les signaux. Et le hasard a voulu que ces neuropeptides (comme le neuropeptide Y) activent également dans le cerveau un sentiment de colère, d'irritation et un comportement impulsif. Il n'est donc pas étonnant que les personnes qui ont faim manifestent parfois beaucoup plus vite leur agacement. Et prennent peut-être aussi des décisions plus impulsives. Sans doute faut-il en déduire qu'il vaut mieux, quand on a faim, ne pas se mettre à faire des courses sur internet ou aller demander une augmentation de salaire à son patron…

Le meilleur moyen d'éviter l'hypoglycémie à l'origine de cette mauvaise humeur est de manger des produits sains qui assouvissent la faim : des aliments complets, des légumes et des fruits frais, une poignée de noix non salées et du yaourt, qui se composent de glucides complexes, de beaucoup de protéines et de graisses insaturées. Mieux vaut laisser de côté les boissons riches en sucres (voir encadré 3). Une autre possibilité pour devancer l'hypoglycémie a été découverte par

ENCADRÉ 3.
MIEUX VAUT MANGER LES FRUITS QUE LES BOIRE !

Vous faites une hypoglycémie et vous avez envie de vous précipiter sur un jus de fruits pressé ? Vous feriez mieux de ne pas en faire une habitude, car ce n'est pas aussi sain que vous le pensez. Les aliments liquides (comme le jus d'orange) s'évacuent souvent en dix minutes de l'estomac vers le duodénum, alors que les aliments solides (comme une orange) mettent plus d'une heure. Qui plus est, les aliments solides rassasient davantage. Quand on boit un jus de fruits, on engloutit des sucres à toute allure. Un verre de jus d'orange pressé contient la quantité de fructose de trois ou quatre oranges. Si on les mangeait (et la plupart du temps, on se contente d'en consommer une ou deux, pas quatre !), on ingérerait aussi toutes sortes d'autres substances nutritives, en particulier des fibres, ce qui oblige le corps à utiliser de l'énergie pour les digérer. Les fibres font aussi en sorte que les sucres des fruits se diffusent plus progressivement, sans provoquer un pic de glycémie aussi néfaste.

Si vous êtes vraiment accros aux smoothies, autant y ajouter une banane ou du yaourt grec. Comme cela permet d'en épaissir la structure, la boisson reste plus longtemps dans l'appareil digestif, le corps ayant ainsi plus de temps pour fabriquer les hormones de satiété. En outre, le yaourt, qui contient des protéines, assouvit davantage et contient peu de calories.

Le produit qui bat tous les records pour l'ingestion en un rien de temps de la plus grande quantité de calories est le lait chocolaté. Cela vient de sa structure liquide et de l'association extrêmement calorique de graisses et de sucres. À éviter…

Alpana Shukla, médecin et chercheuse au Comprehensive Weight Control Center à New York. Depuis des années, elle fait des recherches sur l'obésité et la perte de poids. Et elle a récemment étudié si l'ordre dans lequel on consomme les éléments d'un repas fait une différence. Qu'a-t-elle découvert ? Quand on commence par manger les protéines (comme un œuf, un yaourt ou du lait), puis qu'on enchaîne sur les glucides (comme le riz ou une tartine), le taux de glycémie après le repas est plus bas que si l'on commence par les glucides. Voilà un moyen astucieux à mettre en pratique, quand on a un diabète par exemple et que les sucres dans le sang doivent être surveillés attentivement, et quand on veut éviter d'être *hangry* en fin de journée.

Le cercle vicieux d'une alimentation trop grasse

Observons maintenant ce que notre corps fait des graisses consommées lors d'un repas. Comme nous l'avons expliqué précédemment, les graisses se composent toujours d'associations de trois acides gras, appelées triglycérides. Un repas riche en graisses peut être constitué de types de graisses très différents, ces différences portant sur le type d'acides gras présents dans les triglycérides. Tout d'abord, les acides gras n'ont pas tous la même longueur. Ensuite vous avez certainement déjà entendu parler d'acides gras "saturés" et "insaturés". La structure chimique de ces acides gras est différente. Les acides gras insaturés sont par exemple présents dans les fruits et les graines comme les olives et les graines de lin, ainsi que dans certains poissons (comme le maquereau et le saumon) et les noix. On rencontre aussi beaucoup de graisses insaturées dans des aliments gras qui s'amollissent ou deviennent liquides à température ambiante (comme les produits de cuisson qui fondent). Les graisses saturées sont présentes en revanche dans de nombreux produits animaux, comme la viande et le fromage gras. En général, les graisses insaturées sont considérées comme des graisses "saines", car lorsqu'on a un régime riche de ce type de graisses, on a un plus faible risque d'être confronté à des maladies cardiovasculaires.

Imaginez que vous preniez un repas gras le soir. Les graisses de ce dîner ont encore un long chemin à parcourir une fois qu'elles ont atterri dans votre estomac. Elles sont d'abord "découpées" en acides gras (saturés/insaturés) libres. Ces acides gras font ensuite l'objet d'une adaptation importante avant d'être diffusés dans le sang. En effet, les graisses ne se dissolvent pas dans l'eau. Songez à ce qui se passe quand on verse un peu d'huile d'olive dans une casserole d'eau bouillante remplie de pâtes : elle ne se mélange pas. Le même phénomène se produirait dans le sang si les graisses n'étaient pas emballées dans des conteneurs spéciaux solubles dans l'eau. Ceux-ci sont de grosses sphères qui renferment de gigantesques quantités de graisses, notamment des triglycérides. Elles les transportent dans le sang et les apportent aux organes, à savoir aux tissus musculaires et adipeux.

L'insuline, l'hormone diffusée dans le sang après un repas par le pancréas, stimulé par la hausse de la glycémie, participe à la répartition à travers le corps non seulement du glucose mais aussi des graisses. Activée dans différents organes par l'insuline, une certaine protéine libère dans le sang, en les "découpant", les acides gras à l'intérieur des conteneurs gorgés de graisses. Ensuite, les différents organes absorbent les acides gras présents dans le sang. Notre tissu adipeux absorbe lui aussi de la même manière une grande quantité d'acides gras. L'insuline veille également à ce que moins de graisses soient fragmentées dans le tissu adipeux. Conséquence ? Un stockage de graisse plus important !

L'insuline peut être considérée comme un véritable complice de notre tissu adipeux et, d'un point de vue évolutionniste, comme une hormone de survie. Elle a recours à beaucoup d'astuces pour favoriser le stockage des graisses. C'est en partie pour cette raison que les personnes qui doivent s'injecter beaucoup d'insuline pour lutter contre leur diabète ont particulièrement du mal à perdre du poids. L'insuline s'accroche fermement à la graisse ! Pour les patients qui s'injectent de l'insuline et veulent perdre du poids, on diminue la quantité d'insuline juste avant un changement de style de vie (qui peut consister, par exemple, à moins manger, à bouger davantage), pour éviter que la glycémie ne baisse trop. Cette diminution de la quantité d'insuline aide à faire disparaître la graisse ! Cela doit bien entendu se faire en accord avec un médecin.

Comment définir un surplus de graisse corporelle ?

Dans la société actuelle où les aliments (en particulier mauvais pour la santé) sont à portée de main, le risque de voir sa graisse corporelle prendre trop d'ampleur est toujours présent. Un moyen rapide et facile de savoir si elle est trop abondante est de calculer l'"indice de masse corporelle" (IMC) (voir encadré 4). L'IMC a la même signification que l'indice de Quételet, décrit pour la première fois par le belge Adolphe

Quételet. Ce mathématicien et statisticien passionné tenait à intégrer le plus possible l'être humain dans des modèles statistiques. En 1832, il chercha à déterminer le rapport moyen entre le poids et la taille des êtres humains et expliqua que le poids augmente en fonction du carré de la taille

ENCADRÉ 4.
QU'EST-CE QUE LE SURPOIDS OU L'OBÉSITÉ ?

"Obésité", qui vient du latin, signifie littéralement "trop manger" (*ob* = trop et *esus* dérive du verbe *edere* = manger). Ce terme est décrit pour la première fois dans la littérature dès 1611. Le surpoids et l'obésité sont déterminés en fonction d'un rapport entre le poids et la taille que l'on appelle l'"indice de masse corporelle" (IMC). L'IMC est obtenu par le calcul suivant : le poids (en kilo)/taille^2 (en mètre), et il est exprimé en kg/m^2. Les catégories suivantes ont été établies (pour les hommes comme pour les femmes) :

- IMC < 18,5 = sous-poids ou déficit pondéral
- IMC entre 18,5 et 25 = poids sain
- IMC entre 25 et 30 = surpoids
- IMC > 30 = obésité
- IMC > 40 = obésité morbide (sévère)
- IMC > 50 = super-obésité

On peut aussi faire une distinction en fonction du tour de taille. Chez les hommes, on parle de surpoids quand le tour de taille est supérieur à 94 cm et d'obésité quand il dépasse 102 cm. Chez les femmes, lorsque le tour de taille est respectivement de 80 cm (surpoids) et de 88 cm (obésité). Pour les personnes d'origine sud-asiatique, les limites sont inférieures tant pour l'IMC que pour le tour de taille.

(IMC = poids/taille², l'unité du poids étant le kilo et celle de la taille le mètre). Quand, au XXᵉ siècle, le poids fut de plus en plus considéré comme un problème médical, les valeurs normales de l'IMC furent définies sur la base de vastes études.

On considère qu'un IMC entre 18,5 et 25 correspond à un poids sain. Lorsque l'IMC se situe entre 25 et 30, on parle de surpoids, lorsque l'IMC est supérieur à 30, d'obésité ou de surpoids sévère, et lorsqu'il est supérieur à 40, d'obésité morbide. Pour les personnes d'origine sud-asiatique, les plafonds sont plus bas car, en moyenne, elles sont atteintes de complications telles que le diabète lorsqu'elles ont un IMC inférieur. L'IMC est une mesure pratique pour évaluer rapidement si une personne se situe dans la "zone de sûreté", mais il peut parfois être décevant, notamment lorsqu'on fait de la musculation et qu'on a une importante masse musculaire. Les muscles pesant plus lourd que la graisse, en pareil cas, bien qu'on ait une quantité de graisse saine, on a un IMC élevé. Par conséquent, le pourcentage de graisse (que l'on peut par exemple évaluer à l'aide de scanners spéciaux, de balances spéciales ou en mesurant un pli de la peau) constitue un meilleur indicateur de la graisse corporelle. Grosso modo, chez les hommes, le pourcentage de graisse est trop important quand il est supérieur à 20 % et chez les femmes à 30 %. N'allez pas croire que ces plafonds ont été inventés par une femme qui aurait fait preuve de plus d'indulgence envers la gent féminine ! Les hormones sexuelles féminines expliquent en grande partie cette différence.

Cependant, le pourcentage de graisse n'est pas une indication suffisante. Il ne dit rien de l'emplacement de l'excédent de graisse corporelle. Celle qui dans le ventre se situe autour des organes est plus préjudiciable que la graisse corporelle sous-cutanée. Pour se faire une idée, on peut mesurer le tour de taille. Pour les hommes, un tour de taille sain se situe entre 74 et 94 centimètres, et pour les femmes entre 68 et 80 centimètres. Pour les personnes d'origine sud-asiatique, les normes sont là aussi inférieures. En consultation, le tour de taille n'est hélas pas mesuré systématiquement. Par conséquent, le personnel médical ou infirmier, et même le ministère de la Santé, déterminent encore le surpoids en se référant à l'IMC. Ainsi, selon une statistique néerlandaise analysant l'IMC de la population en 2018, plus de la moitié (50,2 %) des adultes néerlandais étaient en surpoids, et 15 % étaient obèses. Quant aux enfants de quatre à dix-sept ans, plus de 13 % étaient en surpoids. Aux États-Unis, ces pourcentages sont encore plus élevés et, selon certaines anticipations, 80 % des hommes et 70 % des femmes seront en surpoids d'ici 2020.

Le mécanisme complexe par lequel le surpoids s'installe

Les risques du surpoids pour la santé sont multiples. Des fonds importants sont donc consacrés actuellement à la recherche pour le combattre par de nouveaux moyens (par exemple des médicaments). Nous y reviendrons plus en détail au chapitre 10. Avant tout, il faudrait cependant comprendre précisément comment le surpoids s'installe. *A priori*, l'explication est très simple : on prend du poids (et on finit par être en surpoids) quand on absorbe plus de carburant qu'on en brûle (ainsi, en mangeant pendant des années un biscuit de trop par jour, on peut finir par être en surpoids). Pourtant, on sait aujourd'hui que beaucoup de facteurs nous font prendre du poids sans que nous puissions en perdre. Comment se fait-il, en effet, que certaines personnes grossissent plus facilement que d'autres ? Qui n'a pas un ami ou une amie qui ne cesse de s'imposer un régime sans parvenir à perdre des kilos ? Et pourquoi des gens semblent pouvoir manger de tout et faire très peu de sport en restant maigres comme des clous ? Une chose est sûre : le surpoids est un phénomène extrêmement complexe. Comme nous le verrons plus loin, notre graisse dépend d'innombrables facteurs. Non seulement de l'insuline, mais aussi de bien d'autres hormones, comme celle sécrétée par la thyroïde, ou encore le cortisol, l'hormone du stress, ou les hormones sexuelles telles que l'œstrogène et la testostérone. Et il ne s'agit là que d'une petite sélection d'hormones qui peuvent avoir un impact sur notre graisse.

Le cerveau joue également un rôle : il établit d'innombrables liaisons avec le reste de notre corps ; il fait en sorte que nous puissions parler, mastiquer, faire du vélo, rire et pleurer ; il détermine nos humeurs et il est en outre littéralement en relation avec notre graisse. Nos circuits nerveux cérébraux sont en fait connectés à la graisse corporelle. Dans le cerveau, de petites zones spéciales enregistrent si le reste du corps a besoin de carburant supplémentaire. Le cas échéant, le cerveau s'adresse directement à la graisse pour qu'elle diffuse des acides gras dans le sang. Il veille aussi à stimuler notre appétit quand le corps n'a pas assez de carburant. Chez certaines personnes, ces petites zones du cerveau peuvent être endommagées : le tissu adipeux conserve alors le plus de triglycérides possible au lieu de les libérer. Résultat : le corps crie famine. De tels dommages entraînent irrémédiablement un surpoids. Contrairement à ce qu'on entend partout, un surpoids n'est donc pas toujours dû à une consommation trop importante de nourriture ou à un manque de pratique sportive. Pourtant, on continue de stigmatiser les personnes en surpoids, les estimant responsables, les jugeant "faibles" pour avoir laissé la situation en arriver là.

Le casse-tête du manger sain

Glucides, protéines, lipides : ces dernières années, jamais on n'a autant parlé de "régimes efficaces" et de "modes d'alimentation sains". Devons-nous consommer beaucoup de lipides et peu de glucides ? Ou au contraire beaucoup de glucides et peu de lipides ? Nous avons tous un peu perdu le cap.

Un peu d'histoire : dans les années 1970 et 1980, les gouvernements ont diffusé massivement l'idée de renoncer le plus possible aux lipides. Une consommation excessive de lipides était considérée comme le principal facteur à l'origine du surpoids, du diabète et du cancer. Ces dernières années, les nouveaux boucs émissaires sont les glucides. Alors que faire ?

Commençons par un constat quelque peu frustrant : il n'existe pas de régime optimal qui convienne à tout un chacun. En effet, on est tous différents. Dans l'avenir, un "régime personnalisé" sera probablement établi pour déterminer les quantités et les types de lipides, de glucides et de protéines bénéfiques pour votre organisme, votre cas personnel. Il tiendra même compte de votre profil génétique ! Mais nous n'en sommes pas encore là. Pour le moment, nous constatons qu'un régime qui s'avère efficace pour une amie ou une voisine se transforme en une sorte de religion, car ses adeptes sont convaincus qu'il fera maigrir tout le monde. Hélas, un régime peut marcher pour certaines personnes, et absolument pas pour d'autres.

Récemment, des chercheurs américains de l'université Stanford ont publié une étude scientifique majeure sur l'alimentation, qui a apporté à cet égard quelques éclaircissements. Ils ont divisé en deux groupes, à l'aide d'un tirage au sort, 609 hommes et femmes en surpoids ou obèses mais sans diabète pour leur faire suivre deux régimes différents, l'un avec peu de glucides, l'autre avec peu de lipides. Les participants ont bénéficié d'un suivi pendant douze mois et, durant vingt-deux séances collectives, le régime prescrit, l'activité physique, le bien-être émotionnel et d'éventuels changements comportementaux ont été évalués. En définitive, il s'est avéré qu'il n'y avait pas de différence en termes de perte de poids : le groupe au régime pauvre en glucides, de même que le groupe au régime pauvre en lipides avait perdu en moyenne quelque 5 à 6 kilos. À l'intérieur de chaque groupe, les différences individuelles étaient cependant frappantes. Certaines personnes avaient perdu pas moins de 30 kilos alors que d'autres en avaient pris 10 ! Ce type d'études montre que, à l'échelle individuelle, peu importe le type de régime qu'on suit, du moment que le mode d'alimentation de base est sain. L'alimentation des deux groupes était effectivement composée le plus possible de légumes, et le moins possible de sucres ajoutés, d'aliments à base de farines raffinées et de plats préparés.

D'ailleurs, pour une maladie spécifique, un type d'alimentation particulier peut s'avérer bénéfique. Une personne atteinte d'un diabète ou à un stade précoce d'un diabète (son métabolisme des sucres étant moins efficace) aura intérêt à adopter un régime alimentaire composé de relativement peu de glucides et complété, entre autres, par des lipides et des protéines justement, parce qu'elle transforme moins facilement les glucides. Par ailleurs, comme nous l'avons précisé précédemment, le type de graisses que l'on mange fait aussi une différence. Les graisses saturées font grimper le cholestérol LDL, ce qui accentue le risque de maladies cardiovasculaires. Voilà pourquoi on conseille de remplacer les produits contenant beaucoup de graisses saturées par ceux riches en graisses insaturées. Le Centre national de la nutrition aux Pays-Bas, le Voedingscentrum, conseille avant tout d'adopter un régime suffisamment varié*. Voici quelques repères : consommez chaque jour 250 grammes de légumes et 200 grammes de fruits. Mangez aussi chaque jour des graisses, le plus possible insaturées. Mangez au moins une fois par semaine du poisson gras (par exemple du maquereau ou du saumon) et pas plus de 500 grammes de viande par semaine, dont au maximum 300 grammes de viande rouge. Essayez de manger chaque jour une poignée de noix non salées et/ou de fruits secs. Mangez ou buvez chaque jour des produits laitiers, car ils contiennent des protéines et d'autres nutriments utiles. Choisissez, parmi le pain, le riz ou les pâtes, le plus possible les variantes complètes. En ce qui concerne les boissons : limitez le plus possible les boissons riches en sucres (y compris les boissons light), buvez de l'eau à volonté, ainsi que du thé ou du café sans sucre, et consommez de l'alcool

---

* En France, le programme national Nutrition santé et son site Manger Bouger recommandent en détail des repas variés et équilibrés : www.mangerbouger.fr/Manger-mieux/Que-veut-dire-bien-manger. *(Toutes les notes, sauf indication contraire, sont de l'éditeur.)*

avec modération. Si, structurellement, vous n'absorbez pas davantage de calories que vous en brûlez, il est probable que ces conseils aient des répercussions positives sur votre poids et votre métabolisme.

3

LA GRAISSE, UNE USINE À FABRIQUER DES HORMONES

LA FILLETTE QUI AVAIT TOUJOURS FAIM : L'HISTOIRE DE KARIN

Karin est une fillette joyeuse de six ans qui avec sa sœur et ses parents, Ilonka et Kevin, forme une famille heureuse. Elle aime participer à des jeux de société et jouer dehors. À première vue, une famille ordinaire, mais les apparences sont trompeuses. Karin est la seule personne grosse de sa famille. Elle pèse 40 kilos alors qu'un enfant de six ans n'en pèse habituellement que la moitié et elle a toujours faim. Assez vite après sa naissance, sa mère Ilonka a constaté que sa fille avait un problème : "Bébé, Karin pleurait vraiment beaucoup, sans raison apparente. Elle ne se calmait que lorsqu'elle avait mangé. Mais aussitôt après, cela recommençait. Nous nous arrachions souvent les cheveux. Nous avions beau essayer de ne pas trop lui donner à manger, Karin prenait vite du poids. Parfois même 4 kilos en un mois ! Les gens dans notre entourage nous disaient souvent : « Tout lui profite. » Cette expression a fini par m'insupporter. Je sentais que quelque chose n'allait pas. On ne pouvait tout de même pas prendre du poids aussi vite quand on était nourri en quantités aussi restreintes. Que pouvait bien avoir Karin ? À un moment donné, je consultais un médecin par semaine. J'avais peur qu'elle n'explose ! Je tenais un journal où j'écrivais soigneusement ce qu'elle mangeait en précisant les quantités et les heures."

Ici, Karin a quatre ans (à gauche sur la photo). Elle a toujours faim et ne cesse de prendre du poids.

Quand Karin a un an et demi, Ilonka montre le journal aux médecins. Affolés par son poids, ils les envoient au centre hospitalier universitaire. "J'avais tellement espoir qu'ils trouvent une explication. Ou mieux même : qu'il y ait un traitement pour Karin ! Mais visiblement, ce n'était pas aussi simple. On a d'abord fait passer à Karin des tests pour vérifier si son obésité pouvait venir des causes les plus courantes chez les enfants, par exemple une thyroïde trop peu active. Ce n'était pas le cas. Ensuite, on a recherché les causes plus rares d'obésité, en analysant le matériel génétique de Karin. Là encore, on n'a rien trouvé. J'étais découragée. Karin avait un an et demi et pesait déjà 26 kilos. Alors qu'elle suivait un régime établi par un diététicien. Ce régime se composait d'un nombre de calories limité, que Karin recevait par petites portions toutes les deux à trois heures."

Ilonka s'en tient strictement à ce régime pour sa fille, même si ce n'est pas facile. La famille traverse une période très difficile. "Juste après avoir mangé, Karin était satisfaite, puis venaient les accès de colère. Karin voulait encore manger ! Je trouvais cette situation très pénible, j'évitais de lui donner à manger pour son bien, mais parfois mon cœur de mère me criait de faire quelque chose. Quand j'allais me promener, j'étais confrontée chaque jour aux regards des passants. Je savais ce qu'ils pensaient ! D'ailleurs parfois, ils l'exprimaient. Une fois même, alors que Karin mangeait un morceau de concombre, j'ai entendu quelqu'un marmonner : « Ben voyons, pas étonnant quand on gave comme ça son enfant ! » Ou les gens chuchotaient entre eux que je devais être une mauvaise mère et qu'il fallait prévenir les services sociaux pour la protection de l'enfance. C'est curieux tout ce que les gens osent dire. Au début, je me défendais mais, à un moment donné, je n'en ai plus eu le courage. Pendant un temps, je ne sortais presque plus. Je me suis mise aussi à douter de moi-même : est-ce que ce n'était pas de ma faute, tout compte fait ?"

À deux ans, Karin est hospitalisée pendant deux semaines afin de subir des examens pour contrôler si son obésité a déjà des conséquences notables. Il en ressort qu'elle n'a heureusement pas de diabète. En revanche de la graisse s'est accumulée sur son foie. Elle a aussi un taux de cholestérol élevé dans le sang. "À l'époque, nous nous sommes sentis encore plus motivés pour faire en sorte que Karin aille le mieux possible, mais cela signifiait surtout que nous devions la priver de nourriture. Nous nous sommes montrés de plus en plus inventifs pour faire comprendre clairement à Karin ce qu'elle pouvait manger. Nous avions par exemple fabriqué une horloge qui avait, à l'emplacement des différents chiffres, des pictogrammes représentant les aliments qu'elle pouvait consommer, comme des fruits ou une tartine. Cela l'apaisait un peu. Pendant ce temps, les examens pour déterminer ce qui pouvait expliquer son poids se poursuivaient. Puis le coup de fil libérateur est arrivé. Karin avait à ce moment-là deux ans et demi. Mieke van Haelst, une généticienne clinicienne, et Erica van den Akker, une pédiatre, avaient trouvé la cause : il manquait à Karin le récepteur de la leptine, qui est une hormone. Cela faisait que son cerveau émettait en continu un signal de faim !"

La découverte de la leptine, une hormone sécrétée par la graisse

L'extrême obésité de Karin, qui avait totalement bouleversé sa vie et celle de sa famille, était apparemment due uniquement à un petit "défaut" de son matériel génétique, son ADN. Notre ADN contient le code pour toutes les protéines fabriquées dans notre corps, par exemple les protéines qui ensemble constituent les muscles ou les yeux. Un défaut de l'ADN peut entraîner une déformation des protéines et donc provoquer des maladies, notamment musculaires. Karin aussi avait un défaut dans son ADN, exactement à l'endroit (appelé "gène") où devait se fabriquer la protéine pour le récepteur d'une hormone, la leptine. N'allez pas aussitôt vous imaginer que toutes les personnes qui ont un grand appétit présentent ce défaut. Cette anomalie est en fait si rare qu'il n'y a pour l'instant que six enfants aux Pays-Bas dont le même gène est défectueux.

Même s'il est rare, ce défaut d'ADN et ses conséquences nous ont beaucoup appris sur le fonctionnement de notre graisse, et ont même conduit à des découvertes novatrices. Les longues recherches qui les ont précédées sont si intéressantes qu'il nous paraît utile de prendre le temps de les évoquer plus en détail.

Il faut pour cela remonter aux années 1940. Dans la petite ville américaine de Bar Harbor, on élevait à l'époque dans un grand laboratoire des souris pour permettre à un groupe de savants de réaliser des expériences. Ces souris étaient génétiquement identiques. Elles avaient donc le même ADN, exactement comme des jumeaux issus du même œuf. Dans de telles conditions, lors d'expériences

ENCADRÉ 5.
QU'EST-CE QU'UNE HORMONE ?

Une hormone est une substance messagère diffusée par une glande hormonale dans le sang. Elle exerce à distance des effets dans le corps. Pour ce faire, elle se fixe sur l'organe cible à ce que l'on appelle le récepteur hormonal. Cela déclenche dans l'organe différentes réactions, telle que l'augmentation de la combustion des graisses. Une hormone est associée à un récepteur tout comme une clé à une serrure. Les hormones sont fabriquées par différentes glandes hormonales dans le corps, notamment la thyroïde, les glandes surrénales et l'hypophyse. L'hormone thyroïdienne est un exemple d'hormone. Mais d'autres organes peuvent aussi fabriquer et diffuser des hormones, comme le cœur et… notre graisse corporelle !

médicales – par exemple pour tester un médicament –, les souris réagissent presque de la même manière au produit étudié. Quand des différences sont observées dans les résultats des tests, on peut alors facilement mettre en évidence les effets du médicament.

Durant l'été de 1949, le personnel du laboratoire remarqua un curieux phénomène. Une lignée de souris vit le jour qui, dès leur plus jeune âge, étaient bien plus grosses que les autres souris. Un examen plus poussé apprit à ces scientifiques que ces souris bougeaient beaucoup moins que les souris minces et mangeaient plus. Nettement plus. Une des souris avait même tellement faim qu'elle s'allongeait de tout son long, la tête dans sa mangeoire, pour pouvoir grignoter toute la journée. Le phénomène était décidément curieux !

Dans le matériel génétique de ces souris, une erreur avait dû survenir. Tel fut le raisonnement des chercheurs de ce laboratoire, qui décidèrent de comparer l'ADN des grosses souris à celui de leurs sveltes géniteurs. Effectivement : à un certain emplacement, l'ADN des grosses souris ne correspondait pas à celui des minces. À cet endroit, un défaut s'était introduit, qui fut appelé *Ob*, pour "obésité". Ce défaut de l'ADN s'avéra extrêmement prometteur pour les recherches sur l'obésité. Jusque-là (et nous voilà entre-temps arrivés au début des années 1950), on ne savait pas grand-chose encore sur les causes de l'obésité. Cette découverte allait-elle permettre de dévoiler des secrets ? Les chercheurs piétinaient d'impatience. D'autres scientifiques venaient d'ailleurs de découvrir qu'une zone très intéressante du cerveau (l'"hypothalamus", que nous étudierons plus en détail au chapitre 5) semblait responsable de la sensation de satiété après un repas. Quand cette zone du cerveau était endommagée chez les souris, elles devenaient obèses, car elles avaient toujours faim. Durant cette même période, deux chercheurs anglais, Gordon Kennedy et Romaine Hervey, émirent l'hypothèse que le tissu adipeux fabriquait peut-être une hormone (voir encadré 5) qui était diffusée dans le sang et assurait une sensation de satiété en établissant un lien avec le centre de la satiété dans le cerveau. Cette théorie était entièrement nouvelle car on avait toujours pensé que notre graisse corporelle servait purement et simplement à stocker de la graisse. La découverte du gène de l'obésité avait-elle un rapport avec cette hypothèse ? Il parut utile d'approfondir les recherches à ce sujet, d'autant que peu de temps après, dans ce même laboratoire à souris de Bar Harbor, une autre lignée vit le jour : des souris qui dès leur plus jeune âge étaient obèses et avaient très faim. La différence avec la lignée des souris *Ob* était que ces souris avaient très jeunes un diabète. Le gène présentant ce défaut dans l'ADN fut donc appelé *Db* (pour "diabète").

Nous étions à présent à la fin des années 1970 et il était temps d'étudier en détail ce que faisaient précisément les gènes *Ob* et *Db*. Comme la plupart des techniques actuelles n'existaient pas encore à l'époque, il fallut concevoir un moyen astucieux pour étudier les répercussions des défauts des gènes *Ob* et *Db*. Les expériences suivantes, un peu lugubres, furent donc réalisées. Tout d'abord, la circulation sanguine de deux souris, l'une dite "normale" et l'autre de la lignée *Ob* (souris *Ob*), fut associée. On appelle parabiose une intervention aussi radicale qui réunit deux êtres vivants en un seul, les deux organismes partageant intégralement leur circulation sanguine, tout comme des jumeaux siamois. Le résultat fut fascinant. La souris *Ob* commença à manger moins et à perdre du poids, jusqu'à ce qu'elle devienne aussi mince que la souris normale à laquelle elle était reliée !

Plusieurs conclusions furent tirées de cette expérience. Apparemment, dans le sang de la souris *Ob* manquait une substance qui aurait pu lui assurer une sensation de satiété. Elle n'obtenait cette substance qu'une fois reliée à la souris normale, cette substance étant en revanche fabriquée par la souris normale et transmise à la souris *Ob* par le sang. Voilà pourquoi la souris *Ob* avait perdu énormément de poids une fois reliée à la souris normale.

Une deuxième expérience fut réalisée : la circulation sanguine d'une souris de la lignée *Db* (souris *Db*) fut associée à une souris normale. Il se produisit alors tout autre chose.

La souris normale perdit du poids rapidement et mourut sous-alimentée au bout de cinquante jours. Nous expliquerons bientôt en détail pourquoi. Pour la souris *Db*, il ne se passa rien : elle ne perdit pas de poids et continua de manger beaucoup. Cela suggérait que la souris *Db*, contrairement à la souris *Ob*, était résistante à cette substance secrète provenant du sang de la souris normale.

Finalement, il fallut attendre 1994 avant de savoir précisément quelle était cette substance et où elle était fabriquée chez la souris normale. Il s'agissait d'une hormone que la graisse de la souris normale sécrétait en grandes quantités et que la graisse de la souris *Ob* ne sécrétait absolument pas, la souris *Ob* en étant donc totalement privée. Une série d'expériences montra que l'injection de cette hormone dans les souris *Ob* entraînait une diminution de leur consommation d'aliments et de leur graisse corporelle. Elles étaient pour ainsi dire "guéries" de leur maladie due au défaut dans leur ADN. On appela cette hormone "leptine", un terme dérivant du grec *leptos* qui signifie "mince". La leptine fut donc la première hormone sécrétée par notre graisse corporelle que l'on découvrit.

Que fait cette portion d'ADN où se situe le gène *Db* ? Elle constitue le code pour la fabrication du récepteur de la leptine. Comme on l'a vu précédemment, une hormone ne peut exercer sa fonction spécifique que si elle se fixe à son récepteur (voir encadré 5) – un peu comme la porte d'entrée de chez vous qui s'ouvre seulement si la clé correspond à la serrure. Cela vaut aussi pour la leptine. Ce "récepteur de la leptine" est présent à plusieurs endroits dans le corps, entre autres dans le centre de la satiété à l'intérieur du cerveau. La souris *Db* produit de la leptine sans problème, elle en produit même beaucoup, car elle a une grande quantité de graisse corporelle. Le problème de cette souris, c'est que son récepteur de la leptine ne fonctionne pas. La leptine ne génère donc pas une sensation de satiété. Voilà qui explique pourquoi, dans l'expérience de la souris *Db* reliée à la souris normale, cette dernière – dotée d'un récepteur en bon état de marche – est morte dans les plus brefs délais. L'énorme quantité de leptine dans le sang de la souris *Db* a coupé l'appétit de la souris normale qui a fini par mourir de faim. On voit qu'en observant attentivement des souris d'élevage, on parvient à des découvertes innovantes : la leptine s'est avérée un facteur déterminant pour la sensation de satiété.

Premiers bons résultats pour le traitement de l'obésité humaine par la leptine

Après l'expérience sur les souris, la question s'est naturellement posée de savoir ce que les résultats de ces recherches signifiaient pour les êtres humains. Peu après la découverte de la leptine, deux enfants pakistanais d'une obésité extrême issus d'une même famille ont fait l'objet d'examens. Comme Karin et les souris obèses, depuis leur plus jeune âge, ils ressentaient une faim insatiable et avaient un excès de poids important. Il s'est avéré qu'ils avaient dans le sang un taux de leptine très bas, presque impossible à mesurer, et… que tout comme les souris américaines, leur gène *Ob* présentait un défaut très rare. Leur graisse ne pouvait donc pas sécréter la leptine. On donnait enfin à ces enfants l'explication de l'immense faim qu'ils éprouvaient depuis des années et de l'échec de leur combat contre les kilos.

Ce fut une époque passionnante et inspirante pour les chercheurs spécialistes de l'obésité. Ainsi, en 1998, l'une d'entre nous participa en tant que chercheuse débutante à un congrès de l'American Diabetes Association à Chicago. Sur place, un spécialiste renommé, le professeur Stephen O'Rahilly de l'université de Cambridge, évoqua la découverte de ce manque de leptine chez ces enfants pakistanais obèses, et conclut en précisant que l'aînée de ces enfants, une fillette de neuf ans, était actuellement traitée à l'aide d'un analogue synthétique de la leptine. Il ne pouvait pas encore se prononcer sur les résultats mais il suscita, par son sourire espiègle, de grandes attentes. Un frisson parcourut la salle remplie de chercheurs pleins d'espoir. Avait-on enfin trouvé le traitement pour cette forme rare d'obésité ?

Une année plus tard, la réponse salvatrice se fit entendre : oui, le traitement par la leptine fonctionnait ! Stephen O'Rahilly et son équipe de recherche annoncèrent dans une revue qui fait autorité, *The New England Journal of Medicine*, que la fillette, âgée à l'époque de neuf ans, avait perdu 16 kilos en un an, alors qu'auparavant elle ne cessait de prendre du poids. En matière d'obésité, la nouvelle était révolutionnaire : non seulement une souris, mais aussi un être humain souffrant d'une obésité morbide due à un gène défectueux pouvaient être traités par cette hormone appelée leptine.

D'autres patients aussi furent enchantés de constater l'efficacité de la leptine. Ils remarquèrent de grandes différences peu après le début de leur traitement. Leur sensation constante de faim disparut, ils mangèrent moins et les kilos s'évaporèrent. Au bout de quelques années, ils devinrent méconnaissables et obtinrent une silhouette presque normale. Actuellement, à l'échelle mondiale, plus de trente personnes incapables de fabriquer leur leptine (dites "déficientes en leptine") sont traitées avec succès. Elles ont évité une vie de lutte contre l'obésité et une mort prématurée due aux complications correspondantes.

Quant à Karin, il s'avéra qu'elle avait finalement un autre problème. Les tests génétiques révélèrent qu'elle sécrétait la leptine en quantités normales mais que, comme la souris *Db*, elle n'avait pas de récepteur de la leptine. Même si on a alors des symptômes comparables à ceux des personnes à qui il manque de la leptine à proprement parler (à savoir une grande faim et une obésité), il existe une différence majeure. Sa mère n'en était d'ailleurs que trop consciente. En l'absence du récepteur de la leptine, un traitement à base d'un analogue synthétique de la leptine ne présente aucun intérêt. En effet, il n'y a pas de récepteur. Par conséquent, pour des patients comme Karin, il y a encore quelques années, aucun traitement n'existait sur le marché, malheureusement. Ils avaient pour seul recours d'essayer de manger le moins possible et de lutter contre la faim. Aujourd'hui, cependant, de nouveaux médicaments contournent le récepteur de la leptine et suscitent tout de même une sensation de satiété par un autre récepteur. Les premiers résultats obtenus sont très prometteurs. L'avenir dira si ces médicaments aideront aussi Karin.

ET LA VIE DE KARIN ?

Au fil du temps, il y a eu des hauts et des bas : "Karin est une fillette très attentive. Elle sait très bien ce qu'elle a le droit et ce qu'elle n'a pas le droit de manger. Aux fêtes d'anniversaire, elle croque sagement une pomme, alors que les autres engloutissent un sachet de chips. Mais il lui arrive d'avoir des accès de colère quand nous refusons de lui donner à manger entre les repas. Nous nous heurtons aussi, dans la vie de tous les jours, à des problèmes pratiques. Karin doit avoir des chaussures faites sur mesure, parce que ses pieds sont trop grands. Les manteaux de tailles normales ne lui vont pas non plus, il faut les acheter plusieurs tailles au-dessus et faire raccourcir les manches. Karin aimerait aussi, comme sa petite sœur, porter des jolies robes, mais il n'y en a tout simplement pas à sa taille parce qu'elle a un très gros ventre. Il y a quelque temps, cela a donné lieu à un incident très désagréable. Nous étions dans un parc d'attractions où Karin, comme les autres enfants, est montée dans une petite voiture. Une fois le tour terminé, tout le monde a dû vite descendre de sa voiture. Mais Karin est restée complètement coincée. Elle ne pouvait plus sortir ! Cela m'a vraiment brisé le cœur. Heureusement, dans son école élémentaire, elle est très bien acceptée et elle a beaucoup d'amies. Mais je redoute la transition vers l'enseignement secondaire. J'espère sincèrement que, d'ici là, on aura trouvé un remède pour elle, pour qu'elle ne soit pas confrontée toute sa vie à son obésité."

L'histoire de Karin montre l'importance d'un système leptinique efficace. La fixation de la leptine sur son récepteur dans le cerveau provoque une sensation de satiété, ce qui régule l'appétit. D'autres recherches ont montré que la leptine stimule aussi la combustion des graisses dans le corps. On appelle donc souvent la leptine "l'hormone anti-obésité". Ce n'est cependant pas son utilité biologique. Non, sa principale utilité est d'informer notre corps (et plus particulièrement notre cerveau) de la quantité d'énergie emmagasinée dans notre organisme. Une sorte de jauge du niveau de graisse dans le corps !

C'est un système extrêmement ingénieux. Les cellules adipeuses fabriquent de la leptine en proportion de la quantité de graisse qu'elles ont en réserve. Par conséquent, une personne qui a plus de graisse a aussi plus de leptine dans le sang. Connaître la quantité de graisse disponible est indispensable, car lorsque la réserve de graisse est faible (et que la leptine est donc présente en faible quantité dans le sang), les récepteurs de la leptine dans le centre de la satiété du cerveau reçoivent moins de signaux. Résultat : le corps prend des mesures pour favoriser le stockage de la graisse. Il stimule l'appétit !

Hélas, la leptine n'est pas le remède miracle attendu contre l'obésité

À l'époque où la leptine fut découverte, les chercheurs crurent avoir trouvé le remède miracle pour maigrir. Les personnes souffrant d'obésité étaient sûrement pour la plupart dans l'incapacité de sécréter une quantité suffisante de leptine, ce qui les empêchait de se sentir vraiment rassasiées et les incitait à manger plus que les personnes minces. Peu après la découverte de la leptine, on mesura par conséquent les taux de leptine de différents groupes de personnes. Quel fut le résultat ? Les obèses ont presque toujours des taux très élevés de leptine ! Pas étonnant, d'ailleurs, vu que la leptine est sécrétée en fonction de la quantité de graisse corporelle. Mais pourquoi les personnes obèses, malgré leur taux élevé de leptine, ont-elles souvent du mal à éprouver une sensation de satiété ? En fait, cela vient d'un phénomène appelé "résistance à la leptine", qui est probablement le résultat d'une combinaison de différents facteurs, notamment d'inflammations très fréquentes chez les obèses (pour plus de précisions, voir le chapitre 4). La leptine envoie alors de moins bons signaux par l'intermédiaire de son récepteur et devient ainsi moins efficace pour inhiber l'appétit. Autrement dit, en dépit de taux élevés de leptine, on garde une très forte sensation de faim.

Serait-ce alors une bonne idée de prescrire aux personnes atteintes d'obésité un traitement plus fortement dosé en leptine ? Si ce dosage est suffisamment élevé, ne devrait-il pas tout de même faire de l'effet ? Au cours des années 1990, ce type de traitements a souvent été expérimenté, mais les résultats se sont malheureusement avérés décevants. Les personnes concernées perdaient seulement quelques kilos. Manifestement, la résistance à la leptine en cas d'obésité est plus obstinée que nous ne l'avions espéré.

En revanche, la prescription de leptine à des personnes obèses qui ont déjà perdu beaucoup de poids donne de bons résultats. Chaque être humain a en fait son propre poids naturel qui correspond à la quantité de graisse corporelle vers laquelle son corps tend. Une sorte de point de référence personnel. Quand on est en dessous de son point de référence personnel, le corps met activement en œuvre des mécanismes visant à augmenter de nouveau la quantité de graisse corporelle. Par exemple, le métabolisme se ralentit, l'appétit augmente ou on a tendance à préférer les lipides. Voilà pourquoi il est si difficile, une fois qu'on a perdu des kilos, de maintenir son nouveau poids – la plupart des personnes qui ont suivi un régime intensif peuvent en témoigner. Cela vient en partie du fait que les taux de leptine dans le sang diminuent après la perte de poids. Et quand la leptine diminue… l'appétit augmente. Lorsqu'on administre un supplément de leptine à des personnes obèses qui ont perdu plus de 10 % de leur masse corporelle, il se produit un phénomène intéressant : les mécanismes intervenant pour que leur point de référence personnel soit de nouveau atteint ne surviennent pas. Autrement dit, le métabolisme ne ralentit pas, la sensation de satiété perdure et l'envie de manger des aliments gras diminue. Tout cela grâce à un peu plus de leptine. Faut-il mettre tout le monde à la leptine ? Nous devons hélas tempérer notre enthousiasme car, la leptine étant extrêmement onéreuse, elle n'est appliquée qu'aux rares cas de personnes qui ne peuvent en sécréter elles-mêmes, comme les enfants pakistanais pour qui les effets de cette hormone ont été si bénéfiques.

D'autres hormones entrent dans la danse

La découverte de la leptine a représenté une véritable percée dans les recherches sur la graisse. De toute évidence, la graisse n'était pas un organe de stockage passif, bien au contraire. Elle pouvait sécréter une hormone, et peut-être d'autres aussi, susceptibles d'exercer une influence sur le reste de notre corps, même sur notre cerveau. Pleines d'enthousiasme, différentes équipes de recherche se sont donc efforcées, ces vingt dernières années, de découvrir de nouvelles hormones et d'autres types de substances que fabriquerait notre graisse. Et elles ont obtenu des résultats ! Plus de six cents de ces substances, ou "hormones lipidiques", ont été découvertes. Elles ont des effets variés, même si la fonction exacte de la plupart d'entre elles n'est pas encore claire. Certaines sont des substances inflammatoires, d'autres influent sur la tension artérielle, d'autres encore ont un impact sur la sensibilité du corps à l'insuline. Bientôt peut-être, on découvrira des fonctions étonnantes en étudiant certaines de ces hormones lipidiques. Par conséquent, on considère de nos jours la graisse plutôt comme un chef d'orchestre qui, en donnant différentes instructions (transmises par l'intermédiaire des hormones lipidiques), peut influer sur presque tous les organes de notre corps. Tant que le chef d'orchestre fait ce qu'il a à faire, l'orchestre est en parfaite harmonie. Mais imaginez ce qui se produit quand chacun des musiciens reçoit des instructions différentes. Le chaos ! C'est exactement ce qui se passe quand notre graisse tombe "malade". Eh oui, la graisse peut tomber malade. Cela arrive quand elle devient trop volumineuse, comme dans le cas de l'obésité. Elle sécrète alors trop d'hormones lipidiques, qui provoquent des inflammations et font monter la tension artérielle. Dans le même temps, les hormones qui inhibent l'appétit et accélèrent le métabolisme sont déréglées.

Une des hormones lipidiques découverte peu après la leptine est l'adiponectine. Elle est présente en grandes quantités dans le sang des êtres humains. Afin d'étudier son rôle, une méthode très souvent utilisée pour explorer le fonctionnement d'une nouvelle hormone a été employée : l'élevage de souris incapables de sécréter de l'adiponectine. Il s'est avéré que ces souris étaient moins sensibles à l'insuline (cette hormone qui assure une bonne répartition des sucres dans le corps), qu'elles avaient de ce fait une glycémie élevée et étaient donc à un stade préliminaire du diabète. Quand de l'adiponectine a été administrée aux souris, d'innombrables effets bénéfiques ont pu être observés. Elles sont devenues plus sensibles à l'insuline, leur glycémie a diminué et elles ont été moins nombreuses à développer un diabète, elles ont eu moins d'inflammations dans le sang, et moins d'artériosclérose et de maladies cardiovasculaires. L'adiponectine est donc une hormone bénéfique, du moins c'est ce qui est ressorti des recherches sur les souris.

Or voilà ce qu'on a constaté : cette hormone bénéfique est présente chez les personnes obèses à des taux inférieurs à ceux rencontrés chez les minces. En outre, de faibles taux d'adiponectine dans le sang sont aussi annonciateurs de diabète et d'infarctus. Malheureusement, on ne sait toujours pas pourquoi les obèses ont des taux inférieurs d'adiponectine. En revanche, les chercheurs s'entendent sur les effets bénéfiques d'une augmentation de l'adiponectine dans le corps. Comment y parvenir ? Une solution est de perdre du poids. Plusieurs études ont montré qu'une perte de 10 % de la masse adipeuse augmente considérablement les taux d'adiponectine dans le sang. Une autre solution consisterait à prendre un médicament assurant indirectement une augmentation de l'adiponectine, comme ceux censés diminuer les taux de cholestérol et d'autres utilisés en cas de diabète.

Administrer directement de l'adiponectine n'est hélas pas encore possible, car ses effets sont de courte durée seulement et son coût de fabrication est élevé. On recherche en revanche activement des médicaments qui puissent se fixer directement sur le récepteur de l'adiponectine. On obtiendrait alors les mêmes effets qu'avec des taux plus hauts d'adiponectine dans le sang. Bien que les premiers résultats dans ce sens soient très prometteurs, il y a encore un long chemin à parcourir avant de mettre au point des traitements de l'obésité à partir de ces recherches.

Et si la graisse favorisait la fertilité ?

Les hormones sécrétées par le tissu adipeux réservent d'autres surprises. En voici une illustration concrète : Madelon, treize ans, est une fervente gymnaste. Elle s'entraîne vingt-quatre heures par semaine, tous les jours après ses cours et aussi le week-end. La gymnastique est sa passion et sa vie, et elle n'a aucun mal à tout mettre de côté pour s'y consacrer. Elle est l'opposé de sa sœur jumelle, Lieke, qui a des passe-temps totalement distincts : regarder des séries, se maquiller, tout ce qui n'a aucun rapport avec le sport. Bien que Madelon et Lieke aient le même âge, elles sont très différentes. Madelon, la gymnaste, fait dix centimètres de moins que sa sœur et elle est beaucoup plus mince. Madelon n'a pas encore de poitrine et n'est pas encore réglée, alors que Lieke a eu ses premières règles juste avant son douzième anniversaire.

On sait de manière générale que les jeunes gymnastes sont plus petites et plus menues que la plupart des filles de leur âge. On peut même parler d'un ralentissement de la croissance. Ce ralentissement peut être si grave que leur corps n'atteint jamais la taille adulte prévue. En outre, les gymnastes de haut niveau ont un plus faible pourcentage de graisse corporelle dû à une alimentation restreinte (parfois inférieure à ce dont elles ont besoin), qui s'accompagne d'une forte combustion due à leur entraînement intensif. Il s'est aussi avéré que les jeunes gymnastes de haut niveau n'ont leurs premières règles que tardivement, ce qui est assez étonnant. Alors que les jeunes filles en Europe ont leurs premières règles en moyenne entre 12,5 et 13,5 ans, les gymnastes de haut niveau les ont entre 14,3 et 15,6 ans. Comment l'expliquer ?

Dans les années 1970, cette question passionnait la biologiste américaine Rose Frisch (1918-2015). Elle découvrit que les filles qui ont peu de graisse corporelle, en particulier les athlètes et les jeunes filles souffrant d'anorexie, avaient leurs premières règles plus tard et étaient de surcroît moins fertiles. En étudiant la composition corporelle d'un grand groupe de jeunes filles, elle montra qu'elles avaient besoin d'un taux de graisse d'au moins 17 % pour avoir leurs premières règles. Autrement dit, ce n'est pas l'âge qui constitue le facteur principal à l'origine des premières règles, mais la quantité de graisse corporelle ! Ce seuil de 17 % est en outre nécessaire pour que la menstruation se poursuive. Les athlètes adultes qui ont un taux de graisse inférieur n'ont plus leurs règles et ne peuvent pas non plus être enceintes. Rose Frisch parvenait presque à indiquer aux athlètes le nombre exact de kilos qu'elles devaient prendre pour redevenir fertiles. Henry Frisch, son fils, raconta plus tard que certaines sportives avaient été si reconnaissantes envers sa mère qu'elles avaient donné à leur fille le nom de Rose. Nous profitons aujourd'hui encore des éclaircissements apportés par les recherches de Rose Frisch. Quand une femme a des problèmes pour être enceinte, son gynécologue lui demande si elle pratique beaucoup de sport, et mesure sa taille et son poids afin de vérifier si sa masse corporelle est suffisante.

Le lien entre un faible indice de masse grasse et l'infertilité est d'un point de vue évolutionnaire tout à fait logique. Quand on a peu de réserve d'énergie, le corps n'est pas prêt à porter un enfant ; une grossesse exige effectivement beaucoup d'énergie. Mais quel est précisément le lien entre la masse graisseuse et la fertilité ? On a longtemps tâtonné dans le noir à ce sujet. Jusqu'à ce que la leptine soit découverte. Il s'est avéré que la souris *Ob*, dont nous avons fait la connaissance au début de ce chapitre, était stérile. À la suite de l'administration de leptine, non seulement elle a eu moins d'appétit, mais elle est aussi devenue fertile. Soudain, beaucoup de morceaux du puzzle se sont retrouvés à la bonne place. La leptine, l'indicateur de graisse corporelle, qui informe le cerveau du niveau de la réserve de graisse dans le corps, est en outre reliée au centre cérébral qui influe sur la fertilité. Quand ce dernier n'émet pas les bons signaux, et c'est ce qui se produit en cas de quantité insuffisante de leptine, une femme ne peut ovuler et n'est donc pas fertile. D'ailleurs elle cesse d'avoir ses règles.

C'est aussi ce qui se passait pour Natalie, mentionnée au chapitre 2, qui souffre de lipodystrophie. Comme sa graisse sous-cutanée, qu'elle avait en très petite quantité, sécrétait peu de leptine, Natalie avait des règles très irrégulières. L'inverse est possible également : quand une jeune femme a une importante masse graisseuse, elle produit beaucoup de leptine et ses règles surviennent à un âge précoce.

Le lien précis entre la leptine et le "centre de la fertilité" dans le cerveau fait l'objet de nombreuses recherches. Ce lien s'établit probablement au moyen des neuromédiateurs. L'hormone qui porte le nom romantique de kisspeptine figure parmi eux. Elle est responsable du déclenchement de la puberté et donne pour ainsi dire le déclic de la maturation sexuelle. Quand le corps a suffisamment de graisse, la leptine amorce la production de cette hormone, ce qui active le centre de la fertilité dans le cerveau. Chez certaines personnes, la kisspeptine n'est pas correctement sécrétée. Résultat : elles ont une faible concentration d'hormones sexuelles dans le sang et leur puberté survient tardivement. Un excédent de kisspeptine provoque au contraire une puberté précoce. Dans ce cas, avec un peu de malchance, une fille développera une poitrine à huit ans plutôt qu'à onze ! Parfois, la kisspeptine est aussi appelée l'"hormone chocolat". Rien à voir avec le chocolat mais, vers 1995, cette hormone a été découverte à Hershey, en Pennsylvanie. Or dans cette ville sont fabriqués des petits chocolats, les Hershey's Kisses, très appréciés aux États-Unis.

La leptine joue également un rôle important pendant la grossesse car le placenta produit, lui aussi, de la leptine. En outre, au deuxième trimestre de la grossesse, une forme de résistance à la leptine se développe, comme en cas d'obésité : la leptine a beau être présente à des taux élevés, elle est moins efficace. Voilà sans doute une des explications des fameuses "fringales" des femmes enceintes (il n'y a donc pas de quoi avoir honte !), qui ont pour but la constitution d'une réserve de graisse supplémentaire afin de pouvoir nourrir le bébé après la naissance. Pour le nouveau-né, la graisse de la mère est vitale.

Une chose est claire. Notre tissu adipeux n'est plus considéré comme un simple organe de stockage. Non, notre graisse est futée ! Grâce aux centaines d'hormones différentes qu'elle sécrète, elle peut influer sur presque tous les autres organes de notre corps, notamment le cerveau. Quand la masse graisseuse menace de se réduire, elle sait signaler au cerveau par l'intermédiaire de la leptine que nous devons manger davantage. Elle fait aussi en sorte – là encore en s'adressant au cerveau – qu'une grossesse soit impossible lorsque la réserve de graisse ne suffit pas. Ces hormones lipidiques font de notre graisse un organe fantastiquement inventif. Mais si le "grand chef d'orchestre" est perturbé, le résultat peut être fâcheux. Quand la graisse prend trop de proportions, comme dans le cas de l'obésité, sa production d'hormones se dérègle totalement. Au point que tout un ensemble de maladies peuvent survenir.

4

LES MALADIES CAUSÉES PAR UN EXCÈS DE GRAISSE ET VICE VERSA

MALADE D'UNE GRAISSE CORPORELLE TROP ABONDANTE : L'HISTOIRE DE ROB

Consultant en formation à la retraite, Rob a soixante-cinq ans. Père de deux enfants et deux fois grand-père, il mène une vie très active, passant son temps à faire entre autres de la moto, de la voile et du bénévolat. Il se consacre à ces occupations avec beaucoup de plaisir, d'enthousiasme et d'énergie. Il n'en a pas toujours été ainsi. "Jusqu'à quarante ans, je n'avais jamais à surveiller les aliments que je mangeais, ni les quantités. J'adorais sortir au restaurant, rester longtemps à table avec des amis. Je me sentais bien dans mon corps. Jusqu'au jour où j'ai subi des coups durs. J'ai perdu mon travail et j'ai divorcé. La vie me pesait. Pour supporter ce que j'éprouvais, je me suis mis à manger de plus en plus. Pendant cette période difficile, quand je mangeais, j'avais un sentiment de satisfaction. Les kilos se sont lentement accumulés, jusqu'à ce que j'atteigne il y a quelques années 110 kilos, bien trop pour mon mètre quatre-vingt-dix. J'étais officiellement « obèse ».

En plus, la graisse s'accumulait presque exclusivement autour de mon ventre, comme chez mon père." Rob trouvait dommage de ne plus avoir son corps svelte d'autrefois, mais apprenait à s'en accommoder. "C'est comme ça", se contentait-il de dire. Il était cependant confronté aux regards désapprobateurs de ses enfants, qui estimaient qu'il devait vraiment faire quelque chose. "Au fond de moi, j'en avais envie, mais je ne savais pas comment m'y prendre et je n'étais pas assez motivé pour y remédier."

Cette motivation vint quelque temps après, quand il commença à souffrir de maux associés à son obésité. "J'avais peu d'énergie et toujours très soif. En consultant mon médecin généraliste, j'ai appris que j'avais le diabète. Il fallait que j'avale des comprimés, mais quand j'ai eu des effets secondaires désagréables, notamment des nausées et des diarrhées, j'ai voulu arrêter. Le prochain stade, c'était l'injection quotidienne d'insuline." Rob avait aussi une grave apnée du sommeil, sa respiration s'interrompant plus de trente fois par heure. "Donc je me réveillais le matin totalement épuisé. Je devais porter un masque sur le nez la nuit, pour que mes voies respiratoires restent ouvertes et que je puisse mieux respirer. Et comme si cela ne suffisait pas, il s'est avéré que j'avais aussi trop de tension et trop de cholestérol, ce qui m'obligeait à prendre trois autres comprimés."

Pendant ce temps, Rob avait une glycémie qui continuait d'augmenter et devait s'injecter de plus en plus d'insuline. "Je devais consulter chaque année un ophtalmologue pour une visite de contrôle parce que le diabète peut rendre aveugle à long terme. Cette perspective était celle qui me faisait le plus peur, car une personne de mon entourage atteinte d'un diabète avait déjà presque perdu la vue. Je m'inquiétais de ma glycémie qui ne faisait qu'augmenter et on m'a recommandé de consulter un gastroentérologue." Même si on lui avait déjà dit à plusieurs reprises qu'il devait perdre du poids, cette fois on lui faisait savoir que, s'il en perdait, non seulement il devrait s'injecter moins d'insuline, mais il pourrait aussi se débarrasser de ses autres problèmes, comme son apnée du sommeil, sa forte tension et son taux élevé de cholestérol.

Rob se sentit enfin motivé et décida de changer radicalement son mode de vie. Il consulta un diététicien pour améliorer son régime alimentaire. Il prolongea ses promenades quotidiennes avec son chien et se mit à monter les escaliers au lieu de prendre l'ascenseur. Il se fit aussi aider par un coach pour encadrer son changement de comportement. Cette stratégie multiple lui permit de perdre 10 kilos. Que se passa-t-il ? "J'avais davantage d'énergie, je devais m'injecter moins d'insuline et j'étais moins gêné par mon apnée du sommeil, si bien que je me sentais plus en forme le matin. Mais je n'ai pas encore atteint mon objectif, je veux perdre encore plus de poids afin d'arrêter de prendre les médicaments pour ma tension artérielle. Cela reste un combat de tous les jours. Ces dernières années par exemple, j'éprouve de moins en moins une sensation de satiété. Il faut donc que je m'impose d'arrêter de manger, parce que je continue d'avoir faim et que je pourrais facilement manger une assiette pleine alors que je viens d'en finir une." Il a encore un long chemin à parcourir, mais il va s'efforcer de surmonter les obstacles pour atteindre son but !

Vie et mort de la cellule graisseuse

Rob est devenu littéralement malade d'un excès de graisse corporelle. Et il est loin d'être le seul. Selon certaines estimations, la moitié des personnes en surpoids ont une ou plusieurs complications qui en découlent, comme une tension trop forte, une apnée du sommeil, un cholestérol trop élevé ou du diabète. Qui plus est, la grande majorité des personnes en surpoids sévère (obèses) développent ces affections au bout d'un certain temps. Pour bien comprendre ce qui se passe, il est utile d'examiner de plus près de quoi se compose précisément notre tissu adipeux. Il est constitué de cellules graisseuses, bien entendu, comparables à de petits ballons se remplissant de graisse, comme nous l'avons vu au chapitre 2. Elles sont très nombreuses, quelque cinquante milliards. Mais ce n'est pas tout. Parmi les cellules graisseuses du tissu adipeux se trouvent aussi des cellules immunitaires (les leucocytes ou globules blancs). Ces cellules se tiennent prêtes, comme des sortes de Pac-Man, à dévorer et à anéantir des agents pathogènes comme les bactéries. Ou à engloutir les cellules graisseuses mortes ou peu efficaces pour éviter trop de désordre et permettre à l'organe "graisse" de jouer son rôle. Quand nous sommes confrontés à une grave menace, les cellules immunitaires peuvent aussi donner l'alerte pour faire intervenir des secours, sous la forme d'un plus grand nombre de cellules de l'inflammation. Cette alerte est déclenchée par des substances inflammatoires qui peuvent être libérées par les cellules de l'inflammation dans la zone environnante et dans le sang. Les cellules de l'inflammation jouent un rôle capital. En l'absence de ces cellules, le moindre intrus dans notre corps – que ce soit un virus, une bactérie ou un champignon – serait mortel. Voilà pourquoi le sida, une maladie qui se caractérise par l'inactivation d'une partie des cellules de l'inflammation par le virus VIH, est toujours mortel s'il n'est pas traité. Bien que les cellules de l'inflammation aient une importance considérable, elles ont aussi un côté sombre. Par exemple, lorsqu'elles s'accumulent en trop grand nombre dans la graisse. Des substances inflammatoires sont alors émises continuellement en si grandes quantités qu'elles se retrouvent dans le sang et qu'elles ont de vastes répercussions. On appelle ce phénomène une "inflammation infraclinique" car on n'a pas affaire à une inflammation proprement dite, au sens d'une plaie suppurante, mais des signaux d'inflammation sont émis en permanence dans le sang. Ces substances inflammatoires constituent un des facteurs à l'origine de la corrélation entre l'obésité et différentes maladies. Non seulement elles sont nuisibles pour le cœur et les vaisseaux sanguins, mais elles peuvent aussi pénétrer jusque dans le cerveau et provoquer des humeurs sombres, et même une dépression. Nous y reviendrons ultérieurement.

En dehors de cellules de l'inflammation, notre tissu adipeux contient aussi des cellules qui forment les parois de petits vaisseaux sanguins. C'est par ces minuscules vaisseaux que sont acheminés le glucose, les acides gras et l'oxygène vers le tissu adipeux. Il y a aussi dans la graisse des terminaisons nerveuses qui viennent du cerveau. Ces fines fibres qui relient notre cerveau à notre tissu adipeux peuvent donner à ce tissu des instructions, par exemple lorsqu'il faut libérer des graisses pour les envoyer vers d'autres organes. Enfin, il existe des cellules souches, en quelque sorte des cellules primitives, qui ont la possibilité de se différencier en tous types de cellules.

Quand, au fil du temps, une personne mince prend trop de poids ou devient obèse, le tissu adipeux, à commencer par les cellules graisseuses elles-mêmes, subit une transformation fascinante. Si l'on pratiquait un prélèvement de graisse (une "biopsie") abdominale sur une personne mince, et une ponction de graisse au même endroit chez une personne en surpoids, puis qu'on observait les échantillons au microscope, on remarquerait un certain nombre de différences majeures. Tout d'abord, et ce n'est sans doute plus une surprise, une personne en surpoids a des cellules graisseuses plus grandes. Son stockage de graisse est effectivement plus important. Ensuite, elle a souvent (mais pas toujours) plus de cellules graisseuses.

Pendant longtemps, on a pensé que la taille des cellules graisseuses ainsi que leur nombre pouvaient varier au cours d'une vie. Autrement dit, que lorsque la quantité de graisse corporelle augmentait durant une certaine période, les cellules graisseuses grossissaient et augmentaient en nombre. Et que lorsqu'on perdait du poids par la suite, la taille et le nombre de cellules graisseuses diminuaient. Cela paraît extrêmement logique, pourtant cette hypothèse s'est révélée fausse ! Dans les années 1970, une belle expérience fut réalisée pour examiner la question. Plusieurs hommes jeunes et minces de vingt à trente ans participèrent pendant quatre mois à une étude au cours de laquelle ils devaient prendre du poids en mangeant davantage et en bougeant moins. Ils prirent en moyenne pendant cette période pas moins de 10 kilos de graisse. Puis on leur demanda de perdre ces kilos en mangeant moins et en bougeant davantage. À plusieurs occasions, pendant qu'ils perdaient du poids, on leur préleva de la graisse sous-cutanée à différents endroits. Les résultats furent stupéfiants. Lorsque les hommes avaient pris du poids, seule la taille de leurs cellules graisseuses avait augmenté ; le nombre de cellules était resté strictement identique. Puis, tandis qu'ils perdaient du poids, la taille de ces cellules diminuait, mais leur nombre restait globalement le même. Des études ultérieures ont confirmé ces résultats. Chez les personnes qui perdent une importante masse de graisse à la suite d'une opération gastrique, la taille des cellules graisseuses diminue, mais leur nombre reste le même. Il semblerait par conséquent que nous ne puissions pas perdre nos cellules graisseuses, leur nombre étant constant !

Si tel est le cas, quand ce nombre de cellules graisseuses est-il déterminé ? Une équipe de recherche suédoise s'est penchée sur la question. Elle a effectué des biopsies de graisse en prélevant des échantillons chez des personnes d'âges différents, de 0 à 60 ans, qui présentaient des proportions de masse graisseuse différentes. Elle a examiné, dans ces échantillons, le nombre de cellules graisseuses. Et qu'a-t-elle découvert ? Le nombre de cellules graisseuses augmente au cours de l'enfance et de l'adolescence. Vers 20 ans, cette hausse s'arrête et le nombre de cellules graisseuses demeure constant. Apparemment, l'enfance est la principale période au cours de laquelle le nombre de cellules graisseuses est déterminé, “programmée” pour ainsi dire.

Chez un enfant en surpoids, le nombre de cellules graisseuses augmente plus rapidement que chez un enfant sans surpoids. Et quand ce surpoids se prolonge, cet enfant aura pendant le restant de sa vie un plus grand nombre de cellules graisseuses, sans pouvoir plus jamais s'en débarrasser.

Notre corps est étonnamment doué pour faire en sorte que le nombre de nos cellules graisseuses reste constant. Même après une liposuccion, une intervention qui littéralement aspire les cellules graisseuses de notre tissu adipeux, notre corps se livre à une habile manœuvre. En effet, les cellules graisseuses réapparaissent à un autre endroit ! Plusieurs études réalisées sur des femmes ont montré que cette graisse ressurgit souvent au niveau des seins. Dans 40 % des cas, les femmes qui ont subi une liposuccion voient le volume de leurs seins augmenter d'une ou de plusieurs tailles de bonnet. Même si certaines d'entre elles s'en réjouiront, le phénomène n'en est pas moins curieux. Il doit donc exister une sorte de système qui enregistre le nombre de cellules graisseuses dans notre corps et entre en action quand ce nombre diminue. Cela se produit d'ailleurs continuellement, car les cellules graisseuses meurent – tout comme beaucoup d'autres types de cellules dans notre corps – et sont ensuite remplacées à partir de cellules souches (les "cellules primitives" dans notre graisse corporelle, mentionnées précédemment). D'après certaines estimations, 10 % du nombre total de cellules graisseuses sont remplacées chaque année par de nouvelles cellules. Autrement dit : au bout de dix ans, le tissu adipeux est entièrement renouvelé. Là encore, le corps fait en sorte que se créent précisément les nouvelles cellules nécessaires pour que le nombre de cellules graisseuses reste constant. La manière dont il s'y prend demeure pour l'instant une énigme. Mais du point de vue de l'évolution, cet objectif était suffisamment important pour que le corps s'emploie activement à l'atteindre, l'important étant de stocker assez de graisse !

Est-ce grave d'entrer dans l'âge adulte avec un nombre de cellules graisseuses trop important ? Malheureusement, cela complique la tâche quand on cherche à mincir et à rester mince à l'âge adulte. Lorsqu'on a une grande quantité de cellules graisseuses et que l'on perd du poids, le tissu adipeux se transforme en un organe composé de cellules graisseuses nombreuses, mais petites. Or nous avons vu précédemment que plus la cellule graisseuse est grande, plus la production de leptine, l'hormone sécrétée par la graisse, est importante. Par conséquent, quand on a minci, de petites cellules graisseuses, même en grand nombre, produiront et diffuseront au total moins de leptine. Étant donné que la leptine inhibe l'appétit, cela ne fera que stimuler l'appétit et diminuer la combustion des graisses, le tout étant mis en œuvre pour revenir à la situation "ancienne", lorsque les cellules graisseuses étaient plus remplies. Hélas, c'est souvent ce qui se produit. Voilà une des principales raisons pour lesquelles il est très difficile de devenir mince à l'âge adulte quand on a été trop gros enfant.

Il y a graisse et graisse : des silhouettes en pomme ou en poire

Le tissu adipeux est souvent considéré comme un seul et même grand organe. Une gigantesque masse de cellules qui stocke la graisse et produit des hormones. Cela ne correspond pas tout à fait à la réalité. La graisse a en fait des fonctions différentes selon l'endroit où elle se trouve. Comme nous l'avons précisé auparavant, les deux plus grandes quantités de graisse se situent dans le ventre autour des organes (la graisse abdominale) et sous la peau (la graisse sous-cutanée). Vous avez certainement remarqué que les gens accumulent la graisse à des endroits très différents. Des termes ont été spécialement conçus en fonction de leur silhouette. Quand ils ont beaucoup de graisse localisée autour du ventre, on parle d'une "silhouette en pomme" ; c'est le fameux ventre rebondi des hommes comme Rob. Quand la graisse se concentre au contraire au niveau des fesses, des hanches et des cuisses, on parle d'une "silhouette en poire", que l'on rencontre plus souvent chez les femmes. Il existe aussi beaucoup d'autres amas graisseux plus petits, comme autour du cœur, des reins et même des vaisseaux sanguins.

La différence de répartition de la graisse corporelle (la silhouette en pomme ou en poire) a été décrite pour la première fois en 1956 par Jean Vague, un médecin de Marseille. Il avait en outre remarqué que les personnes présentant davantage de graisse abdominale avaient un plus grand risque de diabète que ceux dont la graisse se situait plutôt dans les hanches et les cuisses. Mais ce n'est pas tout : un certain nombre de recherches ultérieures semblent indiquer que la présence de beaucoup de graisse dans les hanches protège contre le diabète ! Par conséquent : la graisse abdominale est plus mauvaise que la graisse (sous-cutanée) au niveau des hanches. Comment l'expliquer ?

Pourquoi il vaut mieux avoir des hanches que du ventre ?

Les cellules graisseuses du ventre se retranchent entre les organes. Elles peuvent donc moins se distendre et moins stocker de graisse. Alors… n'est-ce pas justement un avantage ? Non, malheureusement. Quand les cellules graisseuses ont atteint ce que l'on appelle leur "capacité de stockage maximale", le surplus d'acides gras qui s'introduit dans le sang doit être stocké ailleurs (voir encadré 6). Notre corps ne sait pas le transférer automatiquement vers la graisse sous-cutanée. Ce serait l'idéal. Au lieu de cela, il transporte ce surplus vers d'autres endroits, comme les muscles, le foie et autour du cœur. L'excédent de graisse à ces endroits-là n'est pas un hôte bienvenu, c'est le moins qu'on puisse dire. Il n'y a absolument pas sa place. Ce stockage de la graisse dérègle la fonction de chacun de ces organes. Il perturbe le métabolisme des sucres dans les muscles et dans le foie, qui deviennent moins sensibles aux effets de l'insuline, l'hormone qui permet aux sucres d'entrer dans les cellules pour les nourrir. Cette insensibilité à l'insuline est appelée "résistance à l'insuline" ou "insulinorésistance". Elle a pour conséquence une moindre absorption du glucose dans le sang par les organes, si bien que la glycémie augmente. Lorsque cette situation perdure et que le pancréas ne peut plus venir à bout du problème en sécrétant un supplément d'insuline, les concentrations de sucres dans le sang finissent par grimper à des niveaux dangereux. On constate alors l'apparition d'un diabète. Un stockage de graisse excédentaire dans la région du cœur peut en outre dérégler la fonction cardiaque.

Encadré 6.
La théorie de la "cellule graisseuse extensible"

Une cellule de graisse ne ressemble pas à une autre. Certaines personnes ont des cellules graisseuses "souples" et "facilement extensibles", tandis que d'autres en ont des plus rigides, qui se remplissent donc plus vite. On peut établir une comparaison avec des ballons de deux fabricants différents. Un ballon peut être gonflé plus que l'autre. Par conséquent, chez les personnes qui ont des cellules graisseuses plus rigides, la graisse déborde plus vite vers d'autres organes. Ces personnes sont donc confrontées plus rapidement à des complications dues à leur obésité, comme une résistance à l'insuline ou un diabète. Cette conception est appelée théorie de la "cellule graisseuse extensible", un phénomène qui s'explique sans doute essentiellement par la génétique.

Bien que les conséquences de l'expansion de la graisse abdominale soient les plus préjudiciables, l'excédent de graisse à d'autres endroits peut lui aussi provoquer des complications. Qu'elle soit abdominale ou sous-cutanée, elle s'accompagne de toute façon d'une perturbation de la structure du tissu adipeux. Cette structure est constituée de protéines dites structurelles et de tout un réseau de vaisseaux sanguins qui relient les cellules graisseuses entre elles. Lorsque les cellules se remplissent de graisse, entraînant une expansion de la masse graisseuse, ce réseau de vaisseaux sanguins s'étend. En effet, pour que du sang et donc de l'oxygène continuent de s'acheminer vers toutes les cellules graisseuses, des vaisseaux sanguins supplémentaires doivent être fabriqués. S'il ne s'en fabrique pas assez, les cellules adipeuses au milieu du tissu adipeux ne reçoivent pas assez d'oxygène. Ce manque d'oxygène est très néfaste pour les cellules graisseuses. Il provoque leur mort.

C'est là qu'interviennent les cellules de l'inflammation, les petits Pac-Man dans notre corps ! Elles sont effectivement attirées par la présence de cellules graisseuses mortes, comme des asticots par la chair morte ou pourrissante. On constate nettement, quand on compare un échantillon de graisse d'une personne mince à celui d'une personne atteinte d'obésité, que la graisse d'une personne obèse contient bien plus de cellules de l'inflammation (voir fig. 4.1).

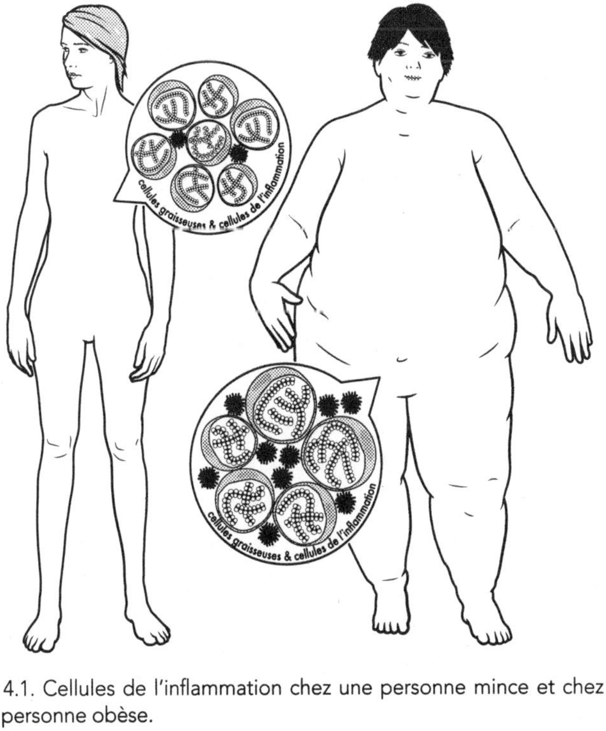

Fig. 4.1. Cellules de l'inflammation chez une personne mince et chez une personne obèse.

Les substances inflammatoires sécrétées par ces cellules attirent encore plus de cellules de l'inflammation : vite, venez donner un coup de main ! Il faut agir ! Et ce processus survient dans la graisse sous-cutanée comme dans la graisse abdominale. Les cellules graisseuses peuvent elles-mêmes réagir en se mettant à produire des substances inflammatoires. Une importante différence, cependant, est que la graisse abdominale produit davantage de substances inflammatoires que la graisse sous-cutanée. Voilà une autre raison pour laquelle la graisse abdominale est plus nuisible que la graisse sous-cutanée. L'explosion de substances inflammatoires a de nombreuses répercussions. Elles sont diffusées dans le sang et peuvent engendrer dans d'autres organes, comme les muscles et le foie, une résistance à l'insuline et par conséquent une augmentation de la glycémie. Les substances inflammatoires aux alentours des vaisseaux sanguins peuvent aussi entraîner une inflammation des parois vasculaires. Ce qui risque de provoquer des maladies cardiovasculaires.

L'OBÉSITÉ RÉDUIT LA FERTILITÉ : L'HISTOIRE DE CARLA

L'abondance de graisse corporelle a aussi un impact sur la fertilité. Carla, une femme rayonnante de trente-trois ans, est bien placée pour en parler.

"Je viens d'une famille de bons vivants, dans laquelle manger joue un rôle central. On y a toujours pris son temps pour bien manger et il était parfaitement normal de se resservir. Ma mère faisait toujours rôtir la viande en l'enduisant copieusement de matières grasses et on ne manquait jamais de servir du jus de viande à table. Le week-end, on mangeait très souvent des aliments sortis tout droit de la friteuse : par exemple des petites boulettes de viande et des croquettes de fromage. Pendant les sympathiques soirées films que nos parents organisaient pour nous, des plats toujours plus gras s'enchaînaient sur la table basse. Je trouvais juste que j'étais bien charpentée. Comme mes parents, mon frère aîné et ma sœur cadette." À l'école primaire, le médecin scolaire estima que Carla était à la limite du "surpoids" : elle devait essayer de faire attention à son alimentation et faire beaucoup de sport. Cela tombait bien, parce que Carla adorait le sport ! Elle participait activement à des compétitions de natation (et elle obtenait de très bons résultats), qui exigeaient un entraînement quatre jours par semaine tôt le matin pour préparer la compétition du samedi.

La situation changea quand il fut temps pour elle d'aller au collège. "L'équipe de natation où je me sentais si bien s'est malheureusement dissoute. J'ai décidé d'arrêter ce sport. Je n'avais pas envie d'en faire un autre. Je suis devenue de moins en moins active et je me suis mise, parfois par ennui, à manger de plus en plus. Surtout quand je rentrais tôt du collège, je pillais régulièrement les placards de la cuisine." Carla prenait de plus en plus de poids, ce qui la contrariait de plus en plus. Heureusement, elle avait un groupe d'amies qui l'acceptaient totalement et ne lui faisaient jamais de réflexions sur son poids. Mais, à sa grande tristesse, elle n'avait pas de petit ami. Carla commença des études de droit et rencontra sur les bancs de l'université, son grand amour Philippe. "Philippe aussi faisait « une taille de plus » et il me trouvait magnifique telle que j'étais. Au bout de quelques années, nous avons emménagé ensemble dans un appartement agréable en plein centre-ville. Nous invitions régulièrement nos amis à dîner et beaucoup de bouteilles de vin mais aussi toutes sortes de plats très caloriques y passaient. Le soir, nous profitions toujours de bons moments sur le canapé, à savourer un de nos grands délices : des fromages français."

Leur amour prit de l'ampleur, tout comme eux, jusqu'à ce qu'ils deviennent obèses. Carla et Philippe avaient à présent fini leurs études. Ils trouvèrent l'un comme l'autre un bon emploi de juriste, Carla dans une grande entreprise, Philippe dans l'administration publique. "Puis... le désir d'avoir un enfant est arrivé. J'avais encore un stérilet hormonal. J'avais donc rarement mes règles, en dehors de quelques saignements. Un jour pluvieux de novembre, je l'ai fait retirer, un moment presque légendaire pour nous. Maintenant, cela pouvait arriver à tout moment. Nous étions prêts ! J'ai attendu impatiemment mes premières règles. Un mois, deux mois se sont écoulés. Mais elles ne venaient pas. Était-ce arrivé « du premier coup » ? Peut-être que j'étais déjà enceinte ? Malheureusement, le test de grossesse s'est avéré négatif. Quatre mois plus tard, mes premières règles ont fini par arriver. Puis je n'en ai pas eu pendant trois mois. Chaque fois, le test de grossesse indiquait que je n'étais pas enceinte. J'ai commencé à me faire du souci ! Au bout d'un an, j'ai consulté mon médecin généraliste. Il m'a dit que mon surpoids était probablement à l'origine du problème et m'a conseillé de perdre du poids, de préférence jusqu'à atteindre un IMC correspondant à une corpulence normale. C'était plus facile à dire qu'à faire. Nous sommes rentrés à la maison très déçus. Un enfant paraissait un objectif plus éloigné que jamais."

On sait que le surpoids diminue les chances d'une grossesse. La principale raison est qu'en cas de surpoids, les ovulations sont moins fréquentes, ce qui rend les règles irrégulières. Ou bien, les ovulations s'interrompent complètement, ce qui empêche totalement (temporairement) une grossesse. Lorsque la graisse corporelle se développe, le chef d'orchestre du cycle ovarien ne sait plus où il en est ; l'équilibre nécessaire à la sécrétion des hormones du tissu adipeux est perturbé. Cela concerne donc aussi la leptine, hormone fabriquée par la graisse. Nous avons vu précédemment que la production insuffisante de leptine, comme en cas de poids insuffisant, est une cause d'infertilité, car le "centre de la fertilité" dans le cerveau ne peut plus être activé. Mais le contraire est vrai aussi. Un excédent de leptine, ce qui survient presque toujours en cas de surpoids, est aussi une cause d'infertilité car il perturbe également le fonctionnement du centre de la fertilité. Par conséquent, un excédent ou un manque de leptine ralentit la fréquence des ovulations ou les interrompt. Bien d'autres hormones sécrétées par la graisse influent sur la fertilité. Pour chacune de ces hormones, à peu près le même principe est valable : un équilibre perturbé freine la fertilité chez les femmes.

En cas de surpoids et d'obésité, il se passe aussi un autre phénomène, peut-être encore plus important. Lorsque la graisse corporelle s'accroît, l'activité de la protéine "aromatase" augmente dans les cellules graisseuses. Cette protéine transforme, tant chez les hommes que chez les femmes, les androgènes (des hormones mâles comme la testostérone) en hormones femelles appelées œstrogènes. Or les œstrogènes non seulement assurent la préparation mensuelle de l'endomètre, mais inhibent aussi le centre de la fertilité dans le cerveau ! Autrement dit, quand il y a trop d'œstrogènes dans le corps, cela empêche aussi l'ovulation. C'est d'ailleurs ainsi, entre autres, que les pilules contraceptives, qui contiennent des œstrogènes, empêchent une grossesse. Par conséquent, un excédent de masse graisseuse produit le même effet qu'une pilule contraceptive.

Le surpoids et l'obésité diminuent la fertilité chez les femmes, mais cela vaut également pour les hommes. Chez les hommes, l'expansion de la graisse déclenche aussi une plus grande activité de la protéine aromatase. La production plus importante d'œstrogènes qui s'ensuit perturbe l'équilibre entre les hormones mâles et femelles (le résultat étant, fréquemment, une trop faible quantité de testostérone). Pour présenter les choses simplement : un homme se "féminise". Cela se traduit par une moindre production de spermatozoïdes et donc une baisse de la fertilité. De nos jours, les hommes sont également moins fertiles parce qu'ils sont souvent assis ou portent des pantalons trop serrés *(skinny jeans)*. Cela provoque une trop forte hausse de la température dans le scrotum, qui enveloppe les testicules. Un homme produit les plus vigoureux spermatozoïdes quand la température à l'intérieur du scrotum se situe entre

34 et 35 °C. Par conséquent, si vous êtes un homme et que vous cherchez à améliorer votre fertilité : restez debout plus régulièrement (ce qui est bénéfique pour d'autres raisons aussi, voir chapitre 6) et débarrassez-vous une bonne fois pour toutes de vos pantalons moulants. En fait, en cas de surpoids, le même problème se produit. La présence d'une grande quantité de graisse dans le bas-ventre et dans les cuisses fait aussi monter la température dans le scrotum. En dehors de toutes sortes de transformations hormonales, c'est entre autres pour cette raison que l'expansion de la graisse chez les hommes entraîne une diminution des spermatozoïdes et de leur qualité.

Imaginez que vous soyez, comme Carla et Philippe, dans une situation où votre surpoids entrave votre fertilité. Pouvez-vous encore y faire quelque chose ? Bien sûr ! Différentes études ont montré que la perte de poids, en mangeant sainement, en bougeant davantage ou – mieux encore – en combinant les deux, a des effets bénéfiques sur la fertilité. Les femmes recommencent à ovuler, leurs règles deviennent plus régulières et leur probabilité d'une grossesse augmente. Une perte de 5 à 10 % de la masse corporelle a déjà des effets positifs.

C'est d'ailleurs ce qu'avait dit le médecin généraliste à Carla. Essayez de perdre du poids ! Pour Carla, qui toute sa vie avait eu des kilos en trop, c'était une entreprise extrêmement difficile. Mais quand elle vit dans son entourage un nombre croissant de femmes attendre un bébé – des collègues, des amies, et même sa belle-sœur, elle en eut assez. Elle était si ébranlée de constater que d'autres arrivaient à être enceintes et pas elle qu'elle se fixa pour objectif de perdre 25 kilos. En concertation avec un diététicien, elle établit un régime et se rendit trois fois par semaine dans un club de sport où elle fit des exercices, encadrée par un coach. En huit mois, elle avait perdu les 25 kilos prévus. Et que se passa-t-il ? Son cycle menstruel redevint régulier. Par solidarité, Philippe décida lui aussi de surveiller sa propre alimentation et alla de temps en temps faire du sport avec elle. Il perdit 10 kilos. Quelques mois plus tard, deux traits apparurent enfin sur le test de grossesse. Carla était enceinte ! À présent, Carla et Philippe sont les fiers parents de deux jeunes garçons. Et ces kilos ? Ils sont revenus peu à peu, mais jamais ils n'ont été aussi heureux.

Le surpoids augmente les risques de cancer

Nous connaissons Rose Frisch, cette chercheuse persévérante qui a montré que les athlètes dont le pourcentage de graisse est inférieur à 17 % cessent d'avoir leurs règles. Mais elle a fait d'autres découvertes novatrices. L'une d'elles concernait aussi des sportives de haut niveau. Rose Frisch a révélé que les anciennes sportives de haut niveau ont moins de risques, au cours de leur vie, d'avoir un cancer du sein et un cancer gynécologique (comme un cancer de l'utérus). Parallèlement, d'autres chercheurs ont montré que le surpoids et l'obésité augmentent les risques de cancer. Jusqu'à présent, on a identifié douze types de cancer dont une personne en surpoids ou obèse a une plus forte probabilité d'être atteinte, notamment le cancer de l'utérus, le cancer du sein (après la ménopause) ainsi que le cancer de l'ovaire chez les femmes, et le cancer de la prostate chez les hommes. Concernant ces douze types de cancer, 20 %, donc un sur cinq, seraient provoqués par le surpoids et l'obésité en Europe. Comment l'expliquer ?

Cela vient, entre autres, d'une sécrétion de substances inflammatoires en plus grandes quantités lorsque la graisse corporelle augmente. Ces substances peuvent en fait favoriser le développement de cellules cancéreuses. Par conséquent, les anti-inflammatoires, tels que l'aspirine qui à la base est un antidouleur, peuvent empêcher l'apparition de certains types de cancer (comme celui du gros intestin). Nous avons vu précédemment que l'expansion de la graisse entraîne aussi une production supplémentaire d'œstrogènes. Or chez les femmes, des taux plus élevés d'œstrogènes augmentent le risque de cancer du sein et de cancer de l'utérus. Voilà pourquoi les sportives de haut niveau, qui ont peu de graisse corporelle et donc sécrètent moins d'œstrogènes, ont moins de risques d'être atteintes, entre autres, d'un cancer du sein, comme l'a montré Rose Frisch.

Par conséquent, lorsque la quantité de graisse corporelle diminue, le risque de cancer peut diminuer aussi, comme l'a révélé une grande étude suédoise à laquelle ont participé plus de quatre mille patients obèses. Environ la moitié d'entre eux avaient subi une opération de l'estomac (par exemple une dérivation gastrique), contrairement à l'autre moitié. Les patients ont été suivis pendant onze ans. Le groupe opéré a perdu durant cette période en moyenne 20 kilos, tandis que le groupe témoin a pris 1,5 kilo. Il s'est avéré que le risque de cancer chez les patients appartenant au groupe opéré avait diminué de 40 % !

Les hormones thyroïdiennes agissent sur le métabolisme

Non seulement la graisse corporelle peut rendre littéralement malade, mais l'inverse est tout aussi vrai. Plusieurs maladies et troubles de la régulation hormonale peuvent avoir un impact sur notre graisse corporelle. La perturbation du métabolisme des hormones thyroïdiennes en est un exemple connu. Pratiquement toutes les cellules de notre corps ont besoin de ces hormones pour fonctionner correctement. Les hormones thyroïdiennes veillent au maintien global d'un certain rythme d'activité. Lors d'une insuffisance d'hormones thyroïdiennes, beaucoup d'organes fonctionnent moins bien, autrement dit plus lentement. Le rythme cardiaque se ralentit, les intestins digèrent moins rapidement, ce qui entraîne des problèmes de constipation, et la graisse brune (un type de graisse qui brûle les graisses pour les transformer en chaleur, voir le chapitre 6) devient moins efficace. C'est ce qui explique, entre autres, un ralentissement du métabolisme et une sensation de froid survenant plus rapidement, alors que la température ambiante est agréable. Souvent, une prise de poids est l'un des premiers signes perçus par des personnes qui souffrent d'hypothyroïdie. C'est logique : quand on continue de manger la même chose lorsque le métabolisme tourne au ralenti, on prend du poids. Il est relativement fréquent que la thyroïde fonctionne trop lentement ; actuellement, quatre cent mille personnes sont confrontées à ce problème aux Pays-Bas*. Par

---

* La Haute Autorité de santé considère que l'hypothyroïdie constitue l'affection thyroïdienne la plus fréquente en France, avec une prévalence de

conséquent, lorsque des personnes sont en surpoids pour une raison qui n'est *a priori* pas évidente (par exemple elles ne se sont pas mises à manger plus qu'avant), on mesure la quantité d'hormones thyroïdiennes dans leur sang. Une thyroïde dont l'activité est trop lente se traite par la prise de comprimés apportant un supplément d'hormones thyroïdiennes*.

Il arrive aussi que la thyroïde fonctionne trop vite, ce qui entraîne la présence d'une trop grande quantité d'hormones thyroïdiennes dans le sang. Tous les organes passent alors "à la cinquième vitesse". On a le cœur qui bat plus vite (ce qui se remarque parfois à des palpitations), on a la diarrhée, on a chaud et on se sent agité. Cette accélération du métabolisme provoque une perte de poids. Parfois, de 10 kilos en deux mois. Souvent, on conserve tout de même un bon appétit. Le premier traitement d'un fonctionnement trop rapide de la thyroïde est un médicament qui freine la sécrétion d'hormones thyroïdiennes. Par conséquent, la modification des taux d'hormones thyroïdiennes dans notre sang peut avoir d'importantes répercussions sur notre graisse corporelle. Ne soyez pas tenté, cependant, si vous êtes obèse, de prendre un supplément d'hormones thyroïdiennes

---

1 à 2 %. Elle touche principalement les femmes (sex-ratio 1/10), et survient en moyenne vers soixante ans. Son incidence augmente avec l'âge, en particulier chez la femme ménopausée, et atteint 14/1 000 femmes par an après soixante-quinze ans. Cf. www.has-sante.fr/upload/docs/application/pdf/2019-03/rapport_pertinence_hypothyroidie_vf.pdf.

* Le médicament le plus prescrit en France contre l'hypothyroïdie est le fameux Levothyrox devenu l'objet d'un scandale lorsque la société le produisant a changé sa formule de fabrication. Cf. www.lemonde.fr/les-decodeurs/article/2017/09/07/pourquoi-le-medicament-levothyrox-fait-il-polemique_5182477_4355770.html.

lorsque votre fonction thyroïdienne est normale. Ce n'est pas une méthode efficace pour perdre du poids. Les effets secondaires risqueraient d'être fâcheux, entre autres pour le cœur et les os.

L'influence des hormones sexuelles

Comme nous l'avons vu précédemment, il existe une nette différence entre les hommes et les femmes en termes de répartition de la graisse corporelle : les hommes ont davantage de graisse autour du ventre et les femmes plutôt sous la peau des hanches et des fesses. Cette différence survient dès la puberté. Les filles voient leurs hanches et leurs fesses se couvrir d'une couche de graisse. Les hommes, quant à eux, auront davantage de graisse au niveau du ventre plus tard dans leur vie. Cette différence est sans doute due aux hormones sexuelles, l'œstrogène chez les femmes et la testostérone chez les hommes. Et plus particulièrement à la relation entre les deux. Dès le moment où une fille devient pubère, son corps produit une plus grande quantité d'œstrogènes. Par conséquent un plus grand nombre de cellules adipeuses se forment au niveau de ses hanches et de ses fesses, en tout cas jusqu'à ses vingt ans. Pendant leur grossesse aussi, les femmes prennent du poids. Ces kilos ne se composent pas uniquement de liquide et de tissus supplémentaires pour le fœtus en pleine croissance, mais viennent aussi en partie d'un surcroît de masse graisseuse. Cela permet d'avoir des réserves pour la période suivant l'accouchement, qui nécessite de l'énergie pour l'allaitement. Certaines femmes prennent bien plus de poids que d'autres durant leur grossesse et, malheureusement, environ 10 à 15 % des femmes conservent ce poids supplémentaire par la suite.

Pour bien des femmes, la ménopause est une période de bouffées de chaleur, d'émotivité et… de prise de poids. Ce dernier aspect est ce que bon nombre d'entre elles ont tout particulièrement du mal à supporter. À quoi est-ce dû ? Quand une femme atteint la ménopause, ses taux d'œstrogènes diminuent. Cette baisse ralentit son métabolisme corporel. Si elle continue par exemple de manger comme avant, elle prendra malheureusement du poids. Souvent d'ailleurs, à la ménopause, les femmes semblent accumuler plutôt de la graisse abdominale et "ne plus arriver à perdre ce ventre rebondi". Une solution efficace ? Bouger davantage ! La prédilection de la graisse pour l'abdomen, après la ménopause, s'explique probablement par la modification du rapport entre œstrogène et testostérone. C'est la testostérone, l'hormone mâle, qui a le dessus. Elle favorise, chez les femmes, l'accumulation de la graisse au niveau du ventre. On le constate aussi chez les femmes qui produisent trop de testostérone, notamment celles atteintes du syndrome des ovaires polykystiques (SOPK) : elles acquièrent une silhouette présentant une plus grande quantité de graisse abdominale et des hanches étroites. Chez les hommes au contraire, un taux élevé de testostérone favorise un accroissement de la masse musculaire et une diminution de la graisse abdominale. En résumé, pour une saine répartition de la graisse, un taux élevé de testostérone est avantageux pour les hommes mais pas pour les femmes. Sans oublier qu'après la ménopause le risque d'une maladie cardiovasculaire augmente à la suite de la diminution du taux d'œstrogènes : la modification des proportions hormonales entraîne une hausse des taux de cholestérol et même de la tension artérielle, ce qui produit un terrain favorable à toute maladie cardiovasculaire.

Quand les hommes prennent de l'âge, les taux de testostérone diminuent dans le sang. Cela engendre non seulement des problèmes de vigueur sexuelle, mais aussi une perte de masse musculaire et… l'apparition d'un ventre rebondi. Chez les hommes il existe, en tout état de cause, un rapport intéressant entre un taux trop bas de testostérone et un surpoids. On sait qu'un grave surpoids peut entraîner une diminution du taux de testostérone (liée à la transformation précédemment évoquée d'androgènes en œstrogènes), mais l'inverse est vrai aussi : en cas de forte baisse de la testostérone, par exemple en raison d'un mauvais fonctionnement des testicules, où se fabrique la testostérone, les hommes prennent plus facilement des kilos. Si, pour une telle raison, des hommes en viennent à présenter un grave déficit en testostérone, on peut leur administrer utilement un traitement à base de testostérone pour les aider à perdre de la masse graisseuse. Cependant, le plus souvent, c'est le surpoids lui-même qui est à l'origine d'un faible taux de testostérone. Cela ne signifie pas, d'ailleurs, que tous les hommes en surpoids doivent prendre un supplément de testostérone (par exemple, sous forme de gel). Seuls les hommes aux très faibles taux de testostérone peuvent en tirer parti.

Vous savez à présent que l'expansion de notre tissu adipeux n'a rien d'anodin : par un mécanisme compliqué dans lequel intervient, entre autres, une perturbation de l'équilibre entre les hormones sécrétées par la graisse et les substances inflammatoires, différentes maladies peuvent survenir, qui vont du diabète au cancer. La quantité de graisse stockée dans notre tissu adipeux est déterminée par l'équilibre entre deux facteurs importants : notre apport en énergie, qui dépend de notre appétit, et notre dépense d'énergie. Nous avons déjà vu précédemment que la leptine, la première hormone sécrétée par la graisse qui a été découverte, a un effet déterminant sur notre appétit. L'appétit est cependant bien plus compliqué et réserve encore beaucoup de surprises ; il en sera question dans le prochain chapitre.

5

SENSATION DE FAIM ET SENSATION DE SATIÉTÉ : COMMENT ÇA MARCHE ?

L'INSATIABLE JOOST

Joost a vingt-deux ans. Il pèse 140 kilos. Il est au régime depuis toujours. Sans succès. Sa mère, Maaike, se rappelle : "Déjà quand Joost était bébé, j'avais le sentiment que quelque chose n'allait pas. Quand je lui donnais le sein, il ne voulait pas arrêter. Au lieu des vingt minutes normales de tétée, j'y passais souvent trois quarts d'heure. Je n'avais jamais connu ça avec mes trois autres enfants. En plus, il pleurait quand je l'écartais de mon sein ! Il pleurait souvent jusqu'à la prochaine tétée. Rien n'y faisait, même quand je suis passée à une alimentation au biberon spécial bébés insatiables. À douze mois, il était costaud, mais pas très gros. À l'hôpital, ils parlaient d'un « bébé géant ». Puis cela a commencé à mal tourner. Nous avions beau lui donner des portions normales à manger, il s'est mis à prendre beaucoup de poids, parfois jusqu'à 3 kilos par mois ! À un an et demi, il pesait 18 kilos et à deux ans et demi déjà 32 kilos. Je ne savais plus quoi faire."

Maaike sentait que Joost avait un problème physique. On l'envoya toutefois d'abord consulter un psychologue, pour vérifier si le problème venait d'elle et de son mari. On prit des vidéos à leur domicile, afin d'observer le comportement alimentaire de la famille et l'atmosphère dans laquelle se prenaient les repas. Au grand soulagement de Maaike, tout s'avéra parfaitement normal. Le problème n'était pas résolu pour autant. Joost paraissait obsédé par la nourriture. Maaike raconte : "Un jour, j'avais acheté du pain frais que j'avais laissé dans son emballage sur la table de la salle à manger pour le faire refroidir. Un instant d'inattention et le pain avait disparu. J'ai tout de suite su que c'était Joost. Il était assis devant le poste de télévision à engloutir le pain tout entier. Il y avait tout de même quelque chose qui n'allait pas, non ?"

La situation s'aggrava. Quand Joost fut dans son avant-dernière année de primaire, ses parents furent contactés par l'école parce qu'il avait volé de l'argent. Pour acheter de la nourriture ! Ce fut bien entendu un grand choc. Joost fut accueilli en observation dans un centre d'investigation clinique, où l'on conclut à un trouble envahissant du développement non spécifié (TED-NS), une forme d'autisme, un diagnostic déjà formulé précédemment pour Joost. Cependant, cela n'expliquait pas son avidité. Joost passa plusieurs mois dans le centre sans que personne ne soit en mesure de dire à sa mère quel problème avait son fils. Puis fut aussi accueilli dans ce même centre un garçon qui, comme Joost, voulait toujours manger. Ce garçon était atteint d'une déficience génétique l'empêchant d'éprouver une sensation de satiété. Cela déclencha l'alerte. Joost avait-il le même problème ?

Les parents de Joost, qui avait douze ans à présent, l'emmenèrent consulter une pédiatre endocrinologue, Erica van den Akker, à l'hôpital pour enfants Erasmus MC-Sophia de Rotterdam, où l'on analysa son sang. Le résultat tomba six mois plus tard. Joost avait effectivement une anomalie génétique : il lui manquait le récepteur 4 de la mélanocortine (MC4). Ce récepteur dans le cerveau inhibe la sensation de faim. Chez Joost, cela ne se produisait pas, donc il ne pouvait jamais se sentir rassasié. Il avait en outre un métabolisme lent.

Il fallait que Joost suive durant sa vie entière un régime faiblement calorique. Il n'était autorisé à consommer que 1 150 kilocalories par jour – soit à peu près la moitié de ce que consommaient les enfants du même âge. Pourtant, il continuait de prendre du poids. C'était extrêmement frustrant, pour ses parents, mais surtout pour Joost, se rappelle sa mère. Ils traversèrent une époque difficile. Joost avait souvent tellement faim qu'il trouvait toujours des moyens de se procurer en cachette de la nourriture. Il recourait à d'habiles stratagèmes. Une fois, par exemple, il avait collectionné des bouteilles vides pour récupérer la consigne et aller s'acheter des sachets de bonbons. Ou il se débrouillait pour convaincre les gens de lui acheter à manger. "Heureusement, on ne s'est jamais vraiment moqué de lui à cause de son poids, mais je remarquais parfois le regard des gens. Maintenant, nous avons trouvé plus ou moins un équilibre. Son poids s'est stabilisé depuis plusieurs années, mais il est encore en surpoids sévère. Il en parle peu, ce qui s'explique sans doute par sa tendance autiste."

De son côté, Joost est assez satisfait de l'équilibre qu'il a atteint. Il aimerait bien sûr avoir des kilos en moins, mais peut supporter d'être tel qu'il est maintenant – même s'il a développé depuis ses dix-neuf ans un diabète qui nécessite la prise de médicaments. Il trouve très difficile de toujours penser à manger, surtout dès qu'il s'ennuie. "Si l'on mettait sur le marché un comprimé qui puisse guérir ma maladie génétique, je n'hésiterais pas à le prendre ! Mais j'ai hâte de découvrir ce que me réserve l'avenir. J'aimerais devenir architecte, et peut-être même concevoir ma propre maison."

L'hypothalamus : la tour de contrôle qui régule l'appétit

Vous aurez certainement remarqué que l'histoire de Joost ressemble beaucoup à celle de Karin. Leurs expériences illustrent clairement que la sensation de faim et la sensation de satiété sont essentiellement régies par une collaboration entre les hormones de l'appétit et différents maillons dans le cerveau. La leptine, la première hormone sécrétée par la graisse qui a été découverte et l'une des principales hormones de l'appétit, constitue un maillon d'un plus grand système. Elle donne au cerveau un signal pour inhiber l'appétit ainsi que des informations sur la quantité de graisse présente dans le corps. Comme on l'a vu plus haut, cette hormone joue un rôle crucial et influence notre état nutritionnel.

Examinons de plus près ce vaste réseau gouvernant l'appétit et la satiété. Non seulement notre graisse informe le cerveau de nos besoins nutritionnels, mais notre intestin transmet aussi au cerveau, par des liaisons nerveuses, des signaux qui ont un impact sur notre appétit. Le régulateur central de l'appétit et de la satiété dans le cerveau est une région déjà évoquée précédemment : l'hypothalamus. Celui-ci se situe dans les profondeurs du cerveau, à peu près à la hauteur du nez, et il est vraiment présent sur tous les tableaux. On peut comparer l'hypothalamus à un système de contrôle de la navigation aérienne, où toutes sortes d'informations entrent qui doivent être transformées dans les plus brefs délais en toutes sortes d'actions. Depuis la tour de contrôle sont surveillés non seulement les avions au décollage et à l'atterrissage, mais aussi les autres moyens de transport dans l'aéroport, comme les chariots à bagages ou les escaliers roulants, ainsi que les conditions météorologiques. De la même manière, l'hypothalamus reçoit une gigantesque quantité d'informations qui doivent être traitées efficacement.

L'hypothalamus reçoit des informations qui concernent la prise d'aliments à long terme (quelle est la réserve de graisse dont j'ai besoin ?) et la prise d'aliments à court terme (qu'est-ce que je viens de mettre dans ma bouche et que faut-il que j'en fasse ?). D'autres informations, qui portent sur la quantité d'énergie utilisée, sont communiquées à ce système de contrôle par des signaux provenant de tout le corps, entre autres de l'appareil digestif, du pancréas et du tissu adipeux. Tous les messagers qui pénètrent dans l'hypothalamus ont leur propre "porte d'embarquement", appelée noyau. Les cellules sécrétées par la graisse font savoir par l'intermédiaire de la leptine : "Les réserves de graisse sont largement suffisantes, il faut restreindre l'appétit et augmenter la combustion." Quant à l'"hormone de la faim", la ghréline, elle arrive en trombe depuis l'estomac pour transmettre le message suivant : “L’estomac est vide depuis un bon moment, il faut déclencher de toute urgence la sensation de faim”, ce que nous expliquerons plus en détail ultérieurement (voir fig. 5.1).

Par conséquent, toutes sortes de signaux arrivent en continu dans l’hypothalamus. Ils ont pour effets de tantôt apaiser la sensation de faim tantôt la restimuler, et de tantôt freiner la combustion tantôt l’activer. La combinaison de ces effets entraîne soit une accumulation, soit une combustion de graisse.

Si l’on examine d’encore plus près cette tour de contrôle dans notre cerveau, et toutes ses “portes d’embarquement”, on comprend aisément comment survient la sensation de satiété. Dans une région déterminée de notre hypothalamus, des cellules cérébrales fabriquent différentes substances qui – selon le trajet emprunté – soit coupent l’appétit soit le stimulent. La leptine fabriquée dans le tissu adipeux est reçue dans cette région du cerveau à sa “porte d’embarquement” spécifique : le récepteur de la leptine. À cet endroit est activée ce que l’on appelle une “cascade” de substances. Autrement dit, une substance stimule la fabrication de la suivante, comme la chute d’un domino entraîne celle des autres. Le résultat final est l’apparition d’une sensation de satiété.

Dans la rangée de dominos qui tombent, un problème peut se poser à divers endroits, comme l’ont montré les histoires de Karin et de Joost. Dans le cas de Karin, la leptine ne peut se fixer à son récepteur. Dans le cas de Joost, le problème se pose quelques dominos plus loin. Normalement, une des substances libérées devrait se fixer au récepteur MC4 dans une autre région de l’hypothalamus (voir fig. 5.1) pour déclencher une sensation de satiété. Mais comme Joost présente une anomalie génétique, il ne parvient pas à arrêter de manger. Chez Joost, comme chez Karin, le problème se pose dans l'hypothalamus, mais pas au même niveau.

L'appétit a ses raisons que la raison ignore

Êtes-vous conscient, en mâchant votre sandwich à l'heure du déjeuner, qu'un effet domino s'est enclenché dans votre corps pour faire en sorte que vous vous contentiez de manger un ou deux sandwichs, et pas plus ? Ce n'est donc pas simplement l'impression d'avoir le ventre bien rempli qui incite à arrêter de manger, contrairement à ce que l'on pense communément. La faim et la satiété sont le résultat d'une collaboration ingénieuse entre les hormones et les cellules nerveuses. Et c'est le cerveau qui tranche.

Certaines études montrent que nous effectuons en moyenne 220 choix alimentaires par jour, la plupart inconsciemment. Ces choix sont influencés entre autres par une exposition à des aliments autour de nous et par la manière dont notre corps y réagit. Quand vous voyez un beignet appétissant ou sentez une tarte aux pommes sortie du four – ou même quand vous y pensez seulement –, l'eau peut déjà vous venir à la bouche. Imaginez que vous adoriez le chocolat, il vous suffit de penser à une barre de Mars pour éveiller les hormones dans votre corps et faire grimper le taux d'insuline dans votre sang, ce qui entraîne une baisse de la glycémie et un besoin physique réel de sucre.

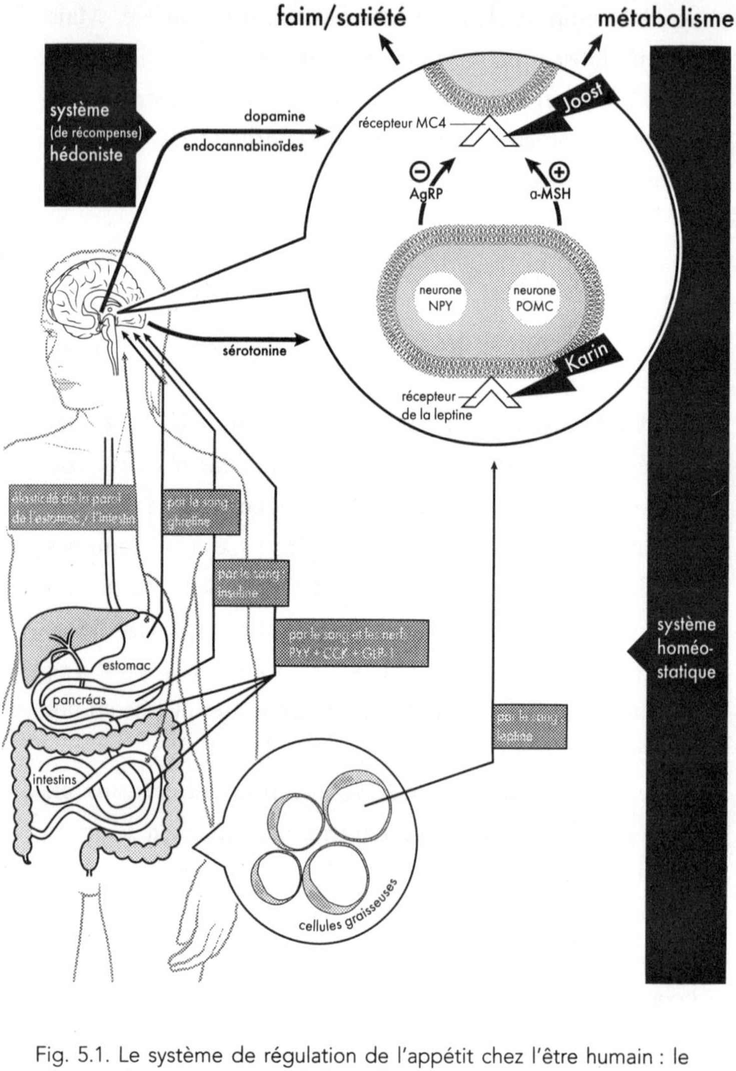

Fig. 5.1. Le système de régulation de l'appétit chez l'être humain : le pilotage de notre sensation de faim, de notre sensation de satiété et de notre métabolisme.

Quand nous mangeons, les signaux sont transmis à notre cerveau depuis l'appareil digestif par l'intermédiaire des hormones, comme l'hormone de la faim (la ghréline) et les hormones de la satiété (le peptide YY [PYY], la cholécystokinine (CCK) et le glucagon-like peptide-1 [GLP1]), ainsi que

Par conséquent, quand vous rentrez après une longue journée de travail et devez choisir entre une barre de chocolat ou un peu de salade, votre réaction corporelle vous guide plutôt vers la barre de chocolat. Même si vous savez parfaitement que la salade est bien meilleure pour la santé.

Le signal pour arrêter de manger se produit aussi en grande partie inconsciemment et il est surtout influencé par nos hormones. Comme nous l'avons expliqué précédemment, nous n'arrêtons pas "tout simplement" de manger parce que nous avons l'estomac plein et que, physiquement, plus rien ne peut y entrer. Nous arrêtons avant tout parce que des substances nutritionnelles arrivent dans notre intestin grêle, des signaux étant alors transmis par les fibres nerveuses et les hormones à notre hypothalamus. Chez certaines personnes, cette sensation de satiété intervient plus vite que chez d'autres et, dans de rares cas (comme pour Karin et Joost), elle ne survient pas du tout. Ces différences sont en partie déterminées par nos gènes. De même qu'une variante génétique détermine si l'on a des cheveux frisés ou raides, ou bien des yeux bleus, marron

par des récepteurs spéciaux qui mesurent l'élasticité de l'intestin ("mécanorécepteurs"). Parallèlement, le pancréas émet des signaux par l'intermédiaire, entre autres, d'hormones : le glucagon et l'insuline. Le tissu adipeux se fait aussi entendre via des hormones telles que la leptine et l'adiponectine. Ces messagers arrivent tous à cet aéroport animé qu'est l'hypothalamus, mais chacun par leur porte d'embarquement spécifique, ou "noyau". Et ils ont tous leur propre message à communiquer et contribuent à déterminer si l'appétit doit être, à ce moment-là, inhibé ou stimulé. Et s'il est temps d'activer ou de freiner un peu le métabolisme (autrement dit la combustion). C'est ce qu'on appelle le système homéostatique. Si vous avez la sensation d'être rassasié, à la suite de l'intervention de ces hormones de la satiété, mais qu'on vous glisse sous le nez un délicieux dessert, vous pourrez tout de même y goûter, grâce à votre système hédonique (ou système de récompense) ! Chez Karin et Joost, les principaux récepteurs de ces hormones de la satiété sont défaillants, ce qui les laisse constamment sur leur faim.

ou verts, telle personne aura tendance à éprouver une sensation de satiété rapidement, telle autre un peu plus tard. Dans ce dernier cas, il est fort probable que la personne se serve une deuxième fois ou même une troisième pendant un repas et qu'elle soit plus grosse.

Imaginez à quel point il est difficile de ne jamais se sentir rassasié ! De ressentir la faim dans un monde où, partout, on a des aliments à portée de main. Et la plupart du temps, des aliments très sucrés et gras ! C'est pour cette raison que la pédiatre Erica van den Akker, qui s'occupe de Karin et de Joost, compare cette expérience de sensation de faim constante à un trajet à pied à travers un désert sous un soleil de plomb. "On est totalement déshydraté et assoiffé. On a la langue sèche qui colle au palais. Soudain, on voit un délicieux verre d'eau fraîche. Mais on n'a pas le droit d'y toucher."

La ghréline ou quand l'estomac crie famine

Nous avons surtout évoqué notre sensation de satiété. Mais comment notre sensation de faim s'éveille-t-elle, au juste ? Quand nous avons l'estomac vide pendant un certain temps, il arrive un moment où il faut de nouveau se nourrir. Le cerveau reçoit le signal qu'il faut manger quand entre en action l'hormone spécifique de la faim, produite par l'estomac : la ghréline. En ce sens, la ghréline est le pendant de la leptine, considérée comme l'hormone de la satiété. Souvenez-vous de la tarte aux pommes sortie du four, mentionnée plus haut, et de l'envie de la savourer qui en résulte… Ce phénomène est accentué par la ghréline.

On notera que la synthèse de la ghréline atteint un pic juste avant le repas, et diminue fortement dans l'heure qui suit la prise d'aliments. L'augmentation du taux de ghréline entraîne la production de deux protéines de signalisation (des "neurotransmetteurs") dans l'hypothalamus : le neuropeptide Y (NPY) et l'agouti-related peptide (AgRP). Ces substances éveillent la sensation de faim dans le cerveau. La ghréline est unique en ce sens qu'elle est la seule hormone de la faim envoyée depuis le corps vers le cerveau. Les autres messagers qui éveillent la faim sont tous fabriqués dans le cerveau. La situation est différente pour les hormones de la satiété : elles sont sécrétées à divers endroits, notamment dans le cerveau, les intestins et le tissu adipeux.

La ghréline stimule aussi la production du suc gastrique, les mouvements du tube digestif et la vidange de l'estomac. Notre appareil digestif est ainsi préparé pour les aliments qui doivent être digérés. Lorsque nous avons l'estomac vide, nous entendons parfois les mouvements dans l'estomac ou les intestins. Quand le ventre gargouille, les sucs gastriques se déplacent (l'estomac vide fonctionne en effet comme une sorte de caisse de résonance). Les gargouillements de l'estomac ne sont d'ailleurs pas forcément un signe de faim. Inutile, lorsque cela se produit, de vous mettre aussitôt à manger. Il se peut en fait que votre corps soit habitué à consommer des aliments à certaines heures et que, par conséquent, il s'y prépare. Nos habitudes ont un très grand impact sur notre corps !

L'influence de nos pensées sur le taux de ghréline a quelque chose de presque magique. Les psychologues de Yale University ont réalisé une expérience fascinante. Ils ont donné aux quarante-six personnes participant à cette expérience un milkshake de 380 kilocalories, en présentant à une moitié du groupe le milkshake comme un aliment très riche de 620 kilocalories et à l'autre moitié comme un aliment "raisonnable" de seulement 140 kilocalories. Les chercheurs ont prélevé à différents moments des échantillons sanguins aux participants pour doser leur taux de ghréline. Entre les deux premières prises de sang, les participants devaient examiner l'étiquette (incorrecte) du milkshake et donner leur avis le concernant. Ils devaient ensuite boire le milkshake et donner une fois encore leur avis. Les dosages ont montré que les personnes convaincues qu'on leur avait servi un milkshake hautement calorique étaient dans un état d'esprit qui a entraîné une forte chute du taux de ghréline dans leur sang. Quant aux personnes persuadées d'avoir bu un milkshake beaucoup plus léger, leur taux de ghréline est resté pratiquement inchangé. Le sentiment de satiété aussi s'est révélé dépendre de la quantité de calories que les personnes pensaient avoir bues plutôt que de la réelle valeur nutritionnelle du milkshake. Effectivement, les personnes convaincues d'avoir absorbé beaucoup de calories se sont senties plus vite rassasiées, car leur taux de ghréline, hormone de la faim, avait diminué. Les chercheurs en ont conclu que l'effet de notre alimentation sur notre taux de ghréline passe par notre psychisme. Notre état d'esprit peut donc influencer notre réaction aux aliments !

Il y a plus de dix ans, le professeur néerlandais Aart Jan van der Lelij et le professeur italien Ezio Ghigo ont fait une découverte intéressante. Avec leurs équipes, ils ont constaté qu'une hormone apparentée à la ghréline, appelée "ghréline non acylée", peut inhiber la ghréline, hormone de la faim, et que les deux hormones ensemble ont des effets positifs sur le métabolisme, notamment sur la manière dont notre corps réagit aux sucres que nous mangeons. Les résultats de leurs recherches pourraient être à l'origine de nouveaux médicaments pour les personnes qui présentent des taux de ghréline élevés pendant des périodes prolongées ou pour lesquelles un meilleur métabolisme du glucose et de l'insuline est souhaitable, comme les personnes atteintes de diabète.

La connexion des hormones intestinales au cerveau

Il existe encore d'autres hormones favorisant l'appétit. Des hormones très importantes sont sécrétées non seulement dans l'estomac, mais aussi plus loin dans le tube digestif, au début de l'intestin grêle. Dès le début du XXe siècle, des recherches avaient déjà conclu qu'il devait exister des substances fabriquées dans l'intestin capables de stimuler plus loin, dans le pancréas, notre production d'insuline. L'intérêt étant, d'un point de vue biologique, d'accélérer à l'aide de l'insuline l'assimilation par les cellules corporelles des sucres accueillis dans l'intestin. Pendant des décennies, ces recherches ont été enfouies au fond d'un tiroir de bureau poussiéreux. Elles ne sont redevenues à l'ordre du jour qu'en 1964, comme cela arrive parfois dans la recherche. Cette année-là, une étude scientifique confirma (de nouveau) la présence d'hormones intestinales dans le corps. Apparemment, l'apport par voie orale de glucose favorisait une production plus importante d'insuline que l'injection directe de glucose dans la circulation sanguine. Des recherches complémentaires révélèrent que cela devait s'expliquer par l'intervention d'hormones sécrétées par l'intestin. Quelles étaient donc ces substances mystérieuses ? La première de ces énigmatiques hormones intestinales (appelée polypeptide inhibiteur gastrique, ou GIP) fut découverte seulement en 1970 et la deuxième et la plus importante (glucagon-like peptide, ou GLP-1) en 1984. Elles sont sécrétées après la consommation d'un repas et regroupées sous le terme générique "incrétines".

La GLP-1 sert aussi à présent, sous une forme chimiquement adaptée, de traitement contre le diabète (car elle augmente la sécrétion d'insuline par le pancréas) et elle est aussi prescrite dans certains pays, avec un dosage un peu plus fort, en tant que médicament contre l'obésité. Les incrétines inhibent l'appétit, contrairement à la ghréline, ce qui à long terme peut entraîner une perte de poids. Leur rôle semble cohérent car, après un repas, des messages doivent être envoyés au cerveau de la personne qui se nourrit pour qu'elle arrête de manger. Mais comment l'intestin sait-il qu'il doit sécréter des incrétines ? C'est une augmentation du taux de glucose dans le sang, chose habituelle après un repas, qui déclenche cette sécrétion.

En outre, après la consommation d'un repas, les peptides YY (PYY) et les cholécystokinines (CCK), qui sont des hormones intestinales, sont séparés. Ces substances fonctionnent à la manière des incrétines. Le PYY ralentit entre autres la vidange de l'estomac, ce qui donne plus vite la sensation d'avoir le ventre plein. Cette hormone augmente aussi la sécrétion d'insuline par le pancréas et inhibe donc notre appétit. La CCK, elle, ralentit le transit gastrique et agit également en tant qu'hormone de la satiété (voir fig. 5.1).

L'effet cannabis dans le cerveau : le système endocannabinoïde

Les personnes à qui il est arrivé de fumer de la marihuana en ont peut-être fait l'expérience : la fameuse "fringale du fumeur de joints". Il y a quelque 5 000 ans, les effets du cannabis, ou marihuana, ont été découverts. Cette plante a été l'une des premières utilisées à des fins médicinales, mais aussi en tant que stupéfiant et pour les cérémonies religieuses. Des millénaires plus tard, le composant actif du cannabis a été identifié : le "delta-9-tétrahydrocannabinol" (THC). Les récepteurs auxquels se fixe le cannabis ont aussi été déterminés. Puis on a découvert que le corps dispose lui-même d'un système dit endocannabinoïde.

Tout comme certaines espèces animales, les êtres humains produisent eux-mêmes des substances endogènes lipidiques qui activent le même récepteur que le THC, la composante active du cannabis. Ces endocannabinoïdes, qui sont uniquement sécrétés au moment où l'on en a besoin, influent considérablement sur nos émotions, notre mémoire et notre système de récompense dans le cerveau, comme en cas d'addiction à l'alcool et aux stupéfiants. Les personnes qui courent sur de longues distances connaissent aussi les effets de cette substance sur le cerveau : les petites douleurs sont étouffées et l'euphorie naît pendant l'effort (la "défonce du coureur"). Une euphorie semblable à celle que l'on éprouve quand on consomme du cannabis. Comment expliquer alors que le cannabis stimule souvent l'appétit ? Le THC du cannabis (tout comme nos endocannabinoïdes endogènes) peut se fixer à des récepteurs dans notre hypothalamus. Or c'est par l'intermédiaire de ces récepteurs que se transmet cet effet sur l'appétit. Leur "activation", pour ainsi dire, donne envie de manger davantage. Le THC et les endocannabinoïdes endogènes peuvent par ailleurs influer sur le métabolisme de nos graisses et de nos sucres, ainsi que sur notre équilibre énergétique. Ces effets passent par des récepteurs qui se trouvent dans toutes sortes de cellules du corps, entre autres dans les muscles et le tissu adipeux. La stimulation des récepteurs sur ces organes entraîne un ralentissement du métabolisme des graisses et des sucres, ce qui instaure un équilibre énergétique favorisant un stockage plus important de graisse. Les neurones dans notre hypothalamus semblent en outre fabriquer eux aussi constamment des endocannabinoïdes qui contribuent à réguler notre sensation de faim. Dans notre corps, presque rien n'est laissé au hasard, tout comme dans un aéroport bien organisé où le contrôle de la navigation aérienne est exercé avec un grand professionnalisme. Parfois cependant, un dérèglement en entraîne un autre. Quand un avion arrive en retard, certains passagers manquent leur correspondance aérienne. En cas de surpoids, des dérèglements surviennent presque toujours. Il est ressorti d'une étude sur des souris corpulentes que des quantités anormalement élevées d'endocannabinoïdes étaient produites dans leur hypothalamus, ce qui accentuait encore leur sensation de faim.

Comme les endocannabinoïdes peuvent éveiller notre appétit et ralentir le métabolisme de nos graisses et de nos sucres, il était logique de vouloir mettre au point un traitement capable de bloquer cette réaction. C'est ce qui s'est passé : au début de ce siècle, un médicament anti-obésité, le Rimonabant, a été conçu. Il bloque l'action des endocannabinoïdes sur un de ses récepteurs spécifiques (il existe effectivement plusieurs sortes de récepteurs d'endocannabinoïdes) et il s'est avéré efficace lorsqu'il est associé à un mode de vie sain. Le remède a été accueilli avec enthousiasme, car pour les personnes dont il inhibait l'appétit, manger moins devenait soudain bien plus facile. En 2006, le Rimonabant reçut l'autorisation de mise sur le marché en Europe. Malheureusement, on s'aperçut durant les années qui suivirent, que les patients perdaient certes du poids, mais qu'ils étaient aussi victimes de graves effets secondaires psychiatriques. Ils encouraient, entre autres, un plus grand risque de dépression et parfois même se suicidaient ! Le médicament fut retiré du marché européen en 2009. Malgré tout, les endocannabinoïdes et leur potentiel de remédier au surpoids continuent à intriguer les chercheurs.

Et la gourmandise dans tout ça ?

Pensez à un copieux dîner de Noël à la fin duquel – après huit plats généreusement servis – vous prenez encore une boule de glace, une tartelette et un morceau de fromage, alors que toutes les alarmes sonnent dans votre hypothalamus pour vous signaler que vous êtes rassasié. Pourquoi continuez-vous quand même ? Pour la convivialité ? Ou parce que votre hôte s'est démené pendant deux jours dans la cuisine et que vous ne voulez pas le décevoir ? Est-ce dû à l'éducation car il faut bien "finir son assiette" ? Ou, pour la raison la plus fréquente : vous trouvez tout délicieux ? On appelle ce dernier phénomène "l'hédonisme culinaire". En pareils cas, ce ne sont pas tant vos besoins corporels qui vous commandent, mais le système de récompense dans votre cerveau qui est en partie inné et en partie acquis.

Imaginons : un enfant tombe de vélo et se fait mal au genou. Appelons-le Lucas. Sa mère arrive en courant et l'aide tendrement à se relever. Elle le fait entrer dans la maison, examine l'écorchure et sèche les larmes de l'enfant. Elle décide qu'un pansement n'aurait guère d'utilité, mais prend un bonbon pour le donner à son fils. Lucas se ressaisit et son visage couvert de larmes s'éclaire. Ce bonbon le réconforte. Le système de récompense de Lucas fonctionne à ce moment-là à plein régime. L'enfant a franchi une étape de plus vers un comportement acquis : la nourriture peut apporter du réconfort !

Des chercheurs spécialistes du comportement discernent chez le futur "hédoniste" en Lucas trois composantes de la récompense : *liking* (le goût), *wanting* (la motivation) et *learning* (l'apprentissage). Ces composantes de la récompense sont liées entre elles mais chacune pilotée à sa façon. La sensation de goût éveillée par le contact avec l'aliment *(liking)* incite à vouloir le manger *(wanting)*. Ces composantes correspondent respectivement à l'impact "hédoniste" ou la sensation de plaisir procurée par une récompense, et à la motivation pour obtenir une récompense. Ainsi se crée un comportement acquis, comme chez Lucas qui s'est fait mal puis reçoit un bonbon. La sensation de plaisir que procure le bonbon est alors associée à l'idée que manger des bonbons est une bonne méthode pour supporter la douleur ou trouver un réconfort.

Des expérimentations animales ont montré que le système d'endocannabinoïdes est important pour les expériences (de sensations) hédonistes liées à l'alimentation. La dopamine, aussi appelée la "molécule du bonheur" du cerveau, agit sur les composantes *wanting* et *learning*.

Cette molécule est un maillon important dans notre système de récompense et par conséquent en cas d'addictions. Quand une personne dépendante de l'alcool ou de stupéfiants consomme ces substances, elle produit une gigantesque quantité de dopamine. Chez les personnes non dépendantes, la dopamine procure aussi une délicieuse sensation de plaisir et de joie. Elle se libère par exemple quand un bol de chocolat chaud vous séduit après une longue promenade par mauvais temps. L'exposition à de plaisantes stimulations en rapport avec la nourriture, par le goût, l'odeur ou l'aspect des aliments, active le système de récompense de notre cerveau. Pensez à un stand de gaufres aux exhalaisons exquises en plein milieu d'une rue commerçante. Cette odeur à elle seule provoque déjà une stimulation agréable. Cette réaction du cerveau s'observe aussi lors de stimuli comme la musique, l'argent, le sexe et les stupéfiants. Compte tenu de ces réactions cérébrales agréables, on ne s'étonnera pas que l'obésité soit parfois considérée comme une addiction alimentaire. Des recherches ont été menées en réalisant des scanographies spéciales du cerveau, qui ont montré par exemple qu'on peut observer chez les personnes obèses une activité cérébrale différente, à la vue de photos d'aliments, que chez des personnes d'un poids normal.

La sérotonine est une autre molécule qui joue un rôle important en cas d'addictions et qui en outre inhibe l'appétit. Cette molécule est connue pour avoir un effet apaisant et procurer une sensation de bien-être. Elle aide à s'endormir, influe sur la sensibilité à la douleur et stabilise les émotions. La sérotonine émet en outre, par l'intermédiaire du récepteur MC4, un signal au cerveau pour lui indiquer que vous êtes rassasiés, même si vous n'avez pas l'estomac rempli. La consommation de glucides entraîne aussi une hausse de la sérotonine. Certaines personnes aiment par conséquent manger beaucoup de glucides, car cela leur procure une sensation de satisfaction. La boucle est bouclée car l'excès de glucides contribue à l'obésité… Depuis peu, un médicament inhibant l'appétit a été lancé sur le marché dans plusieurs pays. Appelé la lorcasérine, il peut activer dans le cerveau le récepteur de l'hormone du bonheur, la sérotonine. De toute évidence, les régions du cerveau qui interviennent en cas d'addiction jouent aussi un rôle important lors de la prise d'aliments, mais il n'a pas encore été possible de mettre clairement en évidence des relations permettant d'affirmer que l'obésité est une véritable "addiction à la nourriture".

Pourtant, pour certaines personnes, manger est une réelle obsession, car elles éprouvent constamment une sensation de faim extrême, ce qui est le cas de Karin et de Joost. Comme pour d'autres addictions, les placards de la cuisine contenant des aliments doivent être préventivement fermés à clé. Il est même possible que le sac-poubelle soit fouillé dans une tentative désespérée d'y trouver de la nourriture. Peut-être que, dans un avenir proche, un médicament qui rétablit la sensation de satiété pour des personnes souffrant d'une anomalie génétique aussi rare sera proposé. Les premières recherches dans ce domaine donnent des résultats prometteurs. Malheureusement, pour une partie de ces personnes, cette sensation de faim permanente ne se traite pas encore et elles devront apprendre à s'accommoder de ce dérèglement extrêmement pénible de leur mécanisme régissant l'hormone de la faim. Et se faire à l'idée que leur corps pèsera encore trop lourd. Et espérer que les autres les accepteront aussi, ce qui n'est pas toujours facile dans notre société, où les gens présentant un grave surpoids doivent faire face à des discriminations.

Cela étant, il est utile et nécessaire pour tout le monde de savoir comment parvenir facilement à une sensation de satiété. Ces connaissances sur les hormones de la faim et de la satiété vous aideront à garder un certain contrôle de la quantité de nourriture que vous consommez quotidiennement (voir encadré 7 pour des conseils pratiques sur les moyens de parvenir plus vite à une sensation de satiété).

Comment ne pas se goinfrer

Aux Pays-Bas, il suffit de franchir le pas de sa porte pour tomber sur des magasins et des stands regorgeant d'aliments délicieux. Allez donc essayer de vous retenir dans de telles circonstances… Or si les adultes ont déjà du mal, que dire des enfants ? Dans notre cadre de vie, savoir maîtriser notre consommation d'aliments peut présenter de grands avantages.

Certains pays ont pris des mesures énergiques comme l'application d'une "taxe sur le sucre", qui rend plus onéreux les produits riches en sucre, ou mis en place une législation et une réglementation bridant la promotion (ciblant les enfants) de produits mauvais pour la santé comme les bonbons, les boissons sucrées, les biscuits et les snacks. Quelques dispositions se sont révélées très efficaces. L'Organisation mondiale de la santé (OMS) plaide en faveur d'un impôt sur les sodas et d'une meilleure politique nutritionnelle dans les écoles. Pour l'heure, quarante pays ont déjà introduit une taxe sur les produits sucrés. Cette mesure est un succès, entre autres au Mexique. Les Mexicains sont accros aux sodas. Après l'introduction de la taxe sur le sucre, la consommation de boissons sucrées par la population mexicaine a diminué de près de 8 %. Non seulement la taxe sur le sucre contribue à un mode de vie plus sain, mais elle permet aussi aux pouvoirs publics – dans un monde idéal – de réinvestir les revenus ainsi générés dans d'autres mesures préventives et de créer un cadre de vie sain*.

En dehors de la législation et de la réglementation, il existe aussi d'autres moyens d'encourager tel ou tel comportement (sain). Le spécialiste comportemental néerlandais Roel Hermans a beaucoup de bonnes idées dans ce domaine. Les produits très caloriques pourraient être proposés en plus petites portions (pas trop petites, bien sûr – personne n'achèterait un sachet ne contenant que trois M&M's) et les produits bons pour la santé en portions au contraire plus grandes. Les fabricants de produits alimentaires pourraient adapter le format de leurs emballages, pour parvenir à une "moyenne" plus raisonnable. Nous avons par nature tendance à opter pour une moyenne. Ou plutôt : à choisir la taille standard. Cela porte un nom : le *medium size effect*.

* En France, il y a encore des progrès à faire concernant les mesures annoncées dans le cadre du programme alimentation et nutrition. Comme le montre l'enquête de *Mediapart*, aucune mesure restrictive pour l'industrie du sucre n'est en vue. Cf. www.mediapart.fr/journal/France/060619/malbouffe-le-gouvernement-s-incline-devant-le-lobby-agroalimentaire?onglet=full.

Encadré 7.
Quelques bons conseils pour obtenir plus vite une sensation de satiété

Certains produits alimentaires transmettent au cerveau un signal plus puissant que d'autres pour indiquer une sensation de satiété. En mangeant ces produits ou en appliquant les conseils suivants, vous pouvez faire en sorte de ressentir plus ou moins vite une sensation de satiété :

- Complétez votre petit-déjeuner par exemple par un œuf (il contient beaucoup de protéines), des flocons d'avoine (ils sont riches en fibres et en protéines) ou des noix non salées (elles contiennent, en plus de protéines, aussi des acides gras insaturés, qui sont bons pour la santé) pour vous sentir rassasiés jusqu'au déjeuner.
- Ajoutez de temps en temps à votre déjeuner une moitié d'avocat ou un peu de légumes secs (pois chiches, lentilles ou haricots).
- Prenez un petit bol de soupe faiblement calorique ou un verre d'eau (préférablement froide !) avant le repas.
- Consommez aussi parfois des produits fermentés (comme des cornichons et de la choucroute) et du poivre de Cayenne en poudre (¼ de cuillère à café pendant le repas), qui est en plus un bon produit pour stimuler le métabolisme.
- Sachant qu'il faut environ vingt minutes en moyenne avant que les hormones de la satiété entrent en action, il est utile de manger lentement et de mastiquer longtemps. Observez combien de fois vous mastiquez en temps normal (quatre fois ? huit fois ?) avant d'avaler vos aliments et essayez de doubler ou de tripler ce nombre.
- Mangez dans une assiette plus petite (cela donne l'impression, du fait de l'illusion d'optique, d'être plus rassasié) et en vous servant de couverts plus petits (cela aide à manger plus lentement

du fait de la plus petite quantité de nourriture par bouchée). Vous donnez ainsi à votre corps plus de temps pour émettre des signaux de satiété.

- Servez des portions raisonnables, de préférence dans des assiettes déjà remplies dans la cuisine, ou dans une casserole pas trop pleine sur la table, pour que les bonnes odeurs ne continuent pas d'éveiller l'appétit.
- Mangez consciemment ! Donc pas devant le téléviseur, mais utilisez vos sens pour que votre cerveau soit attentif aux aliments qui pénètrent dans votre corps, afin que votre système de satiété puisse être activé à temps.

En partant de cette hypothèse, on pourrait jongler en faisant preuve de créativité... Par exemple, lorsqu'on ramène la taille moyenne – pensez par exemple à un milkshake chez McDonald's – à la plus petite taille et qu'on réduit aussi la plus petite taille, les gens continuent souvent de choisir la taille moyenne. On pourrait aussi mettre en rayons un plus grand nombre de petites portions et bien moins de grandes. Les clients auraient alors l'impression que la petite portion est "normale" et la choisiraient plus souvent. Apparemment, beaucoup de gens aiment "se conformer" à la norme. Une bonne idée aussi serait que les supermarchés rendent plus attrayants les prix des petites portions. Pour l'instant, la plupart du temps, c'est l'inverse : plus l'emballage est grand, plus le prix au kilo du produit est avantageux. C'est formidable quand on achète de la lessive, mais pour une alimentation saine, cela favorise trop souvent le mauvais choix, malheureusement.

Certaines études ont montré que, lorsqu'on double les portions proposées, les gens mangent 35 % de plus. Une grosse portion semble être une stimulation visuelle incitant à manger davantage. C'est d'autant plus vrai des aliments mauvais pour la santé. Pensez à un buffet qui présente des produits à volonté et offre à votre regard des aliments en abondance. Dans de telles circonstances, on a toutes les chances de manger davantage que si on se servait chez soi une portion raisonnable. Qui plus est, quand on a dans son assiette une grosse portion, on prend de plus grandes bouchées. De ce fait, le "contact buccal" avec les aliments que l'on mange diminue. Or c'est justement le contact buccal qui donne la sensation d'être rassasié et incite à absorber moins de calories. Ce genre de dîners a malheureusement un coût et vous aurez plus vite fait de vider votre compte en banque que de sentir que vous avez l'estomac bien rempli.

En somme, nous disposons d'hormones de l'appétit et de la satiété qui peuvent nous donner la sensation d'avoir l'estomac creux ou au contraire rempli, mais nous pouvons "annuler" ces processus surtout pilotés par le psychisme, parfois tout simplement parce que nous trouvons délicieux un certain aliment et que nous éprouvons un sentiment de récompense en le mangeant. C'est ce qui nous permet, à la fin d'un dîner gastronomique, d'ingurgiter un tiramisu malgré notre sensation de ne plus rien pouvoir avaler. Les conseils dans l'encadré 7 vous aideront peut-être à garder votre sang-froid dans ce monde rempli de tentations alimentaires.

6

BRÛLER LES GRAISSES

Un remarquable moteur à combustion

Vous êtes à un anniversaire et vous avez pris la décision de ne prendre qu'une seule petite part de gâteau. Juste pour goûter. L'été arrive… À côté de vous est assise une personne d'une minceur enviable. Vous vous dites : cette malheureuse personne ne doit sûrement manger que des concombres. Mais rien n'est moins vrai. D'abord elle engloutit une part de gâteau deux fois plus grande que la vôtre, puis deux verres de coca (pas la version light) et pour finir tout un tas d'amuse-bouches ! Elle doit sûrement être du genre à courir un marathon par semaine. Prudemment, vous tâtez le terrain pour savoir si votre voisine ou voisin est adepte du sport à tous crins. Cette personne vous répond, à votre stupéfaction : "Je déteste le sport, je ne fais que des petites promenades pour sortir le chien. Le sport, ce n'est pas pour moi…"

Comment une personne qui ne fait pas de sport et n'arrête pas de s'empiffrer peut-elle rester aussi mince ? Bienvenue dans le monde merveilleux de la combustion de notre graisse ! Nombreux sont ceux qui se représentent ce système comme le moteur d'une voiture, qui peut s'allumer ou éteindre et qui utilise comme carburants des graisses et des sucres. Ce n'est pourtant pas aussi simple. Les êtres humains ont un fonctionnement bien plus complexe que celui des voitures… Et la combustion dans le cas d'une voiture est déjà assez compliquée. Voici donc un cours accéléré sur le métabolisme.

Que vous couriez un marathon ou que vous restiez devant votre poste de télévision, chaque cellule de votre corps est constamment occupée à brûler des substances nutritives (notamment des acides gras, comme nous l'avons vu précédemment) pour les transformer en substances riches en énergie et en chaleur. Les cellules intestinales, les cellules nerveuses, les cellules graisseuses, les cellules musculaires – chaque cellule participe à notre combustion totale, même si certaines cellules y contribuent plus que d'autres. Par exemple, quand on court un marathon, ce sont les cellules des muscles et des poumons qui sont le plus sollicitées, alors qu'en fin de repas, ce sont plutôt les cellules intestinales qui font des heures supplémentaires. La combustion quotidienne totale peut se subdiviser en "composantes" qui reflètent la contribution des différentes cellules corporelles.

La première composante est la "combustion au repos", aussi appelée "métabolisme au repos". Elle correspond à l'énergie nécessaire pour permettre à l'organisme de maintenir en activité ses fonctions quand on est au repos. Comme le cœur doit continuer de battre, le corps doit conserver sa chaleur, le cerveau doit rester actif et les hormones doivent se maintenir au bon niveau, cet état de repos représente à lui seul près de 60 % de la combustion quotidienne. Le métabolisme au repos correspond chez les femmes à environ 1 400 kilocalories par jour et chez les hommes à 1 800 kilocalories par jour. Cette différence vient tout simplement de ce que les hommes, en moyenne, sont plus grands et ont plus de masse musculaire que les femmes.

Pour maintenir votre métabolisme en activité, vous avez besoin, en tout premier lieu, de nourriture, et il vous faut naturellement de l'énergie pour digérer la nourriture, assimiler les substances nutritives et stocker les graisses et les sucres en cas d'excédent. On appelle ce mécanisme l'"effet thermique des aliments". Cette deuxième composante requiert facilement 10 à 15 % de votre combustion totale. Effectivement, en mangeant, vous contribuez à votre métabolisme, même si la combustion d'une branche de céleri exige de votre corps plus d'énergie que la combustion d'un pot de crème dessert.

Enfin, la troisième composante est la "thermogenèse de l'exercice" (thermogenèse = métabolisme), autrement dit l'énergie nécessaire pour les activités que vous entreprenez : vous promener, parler, travailler et faire du sport. Elle représente quelque 25 à 30 % de votre combustion totale.

"Ne pas tenir en place" peut avoir du bon *(fidgeting)*

Le terme "thermogenèse de l'exercice" contient peut-être la réponse à la question de savoir pourquoi certaines personnes semblent pouvoir manger énormément sans prendre un seul kilo, alors qu'en apparence, elles ne font pratiquement pas de sport. En apparence, une précision qu'il faut souligner, car beaucoup de personnes bougent au quotidien plus qu'elles ne le croient. Comparez ces deux collègues : Chris et Guido.

Chris est un homme de quarante-cinq ans en léger surpoids. Il a un emploi de bureau et reste assis toute la journée sur sa chaise. Il ne se déplace qu'à sa pause déjeuner, pour aller prendre un sandwich au restaurant de l'entreprise. Quand il veut poser une question à un collègue, il préfère envoyer un mail plutôt que de passer le voir. Son collègue Guido, qui a plus de cinquante ans, a un physique sportif. Il a installé une application sur son téléphone qui lui rappelle toutes les quarante-cinq minutes de s'étirer les jambes et d'aller faire un tour pendant dix minutes. Il va chercher un verre d'eau et en profite pour délibérer avec ses collègues. Il a aussi un bureau spécial devant lequel il peut travailler debout.

Chris et Guido font le même travail, mais sans que rien n'y paraisse ou presque, Guido brûle chaque jour bien plus de kilocalories que Chris. Lorsqu'il est assis, Chris dépense environ 80 kilocalories par heure, tandis que Guido, en se tenant debout, élime facilement 100 kilocalories par heure. Guido est aussi plus grand et il a une masse musculaire plus importante : sa combustion au repos est donc supérieure. Si l'on tient compte aussi de toutes sortes de calories supplémentaires pour d'autres activités physiques et intellectuelles, en fin de journée Chris et Guido présenteront des métabolismes très différents.

Dans notre culture occidentale, nous passons en moyenne douze heures par jour assis, le plus souvent devant notre ordinateur ou notre poste de télévision. En y ajoutant la durée moyenne de sommeil de sept heures par nuit, nous sommes assis ou allongés pas moins de dix-neuf heures par jour. C'est bien plus que nos ancêtres… Et ce n'est pas une bonne nouvelle, car les personnes qui passent beaucoup de temps assises pèsent généralement plus lourd, sont plus souvent atteintes d'un diabète et ont un plus grand risque de contracter des maladies cardiovasculaires. Comment compenser cette existence assise ? En faisant du sport tous les jours ? Ou y a-t-il d'autres manières ?

Il y a quelques années, des chercheurs néerlandais ont réalisé une étude à ce sujet. Dans ce cadre, trois groupes de personnes ont participé à une expérience : un groupe (le groupe témoin) devait passer quatorze heures par jour assis. Un autre groupe devait rester assis treize heures par jour et remplacer cette dernière heure par une heure de sport. Le troisième groupe devait remplacer six heures assises par quatre heures de marche et deux heures debout. Pour vérifier quel groupe avait le métabolisme le plus bénéfique, les participants à l'expérience devaient consommer une boisson sucrée et un dosage était réalisé pour déterminer quel groupe assimilait le mieux le glucose contenu dans la boisson. Comme on pouvait s'y attendre, les "personnes assises à plein temps" n'ont pas gagné mais, curieusement, le groupe qui avait remplacé la position assise par la marche s'en sortait mieux que le groupe de "sportifs assis". Au bout de quatre jours déjà, la différence était visible. Une heure de sport par jour – a révélé l'étude – ne suffit donc pas à annuler les effets néfastes d'une journée entière à rester assis. D'autres études ont confirmé depuis que rester quelques heures debout plutôt qu'assis et faire des petites promenades régulières peuvent contribuer à améliorer votre forme physique. Il a été en outre prouvé à présent que bouger est bon pour le moral. Peut-être devez-vous prendre l'habitude de rehausser votre bureau pour travailler désormais debout, ou peut-être craignez-vous d'avoir des problèmes de dos. Si vos collègues de bureau vous regardent de travers, n'hésitez pas à leur dire : "Winston Churchill écrivait toujours ses discours debout." C'est vrai d'ailleurs !

Vous pouvez nous croire : vous n'avez pas besoin d'être marathonien pour mener une vie saine (voir encadré 8). Il y a d'innombrables moyens subtils de brûler discrètement des kilocalories supplémentaires. Peut-être agitez-vous (subrepticement) les pieds à longueur de journée, ou tripotez-vous sans cesse vos clés, vos trombones ou autre matériel de bureau, souvent sans en être vous-mêmes conscients. Si c'est le cas, vous êtes peut-être un *fidgeter*, un mot anglais dérivé de *fidgeting*, qui signifie "ne pas tenir en place". Les personnes minces ont plus souvent la bougeotte que les personnes en surpoids, comme l'a révélé une étude sur ce phénomène. Si on s'agite de cette manière, les effets négatifs d'une position assise prolongée sont presque entièrement annulés. Par conséquent, si vous cherchez un moyen simple de perdre du poids : achetez une balle antistress à malaxer (ce qui a l'avantage de ne pas faire de bruit) ou contractez vos muscles fessiers régulièrement (personne ne s'en apercevra).

ENCADRÉ 8.
QUELQUES CONSEILS POUR FAVORISER LA COMBUSTION PAR LE MOUVEMENT

En veillant à bouger davantage quotidiennement, vous pouvez augmenter votre combustion de quelques centaines de kilocalories chaque jour. Voici quelques conseils :

- Vous avez un métier assis ? Travaillez plusieurs heures par jour à un bureau debout et essayez de faire toutes les heures un petit tour.

- Procurez-vous un compteur de pas et efforcez-vous de faire chaque jour au moins 10 000 pas.
- Essayez de devenir un *fidgeter* : songez à contracter vos muscles plus souvent, à tapoter votre stylo ou à "tripoter" quelque chose.
- Procurez-vous un chien !

Un petit poêle d'appoint : la graisse brune

Se tenir debout, se promener, bouger – voilà de bons moyens pour intensifier notre combustion quotidienne. Nous pouvons cependant transformer des calories en chaleur, la définition même de la combustion, par un autre moyen, qui a un rapport avec notre graisse brune. Vous avez bien lu : nous avons dans le corps deux sortes de graisse. La blanche et la brune. La graisse corporelle que nous avons évoquée jusqu'à présent, et qui stocke les graisses, est la "graisse blanche". Les deux sortes de graisse doivent leur nom – vous l'aurez déjà deviné – à leur couleur. Les premières indications de l'existence de la graisse brune remontent à 1551. À l'époque déjà, le naturaliste suisse Conrad Gessner décrivit la graisse brune comme étant "ni graisse, ni chair *(nec pinguitudo, nec caro)*, mais quelque chose entre les deux". Gessner avait vu juste. La graisse brune est un organe qui, à bien des égards, ressemble à un mélange de graisse blanche et de muscle.

Les biologistes savent depuis très longtemps que la graisse brune est présente en grandes quantités chez les animaux qui hibernent longuement, comme les hérissons. Pendant toute la durée de leur hibernation, les hérissons doivent pouvoir puiser dans leurs réserves de graisse. En réduisant le plus possible la température de leur corps, ils font en sorte d'utiliser pendant cette période une quantité minimale d'énergie. Les hérissons peuvent alors se refroidir jusqu'à près de zéro degré. Juste avant de s'éveiller de leur hibernation, leur corps doit se réchauffer rapidement. Ces animaux utilisent à cet effet un petit poêle dans leur corps capable de transformer à toute allure les graisses et les sucres en chaleur. Avec son aide, le corps du hérisson se réchauffe. Ce poêle est la graisse brune.

Les bébés ont aussi une grande quantité de graisse brune, notamment entre leurs omoplates. Cette graisse est indispensable, car ils perdent beaucoup de chaleur par leur tête relativement grande et ont encore trop peu de muscles pour produire de la chaleur en frissonnant (en fait, quand nous frissonnons, nos muscles fabriquent de la chaleur). En allumant leur poêle de graisse brune, les bébés restent donc bien au chaud.

La graisse brune est un vestige fantastique de l'évolution. Autrefois, en périodes de famine, nous devions puiser dans notre graisse blanche. Nos ancêtres préhistoriques étaient de surcroît exposés, durant les ères glaciaires, à des périodes de froid extrême. Étant donné que frissonner requiert énormément d'énergie, il était très pratique, en temps de péril, de disposer d'un organe supplémentaire permettant de se réchauffer de l'intérieur. Cela fait longtemps que nous n'avons pas connu d'ère glaciaire et il fait agréablement chaud chez nous. Par conséquent, à partir de notre puberté – quand notre masse musculaire augmente et que nous pouvons frissonner efficacement – nous dépendons moins de notre graisse brune. La plupart de cette graisse entre les omoplates disparaît donc après l'enfance. On a longtemps pensé que ce phénomène était définitif. Mais des recherches récentes ont montré que ce n'est pas du tout le cas…

La (re)découverte de la graisse brune est, en un sens, le fruit du hasard. Les services de médecine nucléaire des grands hôpitaux réalisent, pour détecter ou surveiller les tumeurs cancéreuses, un examen que l'on appelle une tomographie par émission de positons (TEP). Son nom en anglais, qu'on utilise aussi, est PET-scan. Afin de repérer d'éventuelles cellules cancéreuses, on injecte au patient une substance radioactive qui ressemble au sucre. Comme les cellules cancéreuses ont un métabolisme rapide et consomment beaucoup de sucre, elles sont plus brillantes sur une TEP que les cellules saines. Il y a une quinzaine d'années, des spécialistes en médecine nucléaire remarquèrent un phénomène surprenant en observant ce type d'images. Chez plusieurs patients sur lesquels une tomographie avait été réalisée en hiver, ils constatèrent une consommation de sucre à de curieux endroits, comme le cou et autour de l'artère principale (l'aorte). Des endroits très improbables pour un cancer. De quoi s'agissait-il ? Ils décidèrent de pratiquer une biopsie sur le tissu qui brillait sur la TEP. Quand le prélèvement fut placé sous un microscope, les chercheurs n'en crurent pas leurs yeux : ils virent un tissu gorgé de gouttelettes de graisse et rempli de ces usines à énergie appelées mitochondries. Il contenait aussi une protéine spéciale qui ne réside que dans la graisse brune. À leur grand étonnement, ils redécouvraient la graisse brune ! De nombreuses études ont montré depuis que les adultes ont eux aussi conservé de la graisse brune.

Quand on expose des adultes à la chaleur puis qu'on les examine en réalisant une TEP, on constate sur les images que la graisse brune consomme peu de sucre, voire pas du tout. C'est logique : la graisse brune n'a pas besoin d'être active quand il fait chaud. Mais quand les mêmes personnes sont exposées pendant deux heures à une température relativement basse (15 à 17 °C suffisent), on voit apparaître des bandes entières de graisse brune active, notamment le long de l'aorte et dans le cou (voir fig. 6.1). Plus on est jeune et mince, plus on voit de la graisse brune. On estime que les jeunes adultes ont environ 300 grammes de graisse brune. En comparaison avec la quantité de graisse blanche (qui peut représenter des dizaines de kilos), c'est bien sûr dérisoire. Mais la (re)découverte de notre graisse brune a donné naissance à un nouveau domaine de recherche passionnant.

Comment la graisse brune fabrique-t-elle de la chaleur ?

La découverte de la graisse brune est-elle la clé de la solution pour les personnes en surpoids ? Afin de répondre à cette question, nous devons commencer par examiner attentivement le fonctionnement précis de la graisse brune. Par exemple, comment la graisse brune peut-elle "savoir" qu'elle doit s'"activer" pour créer de la chaleur ? Elle l'apprend par un système très ingénieux. Partout dans notre peau, nous avons des capteurs de température qui enregistrent si la peau est exposée au froid ou au contraire à la chaleur (exactement comme le fait le thermostat dans notre salon). Ces capteurs transmettent les informations au centre de la température dans le cerveau qui se situe au sein de l'hypothalamus (la “tour de contrôle” régissant également le métabolisme et l’appétit). Il traite toutes les informations entrantes et en tire une conclusion : nous devons faire monter la chaleur ou en perdre. Ce dernier objectif est atteint par une dilatation des vaisseaux sanguins dans la peau, pour que la transpiration se déclenche. On le voit se produire au sauna par exemple : quand les vaisseaux se dilatent, on rougit et on a chaud. Lorsqu’il faut augmenter le chauffage, le cerveau envoie un signal à la graisse brune, ce qui l’“active”. Cela se produit très rapidement, par l’intermédiaire de certains nerfs, en quelques secondes. Quand ce signal parvient à la graisse brune, d’innombrables processus surviennent en même temps, tous dans l’intention de générer de la chaleur.

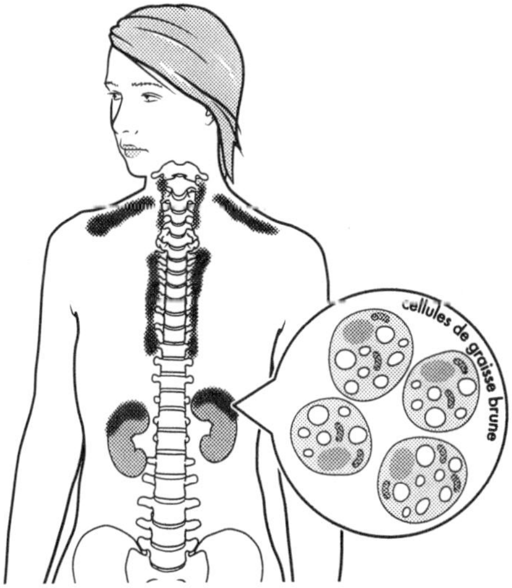

Fig. 6.1. Emplacement de la graisse brune chez l’adulte.

Tout comme la graisse blanche, la brune est répartie à travers notre corps et se compose de divers “bourrelets”. Si l’on examine de plus près ces bourrelets, on s'aperçoit qu'ils sont constitués d'innombrables "cellules graisseuses brunes", de même que la graisse corporelle dans l'abdomen et sur les hanches se compose de "cellules graisseuses blanches". Cependant, du fait de leur fonction, les cellules graisseuses brunes ont une apparence très différente (voir fig. 6.1). Une cellule graisseuse blanche se compose, là encore du fait de sa fonction, d'une réserve de graisse constituée de grandes gouttes de graisse qui occupent presque toute la cellule. Une cellule graisseuse brune se caractérise au contraire par beaucoup de petites gouttes de graisse parmi lesquelles se trouvent d'innombrables mitochondries, les usines à fabriquer de l'énergie. Ce sont ces mitochondries qui donnent à la graisse brune sa couleur.

Quand la graisse brune est "activée" par le cerveau, toutes sortes d'événements se produisent simultanément. Les gouttelettes de graisse libèrent des acides gras, qui peuvent servir de carburant pour la combustion. Ces acides gras sont brûlés dans les mitochondries. Les mitochondries dans la graisse brune sont elles aussi différentes de celles d'autres cellules. Ainsi, la graisse brune brûle, si nécessaire, des acides gras pour les transformer en chaleur pure au lieu de les transformer en substances riches en énergie.

UNE PERTE DE POIDS GRÂCE À LA GRAISSE BRUNE ? L'HISTOIRE DE BARBARA

Alors pourrions-nous perdre du poids en faisant fonctionner plus activement notre graisse brune ? C'est effectivement possible, comme l'enseigne l'histoire de Barbara.

Barbara, qui a soixante et un ans, travaille dans un magasin de vêtements. Elle est mariée et elle a deux filles adultes. Pendant son temps libre, elle pratique le yoga et elle aime faire la cuisine. Elle a été mince toute sa vie et elle a veillé à ce que son poids reste stable. Jusqu'à ce qu'un curieux phénomène se produise. "J'ai remarqué que j'avais de plus en plus faim et que mes deux petits pains à midi ne me suffisaient plus. Dans l'après-midi, j'avais si faim que je pillais la boîte à biscuits dans le placard à provisions. Au point que même mes collègues ont fini par le remarquer. Elles savaient que j'avais toujours fait attention à ma ligne... Le soir aussi, je me servais une assiette de plus. Pourtant j'avais encore faim avant de m'endormir."

Malgré ce plus grand appétit, Barbara ne prenait pas de poids. Elle commença même à en perdre. Au bout de trois mois, la balance indiquait 5 kilos de moins. "Quand je me regardais dans les miroirs du magasin, je voyais que mes vêtements étaient de plus en plus lâches au niveau des épaules et que mon visage avait maigri. Les clients réguliers commençaient à faire des remarques : « Vous ne seriez pas malade ? Vous êtes si maigre. » Parfois, j'avais l'impression que quelque chose ne tournait pas rond. Il m'arrivait d'avoir soudain très chaud !" Barbara décida d'attendre encore un peu pour voir comment ces symptômes évoluaient, mais au bout d'un mois, quand elle s'aperçut qu'elle avait encore perdu un kilo, elle s'inquiéta et consulta son médecin généraliste, qui lui non plus ne put s'expliquer le problème de Barbara. Une analyse de sang ne révéla rien d'étonnant. "Ma thyroïde fonctionnait parfaitement et les autres taux étaient normaux aussi."

Barbara fut dirigée vers un spécialiste à l'hôpital, où l'on rechercha si elle avait une inflammation, ou si une autre raison expliquait son métabolisme élevé. Une tumeur ? "Je commençais à me faire sérieusement du souci. Qu'est-ce que je pouvais bien avoir ? Quelques jours plus tard, on m'a fait passer une TEP, qui a permis d'observer effectivement quelque chose d'inhabituel." Juste au niveau de la hanche, elle avait une boule d'environ six centimètres de diamètre qui utilisait beaucoup de sucre. Une inflammation ? Une tumeur finalement ? Barbara subit alors une biopsie pour déterminer le genre de cellules dont se composait cette boule. Le résultat ne se fit pas attendre : les cellules étaient pleines de graisse et de mitochondries. C'était une tumeur bénigne constituée de cellules de graisse brune. Un phénomène très rare. Une fois la boule retirée, la sensation de faim de Barbara diminua nettement et elle prit 10 kilos les mois suivants !

L'histoire de Barbara montre que lorsqu'on a de grandes quantités de graisse brune dans le corps, on perd rapidement des kilos. Bien que son cas constitue une exception, cet "effet secondaire" de la graisse brune est ce qui suscite chez les scientifiques un grand enthousiasme. Serait-il possible d'accélérer le métabolisme en stimulant la graisse brune déjà présente ? Même si on n'en a que 300 grammes ?

Pour mieux comprendre dans quelle mesure la graisse brune joue un rôle dans le métabolisme des personnes bien en chair, des chercheurs de Leyde appartenant à l'équipe de recherche dont fait partie Mariëtte Boon ont réalisé une expérience. Ils ont exposé de jeunes hommes à un grand froid en les plaçant entre des tapis à travers lesquels circulait de l'eau froide et en mesurant leur métabolisme avant et après. Le froid est en effet le stimulant naturel de la graisse brune. Les chercheurs ont pu établir au bout de deux heures de froid seulement que le métabolisme des participants avait augmenté en moyenne de 200 kilocalories par jour. Il ressortait donc de cette recherche que, lorsqu'on "active" au maximum ce vestige de graisse brune que nous avons encore, elle permet de brûler 200 kilocalories de plus par jour. Cela correspond à la combustion de 8 kilos de graisse par an. Une quantité qui paraît peu, sans doute, mais la perte de 8 kilos de graisse chez des personnes en grave surpoids a déjà beaucoup d'effets positifs sur la santé. Par exemple, le corps devient plus sensible aux effets d'une hormone, l'insuline (ce qui fait baisser la glycémie, ainsi que le risque de diabète), et la diminution de la quantité de graisses dans le sang entraîne un stockage de moins de graisse dans le foie.

Un groupe de pionniers japonais dans la recherche a décidé d'en avoir le cœur net et d'étudier plus précisément le potentiel de la graisse brune. Ils ont trouvé une dizaine de jeunes hommes prêts à participer à une expérience dans le froid. Ils ont exposé ces derniers deux heures par jour pendant six semaines à une température de 17 °C (donc juste en dessous d'une température ambiante), tandis qu'un groupe témoin n'y était pas tenu. Et qu'ont-ils constaté ? Le groupe exposé au froid a perdu en six semaines près de un kilo de graisse corporelle.

Certes, de jeunes hommes en bonne santé ne sont pas le groupe cible de cette recherche. On voudrait que cela fonctionne plutôt chez des personnes atteintes d'obésité ou d'un diabète ! Une étude réalisée par un groupe de chercheurs de Maastricht a déjà montré que chez des hommes obèses la quantité de graisse brune augmente quand on les soumet à un "traitement au froid" pendant dix jours (six heures par jour en short et en t-shirt dans une chambre à une température située entre 14 et 15 °C). Chez des hommes atteints d'un diabète, ce traitement au froid de courte durée a aussi eu des effets très positifs. À l'issue de ce même protocole de froid spartiate, ils sont devenus bien plus sensibles à l'insuline et ont pu diminuer de près de moitié la quantité d'insuline qu'ils devaient s'injecter. Cela pouvait être sans doute attribué en partie aux effets bénéfiques de la graisse brune. L'étude n'a malheureusement pas examiné pendant combien de temps ces effets positifs se maintenaient. Les enseignements que l'on retire de ces différentes études, en revanche, c'est que la graisse brune a le pouvoir d'accélérer le métabolisme et de diminuer notre masse de graisse (blanche !). En recourant à quelques astuces, vous devriez réussir facilement à activer vous-même votre graisse brune (voir encadré 9).

Que faire pour stimuler la graisse brune ?

La plupart des gens n'aiment pas trop le froid et préfèrent en hiver se glisser sous une couverture sur le canapé (ce qui n'est d'ailleurs pas bon pour stimuler la graisse brune). Beaucoup d'études sont donc réalisées sur les moyens de stimuler la graisse brune sans rester dans le froid, notamment à l'aide d'hormones, de l'alimentation ou de médicaments. Ces études sont surtout effectuées (pour l'instant) sur des souris.

Encadré 9.
Quelques conseils pour stimuler votre métabolisme par la graisse brune

La graisse brune transforme les calories en chaleur et peut ainsi vous aider à perdre de la graisse. Comme la graisse brune est très sensible au froid, il est simple d'activer chaque jour votre graisse brune. Vous pouvez vous y prendre de différentes manières :

- Rincez-vous tous les jours à l'eau froide à la fin de votre douche.
- Prenez de temps en temps un bain froid.
- Baissez le chauffage de quelques degrés plusieurs heures par jour sans mettre de pull.
- Laissez les enfants jouer dehors plus souvent sans manteau (les enfants ne s'enrhument pas à cause du froid mais d'un virus !).
- Ne faites pas de sport dans un club à l'intérieur, mais dehors et rentrez de votre travail à vélo, justement quand il fait frais dehors.
- Mangez du piment, buvez du thé vert et du café.

Ce n'est pas grave d'avoir froid de temps en temps !

L'hormone thyroïdienne mentionnée précédemment est un exemple d'hormones susceptibles d'activer la graisse brune. Elle peut s'introduire dans les cellules de graisse brune et augmenter de différentes manières la combustion par la graisse brune. C'est probablement l'une des raisons qui fait que les personnes dont la thyroïde est hyperactive ont souvent chaud et perdent du poids, même lorsqu'elles se mettent à manger davantage. L'inverse est vrai aussi. L'hormone thyroïdienne est nécessaire pour un bon fonctionnement de la graisse brune. Les personnes dont la thyroïde est hypoactive ont donc froid en dépit d'une température ambiante normale et elles prennent du poids.

Des exemples de composants dans l'alimentation qui activent la graisse brune chez les souris sont les capsaïcines (que l'on trouve dans les piments), la catéchine (contenue dans le thé vert) et la caféine. La liste de médicaments susceptibles d'activer la graisse brune ne cesse de s'allonger d'une semaine sur l'autre. Des remèdes contre le diabète, des traitements pour le trouble du déficit de l'attention avec ou sans hyperactivité (TDAH) et même certains médicaments pour traiter un dysfonctionnement de la vessie se sont avérés, chez les souris, avoir pour effet d'intensifier la combustion par la graisse brune. Il existe aussi une autre manière d'augmenter l'activité de la graisse brune. Des études sur les souris ont révélé que les cellules de graisse blanche, sous l'influence de certains facteurs (par exemple le froid, mais aussi certains médicaments), peuvent se transformer en cellules de graisse brune. C'est presque magique. Imaginez ! Nous avons une si grande quantité de cellules de graisse blanche. Si nous parvenions à en "brunir" ne serait-ce qu'une fraction, nous donnerions à notre métabolisme un bon coup de fouet. Certains chercheurs ont même poussé la vision plus loin. Nous pourrions retirer aux gens un peu de graisse par liposuccion et la mettre en culture. Ensuite, nous traiterions les cellules de graisse blanche à l'aide d'une substance permettant de les transformer en cellules de graisse brune. Et cette graisse brune serait introduite dans le corps pour augmenter la quantité totale de graisse brune ! Cela ressemble peut-être à de la science-fiction, mais l'expérience a déjà réussi chez des souris ! Donc qui sait…

Les résultats des études sur les souris ne sont malheureusement pas systématiquement transposables aux êtres humains. Une souris n'est pas un être humain, voilà tout. De plus, les souris ont, du fait de leur morphologie compacte, bien plus de graisse brune que les humains. Par conséquent, une thérapie qui active la graisse brune aura bien plus d'effets sur les souris. Elles peuvent par exemple, avec l'activation de leur graisse brune, perdre en quelques semaines la moitié de leur graisse corporelle totale. Cela entraîne une forte baisse de la glycémie et des taux de graisses dans le sang, comme le cholestérol, et même une diminution de l'artériosclérose.

Cependant, chez les êtres humains, quelques résultats intéressants ont déjà été obtenus. La capsaïcine, par exemple, la substance qui se trouve dans les piments, a accéléré le métabolisme d'hommes jeunes en bonne santé lorsqu'ils en ont consommé pendant six semaines sous forme de comprimés. On a pu imputer ce phénomène à une plus grande activité de la graisse brune. Beaucoup de médicaments, aux résultats très prometteurs, sont testés actuellement sur des êtres humains et la recherche progresse à grands pas dans ce domaine. Il ne fait aucun doute que le froid est un stimulant efficace ; les effets à plus long terme de différents médicaments et produits alimentaires doivent encore être démontrés dans les prochaines années. En attendant, il n'y a qu'à manger des plats épicés et se rincer à l'eau froide à la fin de sa douche !

ressemble peut-être à de la science-fiction, mais l'expérience a déjà lieu chez des souris. [illegible]

Les résultats [illegible] sur les souris qui sont modifiées [illegible] des cellules auxiliaires [illegible]. De plus, [illegible] et comparées [illegible] humaines. Par conséquent, [illegible] sont bien placées [illegible], par exemple, [illegible] la [illegible] comparative [illegible] dans le [illegible] de [illegible].

[illegible] par exemple, [illegible] la [illegible] en [illegible]

[illegible]

7

BIORYTHMES ET TISSUS GRAISSEUX

UN RYTHME DE VIE TURBULENT : L'HISTOIRE DE FEMKE

Femke est hôtesse de l'air. Un emploi intéressant et varié, mais souvent turbulent, au sens propre et figuré, et particulièrement néfaste pour le rythme naturel entre le jour et la nuit. "Pendant un vol à destination de New York – je m'en souviens encore très bien – il y a eu de très fortes turbulences. L'appareil est descendu brutalement de quelques mètres." Les signaux sonores se sont déclenchés pour indiquer de rattacher les ceintures. Les accoudoirs et les ordinateurs portables vibraient. Les tasses tremblaient et un homme aux cheveux gris a reçu du café brûlant sur ses genoux. Femke entendait ici et là des jurons. Un gamin s'est mis à hurler et sa mère s'est empressée de chercher sa tétine. Femke, qui ne se démonte pas facilement, a rejeté sa longue queue de cheval blonde en arrière, elle s'est dirigée d'un pas décidé vers l'homme à la mine déconfite et a nettoyé habilement son costume. Elle a souri patiemment et s'est débrouillée pour que les autres passagers supportent au mieux ces violentes turbulences inattendues. "Heureusement, les turbulences ont fini par s'arrêter et nous avons atterri à New York en toute sécurité."

Quelques heures plus tard, Femke se retrouve enfin dans sa chambre d'hôtel. Elle est épuisée par le voyage, mais aussi totalement désorientée car elle a manqué une nuit de sommeil. "J'ai retiré mes chaussures d'un coup de pied et je me suis laissé tomber sur le grand lit double. Ouf. Encore un voyage de bouclé. J'avais envie de dormir. J'étais siiiiiiii fatiguée. Et j'avais mal à la tête. En plus, j'avais un peu mal au cœur. Je ne savais pas si j'avais faim ou pas. Heureusement, j'ai trouvé une barre de chocolat dans mon sac. Ça passait. J'avais décidé de n'en prendre qu'un petit morceau, mais sans m'en rendre compte, j'ai avalé toute la barre en une seule fois. Quelques jours avant, j'étais rentrée d'un autre vol intercontinental, à destination de Bangkok. Je ne savais vraiment plus où j'en étais, dans quel fuseau horaire vivait mon corps. Ici à New York, il n'était que quatre heures de l'après-midi. Que faire ? Rester éveillée et commencer par dîner ? Ou simplement me glisser dans le lit de l'hôtel aux draps d'une blancheur éclatante, qui m'attirait ?"

Tous ceux à qui il est déjà arrivé de voyager d'un fuseau horaire à un autre, ou de travailler la nuit, se reconnaîtront dans l'histoire de Femke. Désorientation totale, hésitation entre dormir ou non, fatigue envahissante et surtout : une furieuse envie d'un repas gras à laquelle on cède trop volontiers. On ne peut perturber le biorythme de son corps en toute impunité. Les personnes qui travaillent de nuit, soit un million et demi d'adultes aux Pays-Bas*, sont plus souvent grosses et encourent un plus grand risque d'être atteintes de toutes sortes de maladies, telles qu'un diabète, une maladie rénale chronique, ou encore un cancer du sein, un cancer de la prostate ou un cancer de la peau. À quoi est-ce dû ? Quelles sont les conséquences sur la graisse corporelle et l'appétit quand on perturbe son biorythme ? Et comment le corps peut-il savoir "quelle heure" il est ?

Notre horloge biologique

Quand on observe l'univers, on s'aperçoit que notre environnement est réglé par un rythme. La rotation de la Terre et d'autres planètes, les saisons, les jours, les arbres et les plantes, les animaux. Il en va de même pour le corps humain. On sait déjà depuis le XVIIIe siècle que les organismes ont une sorte d'horloge biologique interne qui veille à ce qu'ils aient un rythme particulier. À l'époque, l'astronome français Jean-Jacques d'Ortous de Mairan, en étudiant une espèce de plante, constata qu'elle ouvrait ses feuilles le jour et les refermait la nuit. Il la plaça alors dans une pièce sombre et les feuilles continuèrent de s'ouvrir et de se refermer à heures fixes. Apparemment, la plante

---

* D'après une étude de l'INRS, de 2017, 15,2 % des salariés français travaillent de nuit (environ 20 % des hommes et environ 10 % des femmes). Parmi les salariés concernés, 30 % travaillent dans le secteur public et 42 % dans le secteur tertiaire. Cf. www.inrs.fr/risques/travail-de-nuit-et-travail-poste/donnees-generales-et-exposition-aux-risques.html.

organisait elle-même, par une sorte d'horloge interne, l'ouverture et la fermeture de ses feuilles, indépendamment de la lumière.

Pendant longtemps, nous avons ignoré comment cette horloge biologique fonctionnait précisément et si les êtres humains en avaient une aussi. Ces dernières décennies, des découvertes importantes dans ce domaine ont finalement été récompensées par un prix Nobel. Dans les années 1970, le chercheur américain Seymour Benzer et son étudiant Ronald Konopka découvrirent que, chez la mouche drosophile, des mutations d'un gène inconnu bouleversaient totalement l'horloge biologique. Ils appelèrent "Période" ce gène inconnu et "PER" la protéine codée par ce gène. Durant les années 1980, d'autres chercheurs américains poussèrent plus loin l'étude de ce gène. Ils parvinrent à l'isoler et constatèrent que les protéines PER s'accumulaient la nuit dans les noyaux cellulaires avant d'être dégradées le jour. Étonnamment, leurs concentrations se révélèrent fluctuer selon des cycles de vingt-quatre heures parfaitement synchrones avec le rythme humain de sommeil et de veille. Cependant, il manquait des morceaux du puzzle. En effet comment, à un moment donné, la synthèse de la protéine PER était-elle de nouveau freinée pour qu'elle cesse de se produire en continu dans les noyaux cellulaires ?

Un autre chercheur américain, Michael Young, trouva la réponse à cette question peu de temps après. Il découvrit deux autres gènes dits horloges (ou gènes de l'horloge biologique), qui collaboraient efficacement avec le gène Période. Il leur donna des noms adaptés : Timeless et Doubletime. Ces gènes assurent que la protéine PER pénètre dans le noyau cellulaire et inhibent l'activité du gène Période, pour que la protéine PER ne s'accumule pas en trop grandes quantités dans le noyau. Grâce à ce merveilleux système, les protéines dans les cellules ont un rythme de vingt-quatre heures. L'équipe de recherche – qui se composait, en plus de Michael Young, de Jeffrey Hall et de Michael Rosbash – a donc découvert les mécanismes de l'horloge biologique et la manière dont le corps humain se synchronise avec la nature. Une prestation scientifique d'envergure, qui leur a d'ailleurs valu en 2017 le prix Nobel de médecine.

Depuis qu'il a été découvert que tout dans la nature a son propre rythme, les connaissances sur l'horloge biologique humaine n'ont jamais cessé de se développer. Cette horloge est, dans une large mesure, déterminante pour les cycles du sommeil, la régulation hormonale, la température du corps, la tension artérielle et le comportement alimentaire. L'hypothalamus s'avère tenir un rôle central dans ce système. Ainsi, en plus d'une "fonction de tour de contrôle" pour la sécrétion et la réception d'hormones et pour la régulation de l'appétit, du métabolisme et de la température du corps, l'hypothalamus se révèle avoir bien d'autres utilités. Vous pouvez le considérer comme une de ces grandes horloges à l'ancienne dans la salle de séjour, qui tictaque à un rythme régulier et donne la mesure au reste de votre corps. Il n'y a pas si longtemps, on a découvert que divers organes ont aussi leurs propres petites horloges. Considérez-les quant à eux comme des réveils sur des tables de nuit ou d'autres pendules de la maison qui seraient miraculeusement reliés et synchronisés par la grande horloge dans l'hypothalamus (voir fig. 7.1).

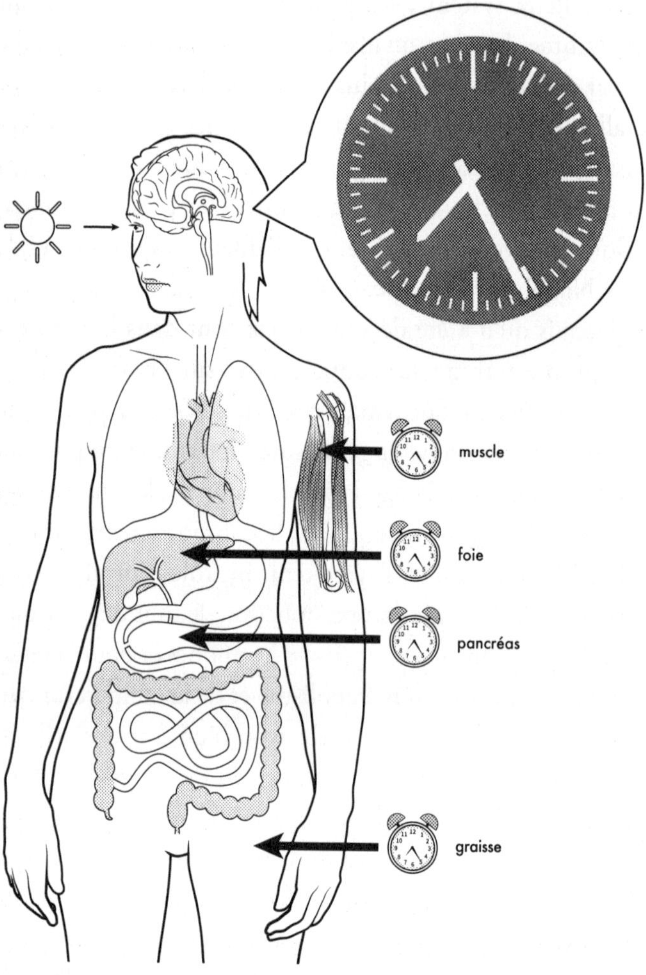

Fig. 7.1. L'horloge biologique chez les êtres humains, faite d'une horloge centrale dans l'hypothalamus, ainsi que de petites pendules dans divers organes.

Style de vie et horloge biologique

Vos habitudes alimentaires influencent votre horloge biologique. Vous vous en rendez compte quand vous modifiez votre rythme en vous mettant par exemple à manger copieusement en pleine nuit. Cela perturbe effectivement les petites pendules dans les différents organes et désorganise leur relation avec l'"horloge centrale". Manger la nuit se produit d'ailleurs plus souvent qu'on ne le pense. Bien sûr, il arrive à certaines personnes d'avoir une petite faim nocturne et de grignoter quelque chose occasionnellement, mais pensez plutôt à tous les gens qui travaillent la nuit ou qui, comme l'hôtesse de l'air Femke, traversent plusieurs fuseaux horaires. Ils sont bien obligés de manger quand les autres dorment. Ces repas nocturnes perturbent leur métabolisme et leurs taux de glucose dans le sang augmentent. La grande horloge centrale dans l'hypothalamus signale au corps qu'il vaudrait mieux ne pas manger à ce moment-là, et elle en profite pour le signaler à toutes les pendules et à tous les réveils dans les organes. Si la personne mange malgré tout, la pendule dans le pancréas est la première à s'affoler, pour qu'un surplus d'insuline soit vite sécrété afin d'assimiler les sucres consommés. Ainsi, les innombrables autres petites pendules, et par là même l'équilibre corporel, sont aussitôt déréglées.

Les scientifiques prennent de plus en plus la mesure des effets préjudiciables pour la santé du dérèglement de cette horloge. Comme nous l'avons expliqué précédemment, les personnes dont le biorythme est perturbé sont plus grosses et en moins bonne santé. La société actuelle a une profonde influence sur notre horloge biologique. L'horloge centrale dans l'hypothalamus réagit non seulement aux prises nocturnes d'aliments, mais aussi tout particulièrement à l'alternance lumière-obscurité. L'hypothalamus reçoit en effet les informations sur la lumière et l'obscurité par les yeux. L'obscurité entraîne une sécrétion de l'hormone du sommeil, la mélatonine, qui donne envie de dormir et permet de s'assoupir facilement. La lumière du jour inhibe la production de mélatonine. Se trouver en pleine lumière pendant la nuit peut également perturber l'horloge centrale. Par conséquent, si Femke veut adapter son propre biorythme à l'heure américaine, il vaut mieux qu'après son arrivée à l'hôtel, elle s'expose à la lumière vive du jour, pour que son horloge centrale sache que son corps doit encore rester à l'état de veille. Si elle rentre en avion le lendemain et veut garder le rythme néerlandais, il vaut mieux qu'elle crée l'obscurité dans sa chambre d'hôtel – ou mette un masque de repos sur ses yeux – pour qu'aucune lumière du jour ou artificielle transmette par sa pupille un signal à son cerveau. "Votre chambre doit être plongée dans l'obscurité" est l'un des premiers conseils donnés aux personnes qui souffrent de troubles du sommeil. Il leur faut aussi une chambre bien aérée, dépourvue de stimulants, éloignée d'un téléviseur ou de tout élément incitant à travailler. Ces personnes doivent par ailleurs éviter de faire des efforts intellectuels et physiques juste avant de s'endormir. Il n'est pas recommandé non plus de faire une petite sieste avant le soir, ou de consommer de l'alcool.

Parmi les hormones qui réagissent à une perturbation du rythme sommeil-veille, il en est une qui a un rythme biologique marqué : le cortisol. Cette hormone est aussi connue comme celle du stress, dans la mesure où nous en sécrétons davantage quand nous sommes stressés (ce point sera traité plus en détail ultérieurement). Nous en avons besoin jour après jour pour toutes sortes de processus se déroulant dans notre corps, notamment pour le bon fonctionnement de notre système immunitaire et de notre métabolisme des sucres. Chacune de nos nouvelles journées commence – entre quatre et six heures du matin – par une forte diffusion de cette hormone dans le sang, un pic étant atteint juste au moment du réveil, entre sept et huit heures environ. On pourrait dire que le cortisol est en quelque sorte l'"hormone du réveil". Durant les premières heures qui suivent le réveil, donc après le pic de production du cortisol, son niveau diminue d'abord fortement puis plus progressivement au fil de la journée, un petit pic survenant pendant ou après le déjeuner. Entre minuit et trois heures du matin, le niveau de cortisol est au plus bas. Ce faible niveau est très important pour un sommeil de qualité. Ce système est extrêmement réceptif. Songez par exemple à ce qui se passe quand vous faites la fête jusqu'au petit matin, provoquant ce qu'on appelle un "jet-lag social".

LE MANQUE DE SOMMEIL DONNE ENVIE DE GRIGNOTER : L'HISTOIRE D'ERIK

Erik a passé une soirée agréable entre amis. Il s'est volontairement contenté d'une seule petite bière car il veut être en forme le lendemain pour sa journée de travail chargée. Pourtant, tout a dérapé, alors qu'il s'en était tenu à cette unique petite bière. Tout au long de cette soirée estivale, il est resté sur la vieille balancelle de la véranda en compagnie de ses amis. Il a discuté de football, fait des blagues lourdes et beaucoup ri. Cela s'est fini tard, surtout pour un jour de semaine. Vers minuit, son ami et voisin Johan a mis la friteuse à chauffer pour préparer des beignets au fromage. Le plat a été accueilli par des cris de joie et terminé en un rien de temps.

Vers deux heures et demie du matin, Erik et deux de ses amis sont rentrés chez eux à vélo. En chemin, ils sont passés devant un snack. En humant les odeurs de frites et de boulettes de viande, Erik a eu l'eau à la bouche. Il a senti son estomac lui réclamer une ration supplémentaire de nourriture grasse. Ils sont descendus de vélo et se sont offert un kebab. Erik a acheté en plus une barre chocolatée pour le dessert. Trop bon. Malgré son estomac bien rempli, il est parvenu à avaler cette ultime gourmandise.

Le lendemain matin Erik, qui doit se contenter d'à peine trois heures et demie de sommeil, ne se sent pas spécialement reposé. Son cœur bat fort dans sa cage thoracique et sa tête le lance, comme si elle était sur le point d'éclater. Après une douche revigorante, il ouvre son frigo et se sert un grand verre de lait chocolaté froid, puis il enduit de pâte à tartiner quatre épaisses tranches de pain de mie blanc. Erik est prêt à commencer sa journée !

Pourquoi le manque de sommeil donne une faim de loup

Le manque de sommeil ouvre l'appétit ! Et pas un appétit comme les autres. Non, un appétit particulier pour des aliments très caloriques, autrement dit un besoin de s'empiffrer. D'ailleurs, l'envie d'Erik d'engloutir un kebab après sa soirée entre amis est un phénomène totalement biologique. Des recherches ont même révélé qu'une seule nuit de moins de cinq heures de sommeil (mesurée en termes de "temps passé au lit") suffit à perturber les hormones de la faim. Nous avons déjà précisé dans les chapitres précédents que la ghréline, l'hormone spécifique de la faim, éveille l'appétit tandis que la leptine assure une sensation de satiété. Un manque de sommeil entraîne une hausse du taux de ghréline et une baisse du taux de leptine. Par conséquent, pas assez de sommeil donne faim. Dans ce cas, le taux de cortisol augmente également, ce qui donne faim aussi. Le tout favorise une "suralimentation", par la consommation notamment de produits mauvais pour la santé. Si Erik prenait l'habitude de ces sympathiques soirées jusqu'à une heure avancée de la nuit, le manque de sommeil et la consommation (nocturne) d'aliments aux mauvais moments risqueraient même de provoquer une importante prise de poids. On pourrait se dire que, puisqu'il reste plus longtemps éveillé et actif, il brûle automatiquement plus de calories. C'est effectivement le cas mais, généralement, cette accentuation de la combustion ne compense pas la quantité de calories qu'on ingère parce qu'on est alors attiré par des snacks plutôt qu'une nourriture saine.

On sait que le manque de sommeil engendre toutes sortes de problèmes de santé. Il rend plus émotif, nuit à la concentration, à la mémoire et à la réactivité (et provoque de ce fait plus d'accidents), accentue le risque d'infections et accélère le vieillissement de la peau. Mais on connaît moins les effets du manque de sommeil mentionnés précédemment sur l'appétit et le métabolisme. Il semblerait en effet qu'il contribue aussi au surpoids. On sait en outre que le manque de sommeil favorise une augmentation de la glycémie car les cellules deviennent alors moins sensibles à l'insuline, ce qui peut être un premier facteur déclenchant pour développer plus tard un diabète.

Effectivement, des études épidémiologiques ont montré un lien évident entre un nombre réduit d'heures de sommeil et des affections telles que l'obésité, le diabète et les maladies cardiovasculaires. Même avec une durée de sommeil inférieure à six ou sept heures ces risques sont avérés. Voilà une information à ne pas prendre à la légère, car il est ressorti d'une vaste enquête sur le sommeil réalisée par la National Sleep Foundation aux États-Unis qu'une personne interrogée sur cinq dormait moins de six heures par jour, les jours ouvrés. D'autres études sur la relation entre les heures de sommeil et le poids, par exemple une étude de longue durée portant sur deux groupes de femmes qui ont été suivies pendant seize ans, ont permis d'obtenir des chiffres complémentaires. Dans l'un des groupes de l'étude en question, les participantes affirmaient dormir sept heures par nuit et, dans l'autre, moins de cinq heures. Parmi le groupe qui faisait des petites nuits, les participantes ont pris en seize ans plus de poids en moyenne que celles de l'autre groupe.

Apparemment, un sommeil prolongé incite à faire de meilleurs choix alimentaires, ont conclu des chercheurs du King's College à Londres. Les femmes à qui ils avaient conseillé de dormir une heure et demie de plus – et qui l'ont vraiment fait – ont vu, à la fin de l'étude, leur consommation journalière de sucres ajoutés baisser de 10 grammes par rapport au début de l'étude. En outre, elles mangeaient moins de glucides par jour que les femmes qui n'avaient pas reçu ce conseil concernant leur sommeil et n'avaient pas dormi davantage.

Une autre grande étude britannique, dans le cadre de laquelle plus de cent mille femmes ont été suivies, a révélé – en définitive – que les femmes qui ne dorment pas dans une chambre plongée dans l'obscurité sont plus grosses que celles qui le font. Ce phénomène ne serait donc pas lié aux hormones de l'appétit, mais à une perturbation de l'horloge centrale – un dérèglement du métabolisme causé par la lumière.

Cela paraît peut-être tiré par les cheveux, mais pour se conformer plus facilement à un régime alimentaire sain, il faut donc veiller à dormir suffisamment la nuit. Ces dernières années, d'autres études ont révélé que le lien entre le manque de sommeil et le surpoids n'est pas seulement imputable à une modification des taux de leptine et de ghréline, les hormones agissant sur l'appétit. Bien d'autres facteurs interviennent. L'un d'eux est la qualité de notre sommeil – et sa qualité est peut-être même plus importante que sa durée.

L'obésité est un des principaux perturbateurs du sommeil. Les personnes obèses présentent souvent le “syndrome d'apnées obstructives du sommeil” (celui dont souffrait Rob, mentionné dans le chapitre 4), un syndrome souvent appelé sous sa forme abrégée : SAOS. Ce dernier se caractérise par un ronflement sonore, alternant avec de courtes interruptions de la respiration (appelées "apnées"), qui entraînent une diminution du taux d'oxygène dans le sang. La langue et les muscles autour du palais se détendent alors tellement qu'ils bloquent les voies respiratoires. Le "test du coup de coude" est tout à fait révélateur : le partenaire de la personne qui ronfle donne régulièrement un coup de coude pour interrompre le ronflement ou pour lui faire reprendre son souffle lorsque sa respiration s'est interrompue. Le SAOS laisse des traces : la qualité du sommeil se détériore rapidement, ce qui peut aussi constituer un facteur d'obésité. En outre, les personnes concernées sont aussi souvent fatiguées pendant la journée, il leur arrive parfois de s'assoupir et elles ont plus de mal à se concentrer. Sans compter que lorsqu'on souffre à la fois d'obésité et du SAOS, on est beaucoup plus exposé au risque de maladies cardiovasculaires. Une relation spécifique de cause à effet n'a pas pu être encore tout à fait établie, mais cela s'explique peut-être par des périodes de manque d'oxygène dans le sang. Le SAOS touche souvent des hommes obèses d'âge moyen. Quelques personnalités historiques connues, comme Napoléon, en ont souffert. Winston Churchill aussi, qui avait un surpoids important… Heureusement, il existe des méthodes pour traiter le SAOS. Par exemple, un appareil spécial qui pousse la mâchoire inférieure légèrement en avant ou, pour des formes plus sévères, un masque à oxygène spécial que l'on met la nuit. Cela améliore la qualité du sommeil et diminue la fatigue au cours de la journée. On se sent ainsi plus énergique, par exemple pour faire davantage d'exercice physique ! Le SAOS peut être un facteur favorisant les kilos en trop et par conséquent empêcher de les perdre. Il est donc important, quand des signes semblent indiquer que l'on a ce syndrome et que l'on aimerait remédier à son surpoids, d'être aussi attentif à ce facteur.

Que se passe-t-il quand on saute le petit-déjeuner ?

Notre corps ayant un biorythme très puissant, non seulement la qualité et la quantité des aliments consommés ont leur importance, mais aussi le moment où on les consomme. Vous avez sûrement déjà entendu dire qu'il n'est pas conseillé de sauter son petit-déjeuner. Et même que le petit-déjeuner serait le repas le plus important de la journée. Des recherches ont effectivement montré que, quand on ne petit-déjeune pas, on risque de prendre du poids et même finir par devenir obèse, contracter un diabète de type 2 ou encore des maladies cardiovasculaires. Dans ce contexte, il est intéressant de savoir qu'environ 20 à 30 % des Américains ne prennent pas de petit-déjeuner et que, parallèlement à la progression de l'épidémie d'obésité, il est devenu moins fréquent de prendre un petit-déjeuner. Des études ont émis l'hypothèse que perdre du poids est plus difficile quand on n'a pas l'habitude de prendre un petit-déjeuner, mais aucune recherche à long terme n'a pu le prouver. Au contraire, une étude récente a révélé que les personnes qui ne prennent pas de petits-déjeuners ne grossissent pas forcément.

Pourquoi serait-ce si mauvais de sauter le petit-déjeuner ? On évite ainsi un certain nombre de calories, pourrait-on se dire. Longtemps, il a été dit que l'absence de petit-déjeuner pourrait inciter à se rabattre sur des snacks. Résultat : une prise de poids. Or ce n'est pas ce qui se passe, comme l'a découvert, avec son équipe, le professeur Daniela Jakubowicz de l'université de Tel-Aviv. Ces chercheurs ont constaté que le petit-déjeuner a un impact sur les petites horloges dans nos organes qui régulent les taux de glucose et d'insuline dans le sang après le repas. Ils ont montré qu'un petit-déjeuner est le bon déclencheur pour mettre en marche ces gènes de l'horloge, permettant ainsi de maîtriser efficacement le taux de glucose, la tension artérielle et le poids. Leur étude suggère même qu'il faut prendre son petit-déjeuner avant neuf heures et demie pour bien régler ses gènes de l'horloge. Parmi les personnes en bonne santé, tout comme parmi celles atteintes d'un diabète de type 2, les gènes de l'horloge étaient stimulés par un petit-déjeuner, alors qu'ils étaient moins actifs chez les personnes qui n'en prenaient pas. Pour conserver son biorythme naturel, il faut donc commencer la journée à temps en prenant un petit-déjeuner sain !

Des études ont montré qu'il vaut nettement mieux consommer la majeure partie de ses aliments le matin. Évidemment, ce n'est pas tant le nombre de calories qui importe, mais la valeur nutritionnelle des produits. Des chercheurs de Leyde ont fait une découverte intéressante sur les souris : leur graisse brune est plus active le matin et la combustion se fait donc plus énergiquement. Si cela vaut aussi pour les êtres humains, la combustion d'un repas matinal se ferait plus vite. En somme, il semblerait que l'adage "petit-déjeuner comme un roi, déjeuner comme un prince et dîner comme un mendiant" reste d'actualité au XXIe siècle !

Régimes, jeûne et autres cures de détox

Les hormones de l'appétit sont facilement perturbées. Et pas seulement par un manque de sommeil. Prenons par exemple l'effet yoyo bien connu : l'alternance constante d'une perte de poids et d'une reprise des kilos perdus. Voilà un rythme dont se passeraient bien toutes les personnes qui surveillent leur poids. Comment cet effet survient-il ? Dans les chapitres 3 et 5, nous avons vu que des mécanismes biologiques expliquent l'effet yoyo et clarifié le rôle de la leptine, hormone sécrétée par la graisse. Ce phénomène redouté a cependant d'autres explications, qui ont toutes un rapport avec les hormones de l'appétit.

L'EFFET YOYO APRÈS UN RÉGIME DRACONIEN : L'HISTOIRE DE CHANTAL

Prenons l'exemple de Chantal, une femme sympathique, spontanée, de trente-quatre ans. Au fil des ans, elle n'a cessé de prendre du poids. "Adolescente, j'avais un poids relativement normal. J'étais peut-être un peu ronde, mais sans plus. Après ma première grossesse, à vingt-sept ans, j'ai pris énormément de poids. Pendant la grossesse, au moins 21 kilos dont je n'ai réussi à perdre que la moitié. J'avais choisi d'allaiter, car je savais que cela avait des effets positifs pour mon petit garçon, mais me permettrait aussi de perdre des calories. Malheureusement, j'ai dû y renoncer dès la sixième semaine, du fait d'inflammations mammaires."

Lors de sa deuxième grossesse, trois ans plus tard, cela a recommencé. Elle n'a pris alors "que" 18 kilos, mais elle en a gardé plus de 8 après sa grossesse. Son mari l'appelait affectueusement son "petit morse adoré". "J'essayais alors de sourire mais, au fond de moi, j'avais l'impression de recevoir un coup de couteau. Quand je me regardais dans le miroir, je comprenais parfaitement pourquoi il le disait. Je ressemblais vraiment à un morse. Avec une petite tête par rapport à mon corps et des gros bourrelets de graisse qui cachaient presque l'aine et le haut des cuisses. Je me sentais malheureuse."

Les années suivantes, Chantal continua progressivement à prendre du poids. Elle avait des nuits entrecoupées, mangeait de manière irrégulière, sautait souvent le petit-déjeuner et consommait beaucoup de coupe-faim mauvais pour la santé. Elle était aussi stressée, parce qu'elle avait d'une part des enfants en bas âge et d'autre part un travail très exigeant dans une agence publicitaire. Bouleversements hormonaux pendant et après la grossesse, manque de sommeil, perturbation du régime alimentaire et stress : autant de facteurs contribuant à une prise de poids.

Au lieu de s'adresser à des spécialistes, Chantal décida de suivre un régime draconien. Elle commença par faire une "cure de jus de fruits" de deux semaines, puis elle passa aux milkshakes repas qu'elle commandait sur internet. Elle se limitait strictement à quelque 500 à 600 kilocalories par jour. "Je me privais de tout. Je préférais éviter les fêtes d'anniversaires. Les repas avec mes anciennes camarades de classe. Sur la plage, je refusais les glaces qu'on me proposait. Mon amie mince insistait. « Allez, prends une petite glace pour une fois ! » Mais je tenais bon. Et... ça a marché ! Du moins, j'ai perdu 5 kilos en huit semaines. Pourtant, je me sentais plus apathique qu'avant et j'ai renoncé à ma résolution de faire plus de sport. En revanche, je sortais me promener un peu chaque soir. Mais on était loin de ce que promettaient toutes sortes de sites internet : « Vous aurez de l'énergie à revendre. » Au bout de dix semaines, j'ai adopté un régime alimentaire le plus « normal » possible. Je mangeais trois repas par jour et, quand je grignotais entre les repas, je veillais à consommer des aliments sains. Mais j'avais faim et je me suis mise à consommer de plus en plus de coupe-faim. Et j'ai mangé mal. J'avais beau faire de mon mieux, je constatais que je reprenais lentement des kilos. En quelques mois, j'avais retrouvé mon ancien poids ! Je pesais même un kilo de plus ! Comment était-ce possible ?!"

La reprise pondérale après une période de régime sévère est un phénomène connu. Après une perte de poids rapide, on accumule très vite du poids (en plus d'une intense frustration) : l'effet yoyo. Les régimes draconiens, qui ne sont pas associés à un changement de comportement pour adopter un régime alimentaire et un mode de vie sains, peuvent même être considérés comme un facteur contribuant à l'obésité ! En particulier quand ils ne sont pas associés à une activité physique intensive. Seuls des régimes très pauvres en calories (par exemple de moins de 800 kilocalories) qui sont suivis en modifiant radicalement le mode de vie, et convenablement accompagnés, entraînent une importante perte de poids. Cependant, sur le long terme (plusieurs années), les résultats obtenus par les personnes qui ont à la fois suivi un régime sévère et reçu un accompagnement visant à modifier leur comportement sont à peine différents de ceux de personnes qui ont bénéficié uniquement d'une intervention axée sur une modification de leur comportement. D'ailleurs, les régimes draconiens sont le plus souvent de courte durée, ce qui est logique, car peu de gens peuvent s'en tenir toute leur vie à la consommation de 500 calories par jour et le risque de présenter toutes sortes de carences nutritionnelles est alors élevé.

L'idée que la consommation prolongée de (trop) peu de calories serait bénéfique pour la santé est venue, entre autres, d'études réalisées sur les animaux. Cette faible consommation serait favorable à la survie, comme l'a montré le célèbre professeur rotterdamois Jan Hoeijmakers, spécialiste du vieillissement. Quand on soumet toute leur vie des mouches drosophiles, des vers, des rongeurs, des vaches ou des chiens à un régime (que l'on appelle "restriction calorique"), on fait chaque fois la même constatation : quand ils mangent moins, leur métabolisme devient plus efficace (autrement dit : plus lent) et leur corps est moins endommagé au niveau cellulaire. Reste à savoir si une restriction calorique appliquée à vie aux êtres humains peut les faire vivre eux aussi plus longtemps. En tout cas, la tâche ne sera pas facile pour eux, dans un monde où ils sont si souvent exposés à des produits alimentaires hypercaloriques.

Revenons à Chantal, qui s'est aussi imposé une restriction calorique durant plusieurs périodes. Que lui est-il arrivé par la suite ? Elle a recommencé à faire de son mieux, mangé extrêmement peu pendant des semaines, perdu d'abord du poids, puis vu ses kilos s'accumuler de nouveau les mois suivants, et ainsi de suite. L'effet yoyo par excellence. Ce phénomène mystérieux et surtout frustrant a été en grande partie élucidé il y a quelques années seulement, à la suite d'une étude pionnière réalisée par un groupe de chercheurs australiens de l'université de Melbourne. Dans le cadre de cette étude, cinquante personnes en surpoids ou obèses ont suivi pendant dix semaines un régime très faiblement calorique. Le taux dans le sang de leurs hormones de régulation de l'appétit et l'ampleur de leur appétit ont été mesurés avant le début du régime, puis au bout de dix semaines (la fin du régime) et enfin après plus d'un an (soixante-deux semaines). La perte de poids moyenne observée, soit plus de 13 kilos, s'est accompagnée – comme les chercheurs s'y attendaient – d'une baisse des taux de deux hormones : la leptine et l'insuline. Le taux de la ghréline, hormone de la faim, a au contraire augmenté. D'autres signaux concernant l'appétit se sont eux aussi adaptés et, en définitive, les taux des hormones de la faim ont augmenté et ceux des hormones de la satiété ont baissé. Les participants à l'expérience devaient donc, en toute logique, avoir un plus grand appétit. C'était effectivement le cas. Ils ont admis qu'ils avaient plus d'appétit après leur régime draconien.

Cette expérience a cependant amené à une constatation qui a apporté un tout nouvel éclairage. En effet, il s'est avéré, un an après la perte de poids initiale, que les modifications hormonales persistaient, suscitant un plus grand appétit et une diminution de la sensation de satiété ! Cerise sur le gâteau : les personnes continuaient d'éprouver une sensation de faim, qui était même amplifiée. Ce résultat provoqua une onde de choc dans le monde scientifique et engendra bon nombre de nouvelles hypothèses concernant l'effet yoyo. Jusqu'à présent, on pensait que le corps mettait peu de temps à se remettre d'un régime draconien. Or cette étude montrait pour la première fois qu'un régime draconien risque de perturber durablement les mécanismes de la faim et de la satiété. Rien n'indique, d'ailleurs, que le corps se rétablisse, car nous ne disposons pas de données sur le long terme. Nous savons qu'un régime draconien a aussi pour effet de ralentir la combustion, donc non seulement l'appétit augmente, mais on peut aussi beaucoup moins se permettre si on veut éviter de prendre du poids. Une étude sur des participants à un concours de perte de poids aux États-Unis, *The Biggest Loser*, a montré l'ampleur de ce phénomène : dans le cadre de cet événement, ces personnes avaient perdu du poids à l'aide d'un régime draconien, d'activités sportives intensives et d'un soutien apporté par des coachs. En trente semaines, elles s'étaient débarrassées en moyenne de pas moins de 58 kilos de masse corporelle. Elles avaient payé pour cela le prix fort cependant car, à la fin du concours, leur combustion avait sensiblement diminué, de quelque 600 kilocalories par jour, alors qu'elles avaient pratiqué plus d'activités sportives. Six ans plus tard, les participants avaient repris en moyenne 41 kilos, et leur combustion était restée basse. Une conclusion choquante découle de cette expérience : étant donné qu'une personne obèse qui perd du poids en suivant un régime draconien subit un ralentissement de son métabolisme, elle ne peut pas, si elle veut éviter de grossir, manger autant qu'une personne du même poids qui n'a jamais été obèse. Par conséquent, même si à un moment donné une personne perd du poids, son système hormonal et son métabolisme restent à bien des égards déréglés, et son corps est en quelque sorte programmé pour reprendre facilement du poids. Ainsi, un régime draconien se révèle pour certains le meilleur moyen pour grossir.

Le monde scientifique réfléchit actuellement à des stratégies pour éviter de perturber le système hormonal par un régime hypocalorique et cherche à déterminer comment maintenir intact le métabolisme pendant un tel régime. S'il y parvient, nous permettrons aux personnes qui font fanatiquement de leur mieux pour perdre du poids d'obtenir vraiment des résultats sur le long terme. Pour l'instant, alors qu'elles se privent de tout (n'oublions pas dans ce contexte la fonction sociale de l'alimentation !), elles sont très sévèrement sanctionnées. Non seulement par leur entourage, convaincu que les personnes qui font des régimes draconiens "manquent de volonté" lorsqu'elles n'arrivent pas à persévérer et reprennent du poids, mais aussi par le jugement qu'elles portent souvent sur elles-mêmes. Elles sont exaspérées, elles ont honte de ne pas avoir atteint leur but une fois de plus, sans se rendre compte que la biologie du système hormonal de régulation de l'appétit favorise considérablement une reprise de poids après un régime draconien.

Par ailleurs, on fait parfois aussi des cures de jus de fruits et autres régimes sévères pour nettoyer le corps. On parle, en l'occurrence, de régimes de purification, de détoxification ou "détox". Ils permettraient au système digestif de se reposer, les organes se concentrant alors sur l'élimination de toutes les toxines. Cette idée est tout simplement absurde. Le corps dispose en interne d'un système parfaitement efficace, l'appareil gastro-intestinal, pour se purifier : les cellules intestinales sont renouvelées régulièrement à partir de cellules souches et les bactéries intestinales présentes veillent au grain. La meilleure façon d'entretenir son tube digestif est, de loin, une alimentation saine contenant suffisamment de fibres et de nutriments et assez de liquide (comme l'eau). Et naturellement, les reins et le foie filtrent les substances toxiques éventuellement présentes pour les évacuer avec compétence de notre corps. Ne vous laissez donc pas emporter par ce vent de folie en vous procurant ces cures absurdes et coûteuses de "purification" ou "détox". Mettez cet argent plutôt dans la tirelire de vos enfants ou achetez un beau cadeau à vos voisins. Au moins, cela contribuera réellement à votre bonheur !

Quelques tendances et modes diététiques

En dehors du régime draconien, toutes sortes de méthodes ont été proposées pour perdre durablement du poids ou maintenir un poids sain et éviter l'effet yoyo. Par exemple, certaines personnes sont persuadées qu'il faut rester "au régime" tout au long de sa vie. On appelle ces personnes des "CRONies" (CRON, pour *Calorie Restriction with Optimal Nutrition*, autrement dit : restriction calorique avec une nutrition optimale). Elles consomment environ 1 800 kilocalories par jour, soit 10 à 30 % de moins que ce dont elles ont besoin. Elles réduisent essentiellement la quantité de protéines, et veillent à consommer en revanche suffisamment de fibres, de vitamines et de minéraux. Selon le concept de Hoeijmakers, la diminution prolongée de la consommation d'aliments met le corps dans un état d'économie : la croissance diminue, il y a donc moins de divisions cellulaires et probablement aussi moins de détériorations génétiques. Le corps cherchera automatiquement à mieux entretenir ses cellules, ce qui favorisera un ralentissement du vieillissement. Les premiers résultats obtenus par des personnes qui ont suivi pendant longtemps (en moyenne quinze ans, donc pas encore pendant une vie entière) un régime de restriction calorique CRON témoignent effectivement d'effets bénéfiques pour la santé en général. Mais ces personnes se rationnent donc constamment.

D'autres personnes expérimentent différents rythmes alimentaires. Actuellement, le jeûne intermittent est à la mode. Dans le cadre de tels régimes, un jour on consomme par exemple moins de 25 % de ses besoins en énergie et un autre jour on mange sans limites. Une variante est le "jeûne périodique". Cela consiste à jeûner un ou deux jours par semaine, et à manger normalement cinq ou six jours. L'idée du jeûne intermittent est de maintenir les avantages d'une restriction calorique, sans que le métabolisme soit ralenti et que le système hormonal de la faim se dérègle. Le jeûne intermittent a de multiples variantes, ce qui complique la réalisation d'études à grande échelle et leur évaluation sans équivoque. C'est en s'inspirant d'études réalisées sur les animaux que des chercheurs se sont aperçus des répercussions positives du jeûne intermittent sur le cerveau, la flore intestinale, le vieillissement. Il entraîne même une diminution du nombre d'inflammations. La plupart des études sur les êtres humains montrent que la perte de poids est faible et que les effets sont limités sur les paramètres métaboliques, notamment les taux de glucose et de cholestérol. Le jeûne intermittent entraîne une perte de poids comparable à celle obtenue par la restriction calorique. Par conséquent, sur le court terme, il semblerait que cette option soit tout à fait intéressante. Serait-ce la panacée pour perdre du poids ? Malheureusement, on ignore encore les effets sur le long terme. Il faudra donc attendre.

Un autre phénomène intéressant, actuellement dans sa phase expérimentale mais apparemment très prometteur, est le jeûne par plages horaires. Dans ce type de régime, on limite non pas la quantité de calories qu'une personne va consommer, mais la plage horaire de sa prise d'aliments, qui est considérablement réduite. Une personne peut donc continuer à manger à peu près comme avant, mais pendant un laps de temps plus court. Dans la plupart des études réalisées, cette période dure entre six heures et douze heures maximum. En dehors de cette période, la personne ne mange pas, mais peut par exemple boire beaucoup d'eau. Des études sur les rongeurs ont montré que la restriction de la durée de la prise d'aliments a des effets positifs sur leur poids et leur métabolisme. Chez les êtres humains, des premiers signes semblent aussi l'indiquer, mais des recherches supplémentaires seront nécessaires pour déterminer précisément l'ampleur de cet impact. Les chercheurs américains Shubhroz Gill et Satchidananda Panda ont publié dans *Cell Metabolism*, une revue qui fait autorité, une étude intéressante. À l'aide d'une application pour smartphone, ils ont examiné le comportement alimentaire d'adultes ne travaillant pas de nuit. La plupart de ces personnes mangeaient très fréquemment et c'était le matin qu'elles consommaient le moins de calories (< 25 %) et après dix-huit heures, au contraire, le plus (> 35 %). Leurs prises alimentaires régulières s'étalaient donc sur près de quinze heures en moyenne. Quand les personnes en surpoids qui répartissaient leurs prises alimentaires sur plus de quatorze heures par jour ont réduit à dix ou onze heures la période au cours de laquelle elles mangeaient, elles ont perdu du poids, elles se sont senties plus énergiques et elles ont mieux dormi ! Ces effets étaient encore présents une année plus tard et se sont avérés liés eux aussi à notre horloge biologique. Il semble, par conséquent, que nous devrions faire attention non seulement à ce que nous mangeons, mais aussi, et surtout, à quel moment et pendant quel laps de temps !

Le cycle menstruel et les fringales

Enfin, il existe un tout autre rythme biologique, qui fluctue non pas au cours d'une même journée mais au cours du mois : le cycle menstruel. Certaines femmes souffrent, une ou deux semaines avant leurs règles, de changements d'humeur ; elles se sentent moroses, elles s'irritent facilement et ont envie d'aliments hautement caloriques comme le chocolat. Après leurs règles, ces surprenantes fringales s'arrêtent. De nombreuses femmes se reconnaîtront sans doute dans ce comportement. Pourtant, on en ignore encore la cause précise. Prendre conscience de ces fringales peut déjà aider les femmes à ne pas s'exposer aux produits dont elles ont tant envie (par exemple en évitant d'en remplir leurs placards).

Finalement, notre corps est soumis à toutes sortes de rythmes à notre insu. Souvent, nous ne nous en apercevons que lorsque nous déréglons ces rythmes que la nature a soigneusement mis en place, en dormant trop peu, en voyageant entre des fuseaux horaires, en mangeant aux mauvaises plages horaires (en pleine nuit par exemple !) ou en suivant des régimes draconiens. Toutes ces perturbations peuvent contribuer à une prise de poids. Au fond, le vieil adage néerlandais, qui conseille de respecter, dans sa vie, “repos, propreté et régularité”, reste d’actualité.

8

L'IMPACT DU STRESS SUR LA GRAISSE

Imaginez la situation suivante. Vous êtes à près de quatre mille mètres d'altitude dans une petite cabine d'avion. Vous regardez à l'extérieur et ne voyez que quelques champs, les maisons ne sont plus que des petits points à présent. Votre respiration s'interrompt sous l'effet de l'angoisse et votre cœur bat à tout rompre. Une multitude de pensées vous traversent l'esprit. Pourquoi fallait-il absolument faire cette expérience de saut en parachute ? Un saut en tandem, est-ce vraiment la meilleure option ? Quelles étaient déjà les instructions pour l'atterrissage ? Tirer les cordes vers le bas et tendre les jambes en avant. C'est bien ça ? Et si le parachute refuse de s'ouvrir ? Et si… et si… ? Soudain, la porte de l'avion s'ouvre et l'instructeur dit d'une voix douce mais ferme : "On peut sauter maintenant, on est à la bonne altitude. Enfonce ta tête dans ton cou et laisse-toi tomber… go !"

Vous êtes à ce moment-là exposé au stress. À un stress aigu. Il se déroule alors dans votre corps un magnifique jeu d'équipe biologique. Le cerveau émet des signaux, qui sont transmis par les nerfs, afin que des substances telles que l'adrénaline soient sécrétées dans les glandes surrénales. À la rapidité de l'éclair. Aussitôt après, un processus se met en route qui permet de libérer dans l'hypothalamus ("le régulateur du trafic aérien") des substances stimulant la production de l'hormone du stress. Celles-ci transmettent leur signal à l'hypophyse, la "glande maîtresse", qui se situe dans le prolongement du nez et sous l'hypothalamus dans le cerveau. L'hypophyse pilote à son tour une autre hormone régulatrice, l'hormone corticotrope (ou ACTH), qui par les vaisseaux sanguins rejoint les deux glandes surrénales. Dans une situation de stress aigu comme celle-ci, les glandes surrénales injectent énergiquement dans le sang une grande quantité supplémentaire d'une hormone du stress, le cortisol.

L'adrénaline et le cortisol, tous deux des hormones du stress, veillent à une accélération de votre rythme cardiaque et à une montée en flèche de votre tension artérielle. Voilà qui est pratique, car vous pouvez ainsi pomper davantage de sang dans votre organisme, un phénomène nécessaire pour transporter des sucres et de l'oxygène supplémentaires entre autres vers votre cerveau, ce qui vous permet de penser plus vite et plus efficacement. Idéal pour passer un examen. Un peu de nervosité peut donc avoir du bon. Vers les muscles aussi, des sucres sont acheminés pour les booster. La réserve de glycogène précédemment évoquée qui se trouve dans le foie et dans les muscles entre également en action. Là aussi, ce sont les hormones du stress qui s'en chargent. Pratique, car si jamais un tigre affamé et agressif se jette soudain sur vous, vous fuirez plus rapidement que jamais. Vos muscles sont capables de transformer immédiatement ces sucres en énergie et en mouvement. Même si, à quatre mille mètres d'altitude, des tigres sont bien le cadet de vos soucis.

Cette réaction en chaîne des hormones du stress naturelles finit par s'interrompre lorsque le cortisol inhibe sa propre sécrétion par l'intermédiaire à la fois de l'hypophyse et de l'hypothalamus. Cela entraîne une extinction de la réponse au stress dans le corps. Et, si tout va bien, vous atterrissez en sécurité, les deux pieds sur le sol.

De nos jours, le stress est un sujet sensible. Selon l'American Psychological Association, la majorité de la population américaine se sent modérément à fortement stressée. Aux Pays-Bas aussi, ceux qui se sentent stressés sont nombreux : des enseignants dépassés, des cadres ployant sous la tâche, des élèves et des étudiants soucieux de réussir tout en devant mener une vie sociale active (numérique ou non), des mères seules s'efforçant de garder la tête hors de l'eau…

Le plus souvent, on entend par stress un déséquilibre entre ce dont une personne est capable et ce qui lui est demandé ou ce qu'elle exige d'elle-même. Et ce déséquilibre vient souvent d'une combinaison de facteurs générateurs de stress au travail et dans la vie privée. Le stress influe sur le cerveau de toutes sortes de manières. Un stress intense de courte durée peut nous permettre de réussir certaines tâches particulièrement bien. Cela présente un avantage par exemple lors d'une compétition sportive, un examen, ou quand une date butoir importante est imminente. Mais quand le stress est trop écrasant, nous risquons au contraire de réaliser nos tâches moins efficacement. Et si, en plus, les facteurs de stress deviennent chroniques et personne ne nous vient en aide, le stress psychologique et émotionnel peut causer des soucis à long terme.

On notera que cette "épidémie de stress" est survenue à peu près en même temps que l'épidémie d'obésité. À l'heure actuelle, la moitié de la population néerlandaise est en surpoids. Des signes de plus en plus nombreux semblent indiquer qu'il y aurait un rapport entre ces deux épidémies et les scientifiques ne cessent d'apporter de nouvelles preuves que le stress fait grossir.

Quel type de stress favorise la prise de poids ?

Avant de s'interroger sur ce qui explique l'association fréquente du stress et du surpoids, il est bon de savoir qu'il existe différents types de stress. En plus d'un stress psychologique ou émotionnel aigu (comme lors d'un saut en parachute), le stress s'exprime aussi sous différentes formes physiques.

Nous nous sommes tous trouvés dans la situation où, pendant un ou plusieurs jours, grelottant de fièvre, nous nous glissons sous les couvertures, la tête embuée. Nous n'avons aucun appétit, nos muscles sont mous et même douloureux. Bref, nous avons attrapé une bonne grippe. Pour notre corps, c'est une situation de stress et il sécrète un supplément de cortisol. Lors d'une maladie, les réactions du corps ne répondent pas à des stimulations du cerveau qui enregistre un événement stressant, mais aux substances inflammatoires qui se libèrent pour lutter contre cette maladie. Celles-ci signalent au cerveau qu'une infection due par exemple à un virus est présente afin que le cerveau œuvre de son côté pour enrayer l'inflammation. Des hormones supplémentaires d'activation sont alors sécrétées dans l'hypothalamus et l'hypophyse pour inciter les glandes surrénales à produire un supplément de cortisol dont une des fonctions est d'endiguer les inflammations. Ainsi, au bout d'un moment, nous nous remettons de notre grippe.

C'est précisément parce qu'ils ont une action anti-inflammatoire qu'on a souvent recours à des médicaments à base de cortisol – appelés corticostéroïdes ou plus simplement corticoïdes – en cas d'inflammations, de maladies ou d'affections inflammatoires liées à une hyperactivité du système immunitaire, comme l'asthme ou les rhumatismes. Il est vrai qu'une inflammation importante représente aussi un "stress" pour le corps car il doit produire davantage de cortisol. Cela vaut aussi pour les douleurs chroniques, qui s'accompagnent d'une activation prolongée du système engendrant le stress. Dans le chapitre précédent, nous avons vu que le manque de sommeil et une perturbation de notre rythme biologique provoquent également une réponse au stress dans le corps. En somme, le stress est complexe et le corps ne fait pas vraiment de distinction entre le stress psychique ou physique. Que le corps soit confronté à l'un ou l'autre, il est placé en état de survie et la production de cortisol dans le corps est augmentée.

QUAND LE STRESS DEVIENT EXTRÊME : L'HISTOIRE DE MISCHA

Mischa, institutrice de quarante et un ans, est mariée à Jaap et mère de trois enfants. Elle fréquente régulièrement un club de sport et se rend chaque jour à son travail à vélo. Au fil des ans cependant, elle a senti son corps se transformer. "Au club de sport, je n'arrivais plus à repousser les poids avec mes jambes. Mes muscles s'affaiblissaient. J'ai pris des kilos, j'ai même vu apparaître sur mon ventre de larges stries rouge violacé, j'avais l'air boursouflée et les joues rouges. Je n'avais plus besoin de mettre du blush. Ma taille de vêtements a augmenté, elle est passée de 38 à 42, et mes règles sont devenues irrégulières."

Mischa a aussi senti sa mémoire se détériorer. Elle oubliait le nom des enfants dans sa classe et aussi, à son affolement, le contenu de ses entretiens avec les parents. Elle a remarqué que son mari se détournait d'elle peu à peu. "Quand je me regardais dans la glace, je voyais quelqu'un d'autre. Une femme au ventre enflé, avec un épais bourrelet de graisse dans le cou et un regard malheureux. J'ai commencé à avoir de plus en plus de poils sur le visage et à perdre mes cheveux. Je n'avais plus envie d'avoir des relations sexuelles. Je me dégoûtais... Un jour, je suis venue chercher mes enfants à la sortie de l'école. Je portais ma chemise noire à fleurs préférée et mon ventre rebondi devait se voir en dessous parce qu'un enfant qui sortait de l'école m'a demandé, tout excité : « Tu attends un bébé ? » J'aurais aimé disparaître sous terre."

C'est aussi à ce moment-là que Jaap lui dit le fond de sa pensée sans ménagement : il ne la trouve plus attirante, elle s'est laissée aller, elle est devenue grosse et grincheuse. Il ajoute qu'il est amoureux d'une autre femme. Mischa est frappée de plein fouet.

Quelques mois plus tard, Mischa doit être hospitalisée. Elle a une entérite grave. Sur un scan, on découvre par hasard que sa glande surrénale droite a grossi. Des examens ultérieurs dans différents hôpitaux révèlent que Mischa a dans cette glande un nodule qui, nuit et jour, sécrète beaucoup de cortisol. Des hormones du stress circulent donc en permanence dans son corps, provoquant toutes sortes de maux. Le diagnostic médical tombe : syndrome de Cushing. "C'est ce qui expliquait mes muscles apathiques, mon gros ventre et le fonctionnement anormal de mon cerveau par rapport à d'habitude !"

Mischa subit une opération : on lui retire le nodule produisant des hormones dans sa glande surrénale. Durant les mois qui suivent, Jaap se rend compte enfin que Mischa était malade, n'était donc pas elle-même et pas responsable de sa transformation physique et personnelle. Il sent renaître son amour pour elle et décide de revenir vivre avec elle et les enfants.

Malheureusement, on ne peut conclure cette histoire par "et ils vécurent longtemps heureux" car, un an après l'opération, Mischa a toujours son gros ventre et ses problèmes de mémoire, et elle s'est mise à avoir des crises d'angoisse et à ressentir des douleurs musculaires et une extrême fatigue. Elle fait de son mieux pour reprendre son travail après sa convalescence, et malgré la prise de médicaments, elle continue de se sentir mal. Elle se fait licencier. À présent, quelques années plus tard, elle commence à aller mieux peu à peu. Son visage n'est plus boursouflé, son énergie revient et ses angoisses disparaissent. Elle fréquente de nouveau son club de sport et perd aussi progressivement du poids.

Voilà ce qui se passe quand on a pendant longtemps une très grande quantité de cortisol dans le corps. Il est connu que lorsque le stress, qu'il soit psychique ou physique, s'installe durablement, des problèmes de santé risquent de survenir. Le syndrome de Cushing – le nodule dans la glande surrénale de Mischa – est extrêmement rare. Mais on peut le considérer en quelque sorte comme un exemple des conséquences d'une quantité trop importante de cortisol dans notre corps : une situation de stress, ni psychologique ni émotionnel mais chronique et au cours de laquelle l'excédent de cortisol a un grave impact sur la santé. Pour le tissu adipeux, les effets sont impressionnants : en peu de temps, la quantité de graisse abdominale augmente, un bourrelet de graisse apparaît dans le cou et le visage enfle, tandis que, au contraire, la quantité de graisse sous-cutanée des bras et des jambes diminue. Mais ce n'est pas tout : la masse musculaire rétrécit, la force musculaire dans les bras et les jambes se dégrade, la tension artérielle augmente, et en plus le métabolisme du cholestérol ainsi que celui des sucres sont perturbés, ce qui assombrit l'humeur de la patiente. Quand on souffre de ce syndrome rare, on peut aussi avoir d'innombrables autres manifestations caractéristiques, comme de larges stries rouge violacé (des vergetures), de l'acné, une peau fine et très fragile, des bleus spontanés, une mauvaise cicatrisation, et, chez les femmes, un cycle mensuel perturbé et une pilosité trop importante. Certaines femmes doivent soudain se raser quotidiennement le visage !

Quand on opère des personnes présentant le syndrome de Cushing pour retirer le nodule responsable de la surproduction de cortisol, beaucoup de symptômes disparaissent. En revanche, souvent, elles gardent longtemps leurs problèmes de mémoire et un excédent de graisse abdominale.

Le stress intense et prolongé ne fait pas grossir tout le monde

Le corps de chacun réagit différemment au stress. Tout d'abord, face à une situation de stress, la réponse est très personnelle. Un événement à première vue stressant, comme la mort d'un proche, est vécu de mille manières distinctes. Certaines personnes sont accablées pendant des mois après la disparition d'un animal de compagnie, n'arrivent pas à dormir et souffrent d'angoisse et de palpitations, tandis que d'autres se rétablissent rapidement après le décès d'un proche et reprennent un rythme de vie normal quelques semaines plus tard.

Pour comprendre pourquoi nous ne réagissons jamais pareil à une situation de stress persistante, il est bon de savoir que le cortisol, hormone du stress, n'effectue pas son travail comme bon lui semble, mais a besoin, comme toutes les autres hormones, d'un récepteur (le fameux "récepteur hormonal") pour transmettre le signal aux cellules du corps. Ce récepteur dit des corticostéroïdes se trouve dans presque toutes les différentes cellules du corps, donc également dans notre tissu adipeux. Le degré de sensibilité de notre récepteur des corticostéroïdes varie fortement d'une personne à une autre et dépend en grande partie de facteurs génétiques. Le gène responsable du récepteur des corticostéroïdes joue donc un rôle majeur. Une variation des codes d'ADN de ce gène entraîne dès la naissance une sensibilité au cortisol plus ou moins grande, de la même façon que l'ADN détermine la couleur des yeux.

Près de la moitié des personnes sont porteuses d'une variante génétique associée à une plus grande sensibilité au cortisol, comme nous pouvons le constater grâce aux travaux de l'équipe de recherche de Liesbeth van Rossum à Rotterdam. Cette équipe a fait une autre constatation intéressante : les porteurs de cette variante sensible au cortisol ont plus souvent un gros ventre, de mauvais métabolismes du cholestérol et des sucres, moins de masse musculaire et un plus grand risque de dépression. Autant de caractéristiques que l'on constate aussi lors d'une trop forte exposition au cortisol, comme dans le cas du syndrome de Cushing, dont souffrait Mischa.

Il existe au contraire une variante du gène du récepteur des corticostéroïdes, présente chez 5 à 10 % des gens, à laquelle est associée une relative insensibilité au cortisol. Elle a un effet opposé et justement positif pour la santé. Nous avons découvert, par exemple, que les hommes qui en étaient porteurs avaient plus de masse musculaire, plus de force musculaire et étaient plus grands. Les femmes porteuses de la variante génétique insensible au cortisol avaient la taille plus fine, donc moins de graisse abdominale. Tous les porteurs présentent un meilleur métabolisme : moins de risque de diabète et un taux de cholestérol plus faible. Il s'est aussi avéré que les porteurs de la variante insensible au cortisol vivent en moyenne plus longtemps. Il semblerait que ce petit groupe ait reçu dès la naissance une sorte de “résistance biologique au stress”. Ainsi, deux personnes du même âge, qui ont une alimentation et un mode de vie comparables et sont confrontées au même stress, peuvent présenter une constitution et un tissu adipeux très différents, parce que l'une a eu la chance d'être dotée de la variante génétique résistante au cortisol, contrairement à l'autre.

Comment évaluer le degré de stress ?

Pour étudier si le stress fait grossir, il faut d'abord pouvoir le mesurer. Concernant le stress psychique, des listes de questions permettent de mesurer l'intensité du stress ressenti. Elles n'aident pas toutefois à jauger la réaction interne du système de réponse au stress. Pour cela, il faut doser la concentration de cortisol dans le corps. On peut le faire par une prise de sang. Mais comme nous l'avons déjà vu dans le chapitre précédent, ce n'est pas si simple car le niveau de cortisol varie fortement. Il a un rythme diurne-nocturne, augmentant au petit matin et atteignant un pic juste avant le réveil. En plus, une prise de sang est pour beaucoup de personnes un événement stressant. Par conséquent, le taux mesuré reflète surtout la peur d'une personne à l'idée d'être piquée… Le taux du cortisol se mesure aussi dans la salive ou l'urine, mais là encore : comment faire la part des choses entre stress chronique et stress ponctuel ?

L'équipe de recherche a donc préféré examiner le taux de cortisol à plus long terme. Elle a décidé d'employer une méthode déjà utilisée en médecine judiciaire pour voir si elle convenait. Le cortisol peut en effet se doser efficacement dans les cheveux. Il pénètre par la circulation sanguine dans les cheveux, qui poussent en moyenne un centimètre par mois. Chaque centimètre de cheveux correspond donc à une moyenne des taux de cortisol dans le corps pour ce mois-là. Ainsi, les trois centimètres les plus près du cuir chevelu reflètent les trois derniers mois. L'analyse des cheveux offre même la possibilité d'établir, s'ils sont plus longs, un historique du niveau de stress biologique d'une personne, comme les cernes annuels d'un arbre.

Les cheveux permettent donc aux chercheurs d'examiner, sans recourir à une aiguille ou à un récipient d'urine, si les personnes obèses ont un taux plus élevé de cortisol à long terme. En utilisant cette méthode médico-judiciaire, ils ont réalisé au centre hospitalier universitaire de Rotterdam, Erasmus MC, une étude pour examiner la relation entre stress et obésité. Et ils y sont parvenus ! L'équipe de Liesbeth van Rossum a pu démontrer que les adultes obèses ont effectivement des taux nettement plus élevés de cortisol dans les cheveux, par rapport aux personnes de poids normal. Elle a ensuite voulu savoir si c'était aussi le cas pour les enfants. Trois mille enfants de six ans à Rotterdam ont été examinés, résultat : les enfants qui avaient le taux le plus élevé de cortisol dans leurs cheveux présentaient près de dix fois plus de risques de devenir obèses. Une autre étude menée sur plus de 280 personnes âgées a révélé que les personnes au taux le plus fort de cortisol avaient environ deux fois et demie plus de risques d'être atteintes de maladies cardiovasculaires. Ce groupe encourait des risques du même ordre que lorsqu'on fume : tension artérielle élevée et diabète. Peut-être qu'à l'avenir, quand on consultera un médecin généraliste, il fera un état des lieux non seulement des facteurs de risques classiques associés aux maladies cardiovasculaires, mais aussi du niveau de stress biologique.

L'étude ne s'arrête pas là, cependant. En effet, y a-t-il un lien de cause à effet ? Autrement dit : est-ce la présence de cortisol supplémentaire qui provoque l'obésité, ou bien l'obésité qui entraîne un surcroît de cortisol ? Dans le cas du syndrome de Cushing, il était déjà apparu qu'un excès de cortisol peut effectivement entraîner une prise de poids, mais des signes de plus en plus convaincants indiquent que l'obésité peut elle-même être à l'origine d'un taux élevé de cortisol. Les recherches dans cette voie sont encore en pleine effervescence.

Cortisol et prise de poids

Un des effets les plus frappants de la persistance d'un taux élevé de cortisol est que cette hormone redistribue notre graisse corporelle. Elle procède en se fixant sur le récepteur des corticostéroïdes dans les cellules graisseuses et provoque ainsi une diminution de la masse graisseuse (et de la masse musculaire) dans les bras et les jambes, tandis que la graisse dans la région abdominale augmente. Comme on le sait à présent, la graisse abdominale est le type de graisse le plus néfaste pour notre santé. Elle peut effectivement, en se dilatant, produire certaines hormones lipidiques et des substances inflammatoires pouvant contribuer au développement du diabète, de l'artériosclérose, d'un mauvais métabolisme et même provoquer des troubles de l'humeur.

Les chercheurs spécialistes de la graisse font un jeu de mots récurrent : *stressed spelled backwards is desserts* (quand on écrit à l'envers le mot anglais *stressed*, on obtient "desserts"). Peut-être un pur hasard, mais ces deux mots sont en effet étroitement liés : le stress crée un besoin de consommer une alimentation hypercalorique. Voilà un deuxième mécanisme qui fait qu'un taux de cortisol élevé peut engendrer un surpoids. Le cortisol émet des signaux au centre de régulation de l'appétit dans l'hypothalamus situé dans le cerveau, ce qui provoque une sensation de faim. Cela donne envie de produits riches en graisses et en sucres. Bref, on préfère la malbouffe aux aliments sains ! Peut-être est-ce pour cette raison qu'on a plutôt tendance, en période de stress, à se précipiter sur une tablette de chocolat plutôt que sur une salade. Et le pire : certaines recherches semblent indiquer qu'une alimentation riche en sucres par exemple favoriserait une augmentation du taux de cortisol. On est dès lors en présence d'un cercle vicieux !

Le cortisol contribue de différentes manières au développement d'une obésité. Une alimentation malsaine qui devient une habitude entraîne une prise de poids, le taux de cortisol augmente alors de diverses façons et la graisse abdominale qui s'est accumulée accentue encore les envies de grignoter. Or dans la société actuelle, on peut se procurer à tous les coins de rue ces aliments toxiques... Dans le monde occidental, nous sommes plus souvent confrontés à des aliments qui nuisent à notre santé qu'à ceux qui nous font du bien. Résultat ? Nous mangeons encore plus. Quel défi, dans ces circonstances, de vouloir perdre du poids !

Parfois, une personne subit un stress prolongé, par exemple à cause de problèmes financiers, d'un licenciement ou d'un divorce. Dans de tels cas, la sécrétion de cortisol est davantage stimulée par un stress psychologique ou émotionnel. Le taux élevé de cortisol qui en résulte risque de donner envie d'une alimentation hypercalorique favorisant une prise de poids, et, en même temps, un surplus de graisse abdominale, voire une nouvelle hausse du taux de cortisol. Là aussi, on peut tomber dans un cercle vicieux. Voilà pourquoi, la plupart du temps, il ne suffit pas de donner des conseils diététiques ("vous devriez manger un peu plus de carottes et bonne chance, surtout !"), il faut aussi remédier au stress sous-jacent. Cela exige une approche beaucoup plus axée sur le psychisme : le stress psychologique ou émotionnel, les cycles perturbés du sommeil, les douleurs chroniques et autres facteurs de stress, ainsi que le comportement (sur le plan de l'alimentation et de l'activité physique) et les habitudes.

Le cortisol peut aussi contribuer à la prise de poids d'une autre manière : par un impact négatif sur la graisse brune, la "bonne graisse" qui transforme les calories en chaleur. Plus la graisse brune est active, mieux cela vaut, du moins, quand on veut perdre du poids ou garder un poids sain. Il est ressorti d'études sur les animaux qu'un taux de cortisol élevé freinerait l'activité de la graisse brune. Chez les êtres humains, c'est peut-être aussi le cas, mais des études plus poussées sont nécessaires pour s'en assurer.

L'alcool peut aussi augmenter le taux de cortisol. Sous pression, on a tendance à multiplier les verres d'alcool. Pendant un moment de stress de courte durée, comme une prestation en public déterminante, un petit verre d'alcool ralentit effectivement la réponse à un stress aigu et l'intervenant se sent un peu plus détendu. Ce genre d'initiative est pourtant déconseillée ! Sans parler d'alcoolisme chronique, ce qui est d'ailleurs une tout autre histoire. L'abus d'alcool concerne toutes les couches de la population, il ne se limite pas au cliché d'hommes bedonnants regardant le foot sur leur canapé en buvant des bières ou de ménagères incapables de se passer de leur verre de porto. Quand on se réunit autour d'un apéritif le vendredi après le travail, dans les associations étudiantes ou les clubs de sport, on a généralement une bonne descente.

Une analyse de cheveux a révélé que les personnes qui ont une consommation d'alcool excessive chronique ont des taux de cortisol trois à quatre fois plus élevés que les personnes qui ne boivent pas d'alcool ou celles qui, à la suite de problèmes d'alcool antérieurs, ont arrêté de boire. La panse d'un gros buveur de bière est en partie le résultat d'une augmentation de son taux de cortisol. Dans le monde médical, on parle aussi, en cas d'abus d'alcool, de pseudo-Cushing. L'abus d'alcool non seulement favorise l'accumulation de graisse abdominale due à un taux de cortisol trop élevé, mais il peut être aussi en partie responsable d'une prise de poids provoquée par une légère baisse de la testostérone (chez les hommes), d'un ralentissement du processus de combustion des graisses, d'une difficulté à maîtriser ses impulsions, ce qui donne envie de grignoter, et contribue bien entendu à la prise calorique totale sans susciter une sensation de satiété. On peut considérer l'alcool comme une cause cachée de prise de poids. Et cela concerne beaucoup de personnes, car selon les derniers chiffres de l'institut Trimbos, environ 9 % de la population adulte aux Pays-Bas consomment trop d'alcool. Si vous venez de lire ce chapitre installé dans votre canapé un verre de vin à la main, ne vous inquiétez pas. Mais si ce verre est une habitude quotidienne et que vous aimeriez perdre quelques kilos, envisagez la prochaine fois de boire plutôt une tasse de thé ou de café en lisant. Dans le prochain chapitre, nous reviendrons sur les causes cachées de prise de poids, qui sont loin d'être aussi plaisantes qu'un petit verre de vin ou de bière.

9

LES CAUSES CACHÉES DU SURPOIDS

DES INFILTRATIONS AUX EFFETS INDÉSIRÉS : L'HISTOIRE DE JULIE

On l'a compris : le stress a un impact considérable sur notre organisme. Et parfois de manière inattendue. Comme pour Julie, sportive invétérée de vingt-quatre ans qui un jour est venue me consulter au Centrum Gezond Gewicht*, centre médical pour parvenir à un poids sain, spécialisé dans les cas d'obésité, à Rotterdam. Manifestement, elle ne se sentait pas bien dans sa peau. Lors de l'entretien, elle avait l'air timide et vulnérable, elle gardait le regard baissé. Elle a expliqué qu'elle avait toujours eu un poids normal. Elle avait toujours été en pleine forme et aurait adoré pouvoir courir ou faire du basket tous les jours. Six mois plus tôt, un changement brutal était survenu. Apparemment sans aucune raison, elle avait pris 14 kilos. Elle avait commencé à avoir du ventre, ses joues s'étaient arrondies et son teint était devenu rougeaud. Elle n'avait pas modifié son régime

* Liesbeth van Rossum est cofondatrice de ce centre de Rotterdam.

alimentaire, disait-elle, elle continuait comme d'habitude de manger beaucoup de légumes et de fruits frais. C'est à ce moment-là de son récit qu'elle a craqué. Elle a poursuivi en larmes : "Je ne comprends pas ce qui m'arrive. Je fais actuellement une formation pour devenir coach de vie et je suis en stage dans un cabinet qui accompagne les personnes en surpoids pour qu'elles adoptent un style de vie sain. J'ai le sentiment que plus personne ne me prend au sérieux, parce que je n'ai pas arrêté de prendre du poids en très peu de temps. J'ai l'impression que tout le monde me regarde avec un air de reproche, et surtout que les yeux fixent mon ventre qui devient de plus en plus gros. Je ne me sens pas du tout sûre de moi, j'ai vraiment un sentiment d'échec."

Nous avons pris le temps pour évoquer tous les facteurs qui auraient pu contribuer à sa prise de poids. Son régime alimentaire ne posait pas de problème, pas plus que son mode de vie sportif. En revanche, durant les mois qui avaient précédé sa prise de poids, elle avait eu mal aux genoux, sans doute parce qu'elle pratiquait la course à pied, et on lui avait fait un certain nombre d'infiltrations. À bien y réfléchir, effectivement, les difficultés étaient survenues juste après.

S'agissait-il d'infiltrations de corticoïdes ? avons-nous souhaité savoir au Centrum Gezond Gewicht. Ce genre de médicament est en quelque sorte "la petite sœur" de l'hormone du stress, le cortisol, et on l'utilise, entre autres, pour combattre les inflammations dans les articulations. Effectivement, cet "élixir de stress administré par infiltration" s'est avéré être à l'origine de la prise de poids de Julie. Les corticoïdes s'étaient répandus non seulement dans ses articulations douloureuses, mais aussi dans sa circulation sanguine où – tout comme le cortisol produit par le corps – ils avaient pu agir via le récepteur des corticostéroïdes. Avec pour conséquence une prise de poids, plus particulièrement dans la région abdominale. Cela recoupait l'histoire de Mischa, atteinte du syndrome de Cushing et confrontée à la production par son propre corps d'un excédent de cortisol.

Cette substance synthétique proche de l'hormone du stress a des conséquences bien plus importantes qu'on ne le pense généralement. Chez plus de la moitié des personnes à qui l'on injecte des corticostéroïdes pour soulager des inflammations dans les articulations, les glandes surrénales se mettent à fabriquer moins de cortisol et deviennent ensuite "paresseuses". Le médicament contenant des corticostéroïdes qui se retrouve dans la circulation sanguine influence donc les glandes surrénales par l'intermédiaire du cerveau.

Les corticostéroïdes entrent dans la composition de nombreux médicaments. Les plus connus sont les comprimés de prednisone et de dexaméthasone, mais beaucoup d'autres remèdes appliqués localement ou administrés par voie orale ou nasale dissimulent parmi leurs composants des corticostéroïdes, comme les produits d'inhalation contre l'asthme, les sprays nasaux, les gouttes oculaires, les gouttes auriculaires, les lavements intestinaux et les crèmes dermatologiques, contre l'eczéma par exemple. Heureusement, ces traitements locaux présentent nettement moins de risques de provoquer une paresse des glandes surrénales, mais en cas d'utilisation de plusieurs corticostéroïdes, ces risques sont bien réels. Et une combinaison d'asthme, d'eczéma et de rhume des foins n'est pas rare. Au contraire, ces affections du système immunitaire sont souvent associées.

On prescrit souvent des corticostéroïdes aux Pays-Bas. Ce sont des traitements extrêmement efficaces contre toutes sortes d'affections et ils sont parfois indispensables. Un million de Néerlandais par an utilisent pour soulager leurs poumons des solutions à inhaler qui comportent des corticostéroïdes, et environ deux millions de Néerlandais, dont beaucoup d'enfants, s'appliquent des crèmes contenant des corticostéroïdes. Par ailleurs, plus de cinq cent mille Néerlandais ont recours à des sprays nasaux ou à des infiltrations aux corticostéroïdes. Si l'on prend une fraction représentative de la population, il s'avère que plus de 10 % des personnes utilisent un ou plusieurs traitements contenant des corticostéroïdes. Dans votre armoire à pharmacie, vous avez peut-être vous aussi des crèmes, des aérosols ou des comprimés où ils sont incorporés.

Les substances chimiques qui stressent notre organisme

Il est de notoriété publique que des comprimés contenant des corticostéroïdes, comme la prednisone et la dexaméthasone, provoquent une prise de poids, en particulier dans la région abdominale. Ces traitements suscitent aussi un grand appétit. Bien que ce type de médicaments soit très efficace pour toutes sortes d'affections, leurs effets secondaires expliquent en partie pourquoi tout le monde n'est pas enchanté à l'idée d'en prendre. En revanche, beaucoup ignorent que l'administration locale de corticostéroïdes peut entraîner une prise de poids – comme le montre le cas extrême de Julie. Chez beaucoup de personnes, les effets secondaires d'une administration locale sont négligeables. Pourtant ces substances ne sont pas totalement inoffensives. Bon nombre des personnes obèses venues consulter au Centrum Gezond Gewicht se sont avérées avoir eu recours à des corticostéroïdes. Quand on utilise pendant quelques semaines une pommade pour soigner une plaque d'eczéma, on ne prend pas forcément du poids, mais quand on utilise pendant longtemps, quotidiennement et en grande quantité ce genre de remèdes, on peut se mettre à grossir très nettement. Cette constatation nécessitait des recherches plus poussées.

Une première évaluation se penchant sur ce lien a montré que le pourcentage d'utilisateurs de corticostéroïdes était, chez les personnes atteintes d'obésité, deux à trois fois supérieur à celui des personnes d'un poids "normal". Et dans le cadre d'une étude de plus grande envergure réalisée sur plus de cent quarante mille adultes néerlandais, nous avons découvert que les utilisateurs de corticostéroïdes (que ce soient de l'artillerie lourde comme la prednisone ou des traitements "inoffensifs" administrés localement) avaient un IMC plus élevé, mais surtout : un plus grand tour de taille ! Précisément le tour de taille que l'on peut attendre de cette "petite sœur" de l'hormone du stress, comme l'ont montré les histoires de Julie et de Mischa.

En somme, les recherches semblaient indiquer que les corticostéroïdes administrés localement contribuaient à la prise de poids. On retrouvait ce lien chez les personnes utilisant des inhalateurs et des sprays nasaux. Les premiers sont surtout utilisés par des personnes souffrant d'un asthme allergique. Cependant, beaucoup de personnes présentant une obésité grave et atteintes de problèmes pulmonaires sans doute liés à leur obésité sont diagnostiquées à tort comme atteintes d'un "asthme allergique". Des études ont révélé que c'est effectivement le cas de près de la moitié des personnes diagnostiquées à la fois obèses et asthmatiques. En cas de surpoids sévère, on constate entre autres que le volume des poumons rétrécit et que la résistance dans les voies respiratoires s'accentue, ce qui génère des symptômes évoquant un asthme allergique, dont il n'est pourtant absolument pas question. Les corticostéroïdes inhalés ont donc peu d'effets sur ces personnes ! En revanche, chez les personnes obèses effectivement asthmatiques, les hormones de la graisse, sécrétées par le tissu adipeux malade et enflammé, sont peut-être aussi à l'origine de leur essoufflement. Des études récentes montrent que la perte de poids à la suite d'interventions intensives sur le mode de vie ou d'opérations de l'estomac a de nombreux effets favorables sur l'asthme des adultes atteints d'obésité et que ces méthodes devraient donc faire partie du traitement contre l'asthme.

En plus des corticostéroïdes, d'innombrables autres médicaments provoquent une prise de poids (voir encadré 10). Certains antidépresseurs et traitements de l'épilepsie par exemple. On sait aussi que des médicaments pour combattre une psychose (antipsychotiques), tels que le lithium, l'halopéridol, la clozapine, l'olanzapine et la rispéridone, font grossir. Dans bien des cas, les antipsychotiques influent sur les niveaux de leptine et de ghréline, stimulant une sensation de faim qui donne envie de manger davantage et fait grossir. La sensibilisation croissante aux conséquences de l'obésité incite à prendre en compte plus sérieusement la prise de poids chez les personnes atteintes de troubles psychiatriques.

ENCADRÉ 10.
MÉDICAMENTS POUVANT AVOIR POUR EFFET SECONDAIRE UNE PRISE DE POIDS

- Corticostéroïdes (application locale, comprimés ou infiltrations)
- Médicaments contre l'hypertension (bêtabloquants, alphabloquants)
- Antidépresseurs (mirtazapine, citalopram, paroxétine)
- Antipsychotiques (lithium, olanzapine, rispéridone)
- Antiépileptiques (carbamazépine, acide valproïque, gabapentine)
- Antidouleur (neuropathique) (prégabaline, amitriptyline)
- Antidiabétiques (insuline, glimépiride)

Et pouvant avoir un lien avec une prise de poids :

- Inhibiteurs de l'acide gastrique (inhibiteurs de la pompe à protons)
- Traitements antiallergiques (antihistaminiques)

Il est déjà assez terrible d'être atteint d'un trouble psychiatrique, mais encore pire de courir le risque, à cause de son traitement, de devenir obèse et de développer les affections correspondantes, comme un diabète et des maladies cardiovasculaires. Sans compter que l'espérance de vie des personnes qui consomment ces médicaments est inférieure. Heureusement, on dispose de plusieurs moyens pour limiter la prise de poids quand des personnes sont sous antipsychotiques.

Tout d'abord, il est utile de les prévenir, avant ce genre de traitement, qu'elles courent le risque de prendre du poids, pour qu'elles s'y préparent – un régime alimentaire sain, une plus grande activité physique et une thérapie comportementale cognitive peuvent, entre autres, les aider. Une patiente, par exemple, se procure des fruits et des crudités avant de commencer un traitement, pour se préparer aux fringales nocturnes. Depuis qu'elle adopte cette approche, elle prend moins de poids que lors de ses précédentes périodes sous antipsychotiques, au cours desquelles elle se précipitait sur tout et n'importe quoi en plein milieu de la nuit. Aux Pays-Bas, plus de trois cent mille personnes utilisent des antipsychotiques*. Aussi recherche-t-on activement des médicaments qui sont susceptibles d'empêcher la prise de poids et peuvent se prendre en combinaison avec des antipsychotiques. L'un des plus efficaces dans ce domaine est la metformine, un antidiabétique qui a par ailleurs une influence favorable sur le poids et peut réduire l'appétit. Si les personnes prennent beaucoup de poids en dépit d'un mode de vie adapté, on envisage de remplacer l'antipsychotique par des médicaments limitant la prise de poids, mais c'est souvent difficile. D'ailleurs, la tendance à prendre du poids en cas d'utilisation d'un antipsychotique est en partie définie dans les gènes.

Beaucoup de gens ignorent qu'on risque aussi de grossir en prenant des médicaments pour le traitement d'affections

---

* Ce qui correspond à 1,75 % de la population néerlandaise. En France, une étude datant de 2000 chiffre à 2,7 % de la population les consommateurs d'antipsychotiques. Cf. J. Lecadet, P. Vidal, B. Baris, N. Vallier *et al.*, "Médicaments psychotropes : consommation et pratiques de prescription de France métropolitaine. I. Données nationales", *Revue médicale de l'Assurance maladie*, 2000.

liées à l'obésité, ce qui est tout de même choquant ! C'est le cas par exemple de certains bêtabloquants, souvent prescrits en cas d'hypertension, ou de l'insuline, utilisée pour le diabète. Ces médicaments empêchent les personnes obèses, qui adoptent un mode de vie sain, de perdre du poids ! Il est vraiment attristant de voir se débattre ces gens-là. En dépit de tous les bons conseils, ils ne perdent pas un gramme. C'est comme si on essayait de conduire une voiture avec le frein à main enclenché car – comme nous l'avons vu précédemment – de fortes doses d'insuline favorisent le stockage des graisses et les bêtabloquants ralentissent le métabolisme au repos. Ce dernier phénomène est dû en partie au ralentissement de l'activité de la graisse brune et du rythme cardiaque, et entraîne une certaine fatigue, ce qui dissuade les personnes concernées de se mobiliser et de bouger. Heureusement, un médecin (n'allez surtout pas vous mettre à bricoler vous-même !) peut aider à diminuer le dosage d'un médicament, si nécessaire, ou proposer d'en interrompre purement et simplement la prise. Ainsi, un mode de vie sain a bien plus de chances d'être efficace. Quand une personne réussit à perdre du poids, il est bien plus probable qu'elle n'ait plus à prendre de médicaments contre l'hypertension, un diabète ou une dépression, ou qu'elle doive en prendre moins. Nous ne voulons pas dire pour autant que ces médicaments sont inutiles ou inefficaces. Mais il faut garder à l'esprit qu'ils empêchent parfois la perte de poids.

Et les perturbateurs endocriniens dans tout ça ?

Chacun sait qu'en prenant des médicaments, on fait entrer des substances chimiques qui déclenchent *quelque chose* dans le corps. Il est aussi généralement connu que certaines de ces substances font grossir, mais saviez-vous que dans une petite bouteille d'eau se cachent aussi des facteurs de prise de poids ? Tout comme dans les jouets de vos enfants ? Notre corps est exposé quotidiennement, à notre insu, à des "perturbateurs endocriniens", autrement dit des substances qui perturbent notre système hormonal et sont associées à des effets négatifs pour la santé, comme une diminution de la fertilité, le cancer du sein et l'obésité*.

Il faut se représenter un perturbateur endocrinien comme une substance chimique qui avance masquée. Inodore, invisible, elle est capable d'imiter mais aussi de bloquer le fonctionnement de nos hormones naturelles. Le bisphénol A (BPA) et les phtalates (des plastifiants qui assouplissent les objets en matière synthétique) sont des perturbateurs endocriniens que l'on rencontre fréquemment. On sait de ces substances qu'elles dérèglent, même à de très faibles concentrations, notre métabolisme hormonal, bien qu'on en ignore l'impact réel. Les chercheurs et les instances publiques réalisent par conséquent à l'heure actuelle de nombreuses études sur les effets des perturbateurs endocriniens.

---

* Pour aller plus loin : en France, l'Anses (Agence nationale de sécurité sanitaire de l'alimentation, de l'environnement et du travail) a publié en septembre 2019 un article exhaustif sur le sujet : www.anses.fr/fr/content/les-perturbateurs-endocriniens.

Les perturbateurs endocriniens pénètrent à notre insu dans notre corps par exemple en s'échappant des films alimentaires dans lesquels notre nourriture est emballée. Ou du revêtement à l'intérieur des boîtes de conserve, des assiettes et des gobelets en plastique que l'on réchauffe au micro-ondes… Pour protéger les bébés, les biberons contenant du BPA sont désormais interdits sur le marché européen.

Les jouets en plastique, en particulier les poupées et tous les jouets souples, que certains enfants en bas âge aiment mettre dans la bouche, peuvent contenir des phtalates qui sont un autre genre de perturbateurs endocriniens. Quant aux peluches, elles peuvent contenir des retardateurs de flammes, qui en renferment aussi. Mais ce n'est pas tout, l'eau et l'alimentation sont des sources importantes d'exposition aux perturbateurs endocriniens. On les trouve aussi dans d'innombrables biens de consommation comme les appareils électroniques, les équipements médicaux, les pesticides et autres produits phytosanitaires. Et même dans les produits qu'on utilise tous les jours : les tickets de caisse, les crèmes, le shampooing, les gels douche – toutes sortes de cosmétiques comme le maquillage, le vernis à ongles, le dentifrice et les lotions*… Les perturbateurs endocriniens pénètrent dans l'organisme par la peau, la bouche ou la respiration. L'accumulation des expositions (dont chacune semble négligeable) risque ainsi de favoriser la prise de poids.

---

* Pour aller plus loin et prévenir les risques des perturbateurs endocriniens présents dans les cosmétiques : lire les tests très utiles de *Que choisir* : www.quechoisir.org/application-mobile-quelcosmetic-n52804/?gclid=EAIaIQobChMIlYzUsK3u5QIVk0DTCh2SJQjjEAAYAyAAEgKPg_D_BwE.

Des études scientifiques montrent de plus en plus clairement que les perturbateurs endocriniens peuvent dérégler notre métabolisme énergétique et lipidique. Pas de panique, vous n'avez pas besoin de porter une tenue et un masque de protection, car la plupart des données disponibles proviennent d'études sur les animaux : les conséquences pour l'être humain sont encore loin d'être évidentes.

En revanche, les recherches sur les animaux et sur les êtres humains ont déjà permis d'établir un lien entre le BPA et l'hormone qui coupe l'appétit, la leptine, ainsi que l'hormone qui stimule l'appétit, la ghréline. Il semble aussi que les perturbateurs endocriniens influencent la sensibilité au sucre et le métabolisme des graisses, et par conséquent sont à l'origine d'une prise de poids. Certaines de ces substances pénètrent dans notre corps d'une manière aussi inattendue qu'insidieuse. On dirait un mauvais roman policier. En l'occurrence, ce n'est ni le majordome ni la belle-mère qui essaie d'empoisonner le maître de maison en mélangeant des produits chimiques à sa nourriture. L'emballage des aliments a été désigné coupable car, comme on l'a vu, il contient certains perturbateurs endocriniens qui se déposent sur ce qu'on va consommer. Vous commencez à devenir un peu paranoïaque ? Et encore, ce n'est pas tout. Il y a de quoi se poser des questions. La période au cours de laquelle les êtres humains sont les plus vulnérables à ces substances est juste avant ou juste après la naissance. Des études sur les animaux ont révélé que des souris gravides qui étaient exposées à certains perturbateurs endocriniens ont eu des petits bien plus lourds que celles qui ne l'étaient pas. Les souriceaux à qui on avait administré à la naissance du diéthylstilbestrol (DES), un œstrogène de synthèse, ou du BPA prenaient aussi du poids bien plus vite que ceux qui n'en recevaient pas.

On ignore encore si les effets sont aussi marqués pour les êtres humains, mais il est pour le moins frappant que, de nos jours, un nombre croissant d'enfants deviennent déjà obèses à moins de deux ans. Cela semble indiquer que, très tôt lors de leur développement, des transformations se sont produites dans leur corps. Certaines théories, qui s'appuient en particulier sur des preuves épidémiologiques, supposent qu'un changement d'environnement dans l'utérus ou juste avant la naissance déterminerait en grande partie la quantité de cellules graisseuses que nous produisons. Or, comme nous l'avons vu précédemment, ce facteur influe sur notre poids plus tard dans la vie. On sait aussi que les bébés de mères qui ont fumé pendant leur grossesse ont un poids inférieur à la naissance, mais courent par contre un plus grand risque de devenir obèse ultérieurement.

Il est de toute façon peu probable que l'on puisse imputer l'augmentation des cas d'obésité à ce très jeune âge uniquement à une mauvaise alimentation et à un manque d'activité physique. Chez certaines personnes, une anomalie génétique joue certes un rôle, comme chez Karin et chez Joost, mais de telles anomalies sont extrêmement rares. En outre, les gènes d'une population entière ne se modifient pas si vite. Des études montrent cependant que les effets des perturbateurs endocriniens peuvent se transmettre d'une génération à l'autre, sans nouvelle exposition à ces substances ! Par exemple, des souris gravides exposées à certains perturbateurs endocriniens ont eu une descendance dotée d'un plus grand nombre de cellules graisseuses, et ces cellules supplémentaires sont réapparues à la génération suivante. Sans exposition aux perturbateurs endocriniens !

Les perturbateurs endocriniens aiment beaucoup la graisse. Ils sont "lipophiles" et se logent volontiers dans les cellules graisseuses. Selon certains scientifiques, les personnes en surpoids seraient donc particulièrement sensibles aux perturbateurs endocriniens. Si des personnes ont un plus grand nombre de cellules graisseuses, les perturbateurs endocriniens ont d'autant plus de cellules graisseuses où se loger, contribuant ainsi davantage à l'accumulation de graisse. Cela entraîne un cercle vicieux, l'excédent de graisse de même que l'excédent de perturbateurs endocriniens pouvant provoquer toutes sortes de maladies.

Si vous restez maintenant cloués chez vous avec un masque à oxygène sur le visage ou en pleine hyperventilation, sans oser toucher le moindre meuble ou objet en plastique, sans parler de manger un aliment sorti d'un emballage en plastique, nous avons manqué notre objectif. Nous tenons avant tout à montrer que l'apparition d'une épidémie d'obésité ces dernières décennies est un phénomène bien plus complexe qu'une simple relation de cause à effet, avec à l'origine l'augmentation du nombre de chaînes de restauration rapide et le nombre d'écrans devant lesquels nous restons plantés à longueur de journée. Une fois encore, nous ne pouvons affirmer avec certitude que les perturbateurs endocriniens ont vraiment une influence sur l'épidémie d'obésité, ni savoir dans quelle mesure. Mais il est important que sur le plan social, politique et scientifique, une attention soit accordée dans le monde entier à l'influence des perturbateurs endocriniens sur les êtres humains. Peut-être à l'issue de recherches plus poussées, des lois et réglementations plus rigoureuses s'avéreront nécessaires pour nous protéger nous-mêmes et pour protéger aussi les générations futures.

En attendant, il est possible bien entendu de limiter sa propre exposition aux perturbateurs endocriniens en utilisant des tasses en porcelaine ou des verres, et en évitant de manger ou de boire des aliments réchauffés dans des récipients en plastique. On peut aussi laisser dans les rayons les boîtes de conserve (on a vu que les perturbateurs endocriniens se cachent dans le revêtement de la paroi intérieure et "contaminent" ainsi les aliments) et choisir d'acheter des produits frais. Et surtout : lire les étiquettes. Certains fabricants (de produits alimentaires) indiquent sur leurs articles qu'ils ne contiennent pas de bisphénol A. "Sans BPA" y est-il écrit, ou encore en anglais : *BPA free*.

Le microbiote de notre intestin s'en mêle aussi

Nous portons en nous un autre facteur caché à l'origine d'une prise de poids. Ce sont nos bactéries intestinales, qui exercent une influence sur la manière dont notre corps s'accommode de ce que nous mettons dans notre bouche. Ces bactéries intestinales jouent également un rôle majeur pour notre système immunitaire. Les intestins sont remplis de ces petites bêtes. Nous avons même, selon certaines estimations, dix fois plus de bactéries intestinales que notre nombre total de cellules corporelles. Les bactéries intestinales aussi contiennent de l'ADN et on appelle microbiote l'ensemble de ces bactéries et des gènes contenus dans leur ADN. Les bactéries intestinales sont importantes pour le bon déroulement des divers processus biologiques dans notre corps, comme notre digestion et notre métabolisme, et par là même pour maintenir notre poids au bon niveau.

Il existe beaucoup d'espèces de bactéries intestinales, qui ont toutes des particularités différentes en termes de taille, par exemple, ou de quantité de substances alimentaires dont elles se chargent dans l'intestin et du traitement qu'elles leur réservent. Mais pour simplifier, plus de 90 % des bactéries intestinales appartiennent à deux souches seulement : les bactéroïdètes et les firmicutes. Le poids qu'il est possible de perdre est sans doute lié à l'équilibre entre ces espèces de bactéries. Les personnes obèses ont dans leur organisme moins de bactéries de la première souche, la deuxième souche étant au contraire présente en abondance, comme l'ont révélé des recherches scientifiques. Il s'est aussi avéré que le microbiote de personnes obèses est réglé de manière à puiser plus d'énergie dans les aliments qui passent dans les intestins. Voilà qui est pratique en des temps (lointains) de disette, mais nettement moins utile en des périodes d'abondance quand on veut perdre du poids. Dans ce cas, même si on mange moins, on a tendance à grossir.

Ces bactéries intestinales nuisibles ont plus d'un tour dans leur sac. Par exemple, certaines d'entre elles produisent des substances provoquant une légère inflammation, qui elle-même peut entraîner une prise de poids. Notre microbiote, que nous recevons à la naissance, contribue par conséquent à déterminer la manière dont notre corps s'accommode des substances alimentaires que nous absorbons. Cela explique aussi pourquoi certaines personnes ont tendance déjà "par nature" à grossir et d'autres pas. Quand on a reçu à la naissance une grande diversité de bactéries intestinales, on a nettement moins de risques de devenir obèse plus tard, comme l'ont montré des chercheurs d'Amsterdam spécialistes du microbiote. Cela paraît absurde, mais pourtant c'est le cas : plus les espèces bactériennes dans les intestins sont variées, plus on a de chance d'être en bonne santé.

Heureusement, on peut influencer soi-même en partie l'habitat de ces petits occupants des intestins. Par exemple, quand on mange beaucoup de produits riches en fibres (comme le pain complet ou les pâtes complètes, les fruits, le riz non décortiqué ou les flocons d'avoine), on active ses bactéries intestinales bénéfiques. Parfois, on appelle aussi ces produits alimentaires "prébiotiques". Les bactéries intestinales assurent un passage plus rapide de nos aliments dans le tube digestif. Notre corps de ce fait n'assimile pas tous les nutriments, ce qui en définitive présente un avantage pour notre masse graisseuse. On notera que ces bactéries bénéfiques fabriquent ce qu'on appelle les acides gras à chaîne courte (AGCC), dont fait partie le butyrate. Des chercheurs de Leyde ont récemment découvert que le butyrate peut être considéré comme une substance qui protège contre un excédent de masse graisseuse. Il a tendance à couper l'appétit en émettant dans l'intestin un signal inhibiteur qui se transmet par les nerfs à l'hypothalamus, où est régulée la sensation de faim, comme l'ont révélé des études sur les souris. Il s'avère aussi que le butyrate stimule – certes modestement – la combustion des graisses par l'intermédiaire de la graisse brune, notre brûleur interne des graisses. Des chercheurs d'Amsterdam ont récemment découvert les premières indications d'un effet favorable du butyrate sur le métabolisme du glucose de personnes minces. Mais cet effet favorable n'a pas encore été constaté chez des personnes dont le métabolisme du glucose est déjà perturbé, comme en cas de (stade préliminaire d'un) diabète.

Par contre, de "mauvais" produits alimentaires ou antibiotiques semblent exercer une influence négative sur nos bactéries intestinales, entraînant une prise de poids. Ce phénomène est très présent dans la société contemporaine. Notre alimentation étant extrêmement riche en sucres et en graisses, nos bactéries intestinales forment une configuration défavorable, caractérisée par une diminution du nombre de "bonnes" espèces de bactéries (les gloutonnes) et au contraire une augmentation des "mauvaises" espèces de bactéries, ce qui contribue peut-être à la tendance à une hausse du poids observée à l'échelle mondiale. La situation est comparable pour les antibiotiques. Cela fait des années qu'on ajoute des antibiotiques en petites quantités à l'alimentation du bétail, d'abord pour le protéger des maladies infectieuses, mais aussi pour un effet secondaire avantageux pour l'éleveur : les animaux grossissent plus vite. Côté humain – les scientifiques n'ont pas manqué de le souligner –, les enfants suivent des cures d'antibiotiques* et grossissent de plus en plus tôt. Une vaste étude finlandaise a montré que les cures d'antibiotiques chez les enfants diminuent la diversité de leur microbiote, qui se met à ressembler à celui de personnes obèses. Les chercheurs ont aussi constaté que plus un enfant avait suivi de cures d'antibiotiques, plus son IMC était élevé. Comme le surpoids chez les jeunes enfants entraîne une augmentation

* L'Assurance maladie française a tiré la sonnette d'alarme car on prescrit toujours trop d'antibiotiques en France. Cf. www.ameli.fr/medecin/actualites/consommation-dantibiotiques-et-antibioresistance-en-France-en-2017.

du nombre de cellules graisseuses pour le restant de leur vie, la boucle est bouclée… Des études plus approfondies doivent être effectuées pour déterminer si l'on peut vraiment attribuer aux antibiotiques l'épidémie actuelle d'obésité. En attendant, comme dans le cas de nombreux traitements médicamenteux, on ne doit bien entendu prescrire des antibiotiques que lorsqu'ils sont vraiment nécessaires, notamment en ce qui concerne les enfants.

Un phénomène singulier a été constaté : les bactéries à l'origine d'une prise de poids sont aussi transmissibles. Des chercheurs de Washington ont montré que des souris que l'on rend d'abord exemptes de toute bactérie intestinale ("axéniques") et qui reçoivent ensuite les bactéries intestinales de grosses souris deviennent nettement plus grosses que lorsqu'elles reçoivent des bactéries intestinales de souris minces. Il semble donc que la tendance à devenir obèse soit transmissible par les bactéries intestinales. Des expériences de transplantations fécales (mais oui, vous avez bien lu !) de souris minces vers des souris grosses sont actuellement réalisées pour leur administrer des bactéries intestinales bénéfiques afin d'améliorer leur métabolisme et leur faire perdre du poids. Voici comment fonctionnent les transplantations fécales : on recueille une petite quantité de matières fécales d'un donneur sain que l'on mélange entre autres à de l'eau. Ce mélange est ensuite introduit, par exemple à l'aide d'un petit tuyau, dans les intestins par voie haute ou par voie basse. Depuis un certain nombre d'années, on traite avec succès les personnes dont l'intestin est colonisé par la très dangereuse bactérie *Clostridium difficile* grâce à des transplantations fécales. On a de plus en plus recours à la transplantation fécale. Une étude récente de chercheurs d'Amsterdam a montré que la transplantation de matières fécales de personnes saines peut même améliorer, certes modestement, la sensibilité à l'insuline de personnes qui ont un mauvais métabolisme des sucres. Nous entendrons de plus en plus souvent parler à l'avenir des possibilités thérapeutiques de nos intestins. Ce n'est peut-être pas très appétissant, mais c'est une très bonne nouvelle.

Et si un virus causait l'obésité ?

Le médecin américain Richard Atkinson, ancien président de l'American Obesity Association et de la North American Association for the Study of Obesity, défend une thèse fascinante : l'épidémie d'obésité actuelle pourrait être en partie due à un virus. Parallèlement à l'augmentation phénoménale de l'obésité durant les années 1980 dans les pays riches, on a aussi assisté à une très forte progression de l'obésité dans les pays pauvres. Dans ces derniers, cette progression ne peut être attribuée uniquement à des produits de luxe comme les téléviseurs, les ordinateurs ou encore les micro-ondes, ou aux chaînes de restauration rapide, aux sodas et aux jus de fruits, à une alimentation malsaine ou au manque d'activité physique. Mais de là à l'attribuer à un virus… ?

Il existe effectivement un virus provoquant des infections respiratoires qui pourrait être à l'origine de l'obésité : l'adénovirus-36. Au moins un tiers des personnes atteintes d'obésité ont ce virus, contre seulement 10 % des personnes minces. Des chercheurs américains ont découvert dans les années 1990 que, lorsqu'ils inoculaient ce virus à des poulets et à des souris, ces animaux prenaient beaucoup de poids.

Chez les singes aussi, qui ressemblent un peu plus aux êtres humains, le virus a été inoculé, et tous les singes ont pris du poids. Curieusement, alors que les animaux n'avaient ni augmenté leur consommation alimentaire ni diminué leur activité physique, ils grossissaient du fait de modifications de leur métabolisme et de la réaction de leur corps aux aliments. Des chercheurs ont découvert que l'ADN du virus pénètre dans les cellules graisseuses où il incite les lipides et les glucides circulant dans le sang à se stocker en plus grandes quantités dans ces cellules graisseuses. En plus, l'ADN du virus favorise l'augmentation du nombre de cellules graisseuses. Malheureusement, il n'existe pas encore de médicament pour lutter contre ce virus quand on est déjà infecté, mais des scientifiques le recherchent activement. La bonne nouvelle, c'est que les personnes qui sont à la fois obèses et infectées par ce virus parviennent tout de même, en menant un style de vie sain, éventuellement associé aux traitements médicamenteux habituels contre l'obésité, à perdre efficacement du poids. Ces personnes restent cependant plus susceptibles de reprendre du poids si elles n'arrivent pas à maintenir un mode de vie sain. Un vaccin est actuellement mis au point contre l'adénovirus-36 – il pourrait être utile pour la prévention de l'obésité. Qui sait ? Peut-être sera-t-il possible à l'avenir, par cette voie innovante, d'enrayer peu à peu l'épidémie d'obésité ?

L'effet cocktail de toutes les causes cachées du surpoids

Si l'on prend tous ces éléments en compte, une chose semble évidente : nous sommes confrontés à une épidémie d'obésité mondiale aux causes multiples qui est difficile à endiguer. On a longtemps pensé que des caractéristiques propres au mode de vie, telles qu'une trop mauvaise alimentation et un manque d'activité physique, étaient presque exclusivement responsables de cette épidémie. La politique adoptée pour lutter contre l'obésité se concentre toujours essentiellement sur ces facteurs. Jusqu'à présent sans succès, malheureusement, car l'épidémie s'intensifie. Rien de plus logique, car nous continuons de manger mal, de trop peu bouger et nous sommes entourés de supermarchés remplis de produits alimentaires mauvais pour la santé, ce qui ne nous aide pas vraiment. Mais à présent, nous savons que d'innombrables autres facteurs interviennent dans la prise de poids (les hormones, les gènes, le stress, le mental, le manque de sommeil, l'horloge biologique, le manque de graisse brune, etc.). L'évolution de nos sociétés favorise fortement ces facteurs de risque – les kilos et la graisse en trop par rapport au passé n'ont en fait rien d'étonnant ! Chez un individu en surpoids, on observe fréquemment la présence de plusieurs facteurs à la fois. Et nous avons montré qu'il existe tout un tas de causes cachées, dont on ne tient pas encore suffisamment compte. L'effet cocktail de toutes ces substances qui avancent masquées, s'insinuent dans le corps, perturbent le système hormonal et font grossir, mérite d'être analysé davantage.

À présent vous disposez d'un aperçu théorique ; vous savez tout ce qui peut mal se passer dans le corps. Mais il y a aussi de bonnes nouvelles, car des solutions existent pour lutter contre une grande partie de ces facteurs. Dans le chapitre suivant, vous trouverez des informations complémentaires sur ce que vous pouvez faire concrètement pour parvenir et/ou vous maintenir à un poids (plus) sain !

10

QU'EST-CE QUI MARCHE CONTRE LE SURPOIDS ET L'OBÉSITÉ ?

L'OPÉRATION GASTRIQUE : L'HISTOIRE DE PATTY BRARD

Patty a grandi en Nouvelle-Guinée. Enfant, elle était maigre. Elle mangeait peu. Si peu même qu'à l'école primaire on l'envoya se faire examiner par le médecin scolaire pour qu'il détermine si elle n'avait pas une quelconque maladie tropicale. Ce n'était pas le cas. Sa mère, au désespoir, l'envoya chez une amie qui savait cuisiner de délicieux plats indonésiens. En vain. Patty refusait de manger même ces plats. À onze ans, Patty déménagea avec sa famille aux Pays-Bas. Adolescente, elle atteignit un poids normal. À vingt ans, elle débuta sa carrière dans le monde du spectacle : son apparence physique, de même que son poids, devenait importante dans sa vie. Elle avait un succès fou en tant que chanteuse et faisait de longues journées.

Elle se souvient encore très bien de cette époque : "Pendant la journée, je ne mangeais presque rien et je travaillais dur. Mais le soir, je me « récompensais ». Je sortais dîner, je passais de bonnes soirées, je circulais en limousine et consommais à volonté des boissons alcoolisées. Mais j'étais stressée aussi. Je devais toujours me montrer agréable et divertir les autres. Et je dormais peu."

À quarante ans, elle s'aperçut peu à peu qu'elle prenait du poids. Insidieusement, 500 grammes par-ci, 500 grammes par-là, sans que cela saute aux yeux. Elle préférait se mettre des œillères. Il était impossible que la maigrichonne d'autrefois devienne grosse ! Elle continuait de faire de son mieux pour ne pas prendre trop de poids. En mangeant peu durant la journée. Mais peut-être était-ce une illusion ? "Mon poids a fini par devenir une obsession. Je ne pensais qu'à manger. Dès le matin, je n'avais que ça en tête : je pensais au saut que je ferais plus tard chez le boucher pour y acheter un délicieux morceau de viande, puis au petit tour au marché pour prendre des noix et du fromage... Je ne lisais pratiquement que des livres de cuisine. Je connais les livres de Jamie Oliver par cœur ! Jusqu'à ce qu'un producteur télé me dise : « Ce pantalon rose Dolce & Gabbana, il ne te va vraiment pas, Patty. » Là, j'ai pris conscience qu'il parlait de mon poids !"

À partir de ce moment-là, chaque remarque sur son poids lui fit l'effet d'une bombe. La bombe n'éclata que des années plus tard. Elle avait maintenant soixante-trois ans. L'employeur de Patty lui fit clairement comprendre à l'époque qu'elle cherchait, pour la présentation d'une émission populaire, une personne un peu plus "fraîche et pimpante" qu'elle. "J'étais à la fois furieuse et profondément vexée. Comment une femme osait-elle dire une chose pareille à une autre femme ?

Mais rétrospectivement, je lui ai été finalement reconnaissante de me confronter à la dure réalité. Il fallait que je change complètement de cap. Et je savais que je ne pouvais pas continuer de mener une vie où j'essayais à longueur de journée de faire un régime, mais finissais toujours par m'accorder le soir un « repas gratifiant ». J'avais besoin d'aide. Et vite."

Patty trouvait qu'elle n'avait pas même le temps de participer à de longues séances d'adaptation de son mode de vie. Elle se précipita en Belgique pour y subir une opération de l'estomac, une "dérivation gastrique", à la suite de laquelle elle perdit énormément de poids. Pas moins de 30 kilos au total en quelques mois. Elle vit son corps changer et s'en réjouit. Sa sensation de faim avait totalement disparu. Parfois, elle oubliait même de manger. Elle se rappelait avec étonnement l'époque où elle était encore "grosse" et se demandait comment elle avait pu s'afficher si longtemps avec le physique qu'elle avait avant. Elle sentait l'énergie affluer dans son corps et montait de nouveau un escalier sans s'essouffler et s'appuyer à la rampe. Elle pouvait de nouveau enfiler ses belles robes. Et mettre des talons ! Elle avait retrouvé sa vie.

Elle n'avait pourtant pas que des raisons de se réjouir. Une opération gastrique n'est pas une solution miracle. Pour conserver le même poids, Patty devait à présent se donner tout autant de mal qu'avant son opération. Elle prit conscience que le mal qu'elle se donnait à l'époque – en sautant les repas dans la journée et en mangeant au contraire le soir, en continuant de boire de bons petits vins par habitude – avait produit l'effet inverse, tout en la maintenant dans un état de stress et en la privant de sommeil. Si seulement elle l'avait su plus tôt…

"Maintenant, le problème, c'est que je ne peux pas faire un repas complet. C'est comme si j'avais en moi une sorte de réveil qui se déclenche à un moment inattendu quand je mange trop. Par exemple, un soir dans un restaurant j'ai commandé des sushis. La quantité à laquelle j'étais habituée autrefois. Délicieux ! Jusqu'à ce que je me mette tout d'un coup à transpirer à grosses gouttes et à me sentir mal. J'ai eu l'impression de me vider de toute mon énergie et j'ai dû rester tranquillement assise sur ma chaise en attendant que ça passe. J'ai eu peur. Plus tard, j'ai compris que j'avais subi un phénomène de *dumping*. En fait, après une opération de l'estomac, on peut avoir toutes sortes de troubles parce qu'on mange trop vite trop de nourriture. Les médecins que j'avais vus à l'étranger ne m'en avaient jamais parlé. Cela s'est reproduit une autre fois. J'étais installée à une terrasse à Ibiza en compagnie de plusieurs personnes. Je buvais un shake aux légumes qui était tellement délicieux que je l'ai englouti à toute allure. Un peu plus tard, je me suis sentie mal, j'avais la sensation d'être en hypoglycémie et je me suis dirigée, gênée, en direction des toilettes. À mon retour, les personnes du groupe m'ont regardée d'un drôle d'air. Je me suis demandé ce qu'elles avaient bien pu penser… Maintenant, j'arrive beaucoup mieux à gérer ces situations. Quand je suis en vadrouille, j'ai toujours sur moi un gobelet de bouillie d'avoine et des crackers pour pouvoir manger régulièrement par petites portions. Et ça aide."

Mieux vaut prévenir que devoir maigrir

L'opération gastrique que Patty et, chaque année, bien d'autres personnes subissent est une solution draconienne contre l'obésité. Elle est cependant très efficace, surtout pour des personnes qui pendant des années ont mené en vain un combat contre les kilos, malgré toutes sortes de régimes, poudres, comprimés et programmes intensifs pour adapter leur mode de vie. Nous reviendrons ultérieurement sur cette solution drastique, mais souhaitons auparavant évoquer les approches thérapeutiques qui ont des bons résultats quand elles sont appliquées correctement.

Évidemment, il vaut mieux éviter un surpoids que guérir l'obésité. La prévention occupe donc un rôle majeur pour lutter contre l'obésité. Une fois que le poids d'une personne a considérablement augmenté, pour quelque raison que ce soit, le corps est déjà tellement déréglé qu'un retour en arrière est très compliqué. Il suffit de songer aux nombreuses hormones sécrétées par cette plus grande masse de graisse corporelle, qui perturbent toutes sortes de processus physiques – y compris l'appétit ! Même si l'on parvient à perdre du poids à un moment donné, de nombreux aspects du système hormonal et du métabolisme restent perturbés et le corps est pour ainsi dire programmé pour reprendre facilement du poids. Et cela, nous le devons à l'évolution.

Quand on a de la chance, on dispose d'un ensemble de gènes avantageux et on réussit même à maîtriser son poids sans beaucoup d'activité physique et malgré un mauvais régime alimentaire. Il n'y a qu'à poursuivre sur la même voie, se dit-on. Mais pendant encore combien de temps ? Force est de constater, si l'on examine attentivement notre société et nous-mêmes, que la plupart des gens ne respectent pas les recommandations actuelles sur l'activité physique et une alimentation saine que nous avons évoquées au chapitre 2 (voir le résumé donné dans l'encadré 11 ; ou, en France, consulter les conseils détaillés sur le site internet mangerbouger.fr). La franchise nous contraint d'admettre que nous-mêmes, les auteures de ce livre sur la graisse, ne sommes pas des saintes non plus en la matière. Nous faisons de notre mieux pour nous en tenir à un régime alimentaire sain, mais il nous arrive à nous aussi de nous accorder le plaisir de manger une boîte de chocolats ou de boire une tasse de chocolat chaud coiffée d'une belle rosette de chantilly. Il est étonnant, à vrai dire, que dans nos sociétés de tentation alimentaire permanente "seulement" la moitié des adultes soit en surpoids ! Heureusement, il y a des personnes qui sont protégées par leurs gènes ou d'autres facteurs. Cela étant, selon certaines prévisions, deux Néerlandais sur trois seront en surpoids en 2040 si rien ne change. Dans les autres pays occidentaux la situation n'est pas différente. Nous allons donc devoir nous retrousser les manches !

Partout foisonnent des aliments riches en sucres et en graisses. Cela se voit comme le nez au milieu de la figure. Ou comme les confiseries dans les rayons des magasins. Essayez, quand vous êtes en déplacement, de trouver des aliments sains dans les gares, les stations d'essence et les rues commerçantes… Les barres de chocolat aux emballages bigarrés, les frites à l'odeur appétissante et les choux à la crème semblent tous vous solliciter en même temps. Et votre corps leur fait les yeux doux : je vous veux ! Nous sommes simplement préprogrammés par notre évolution. Notre corps et notre tête sont déjà prêts, rien qu'à la vue et à l'odeur de toutes ces bonnes choses. Dans quelle mesure ce choix est-il encore conscient et “libre” ? Qui peut infléchir cette tendance ? L’individu ou la société ? Les pouvoirs publics ne devraient-ils pas aider l’individu, par des réglementations et des incitations, à faire des choix raisonnables ?

D’ailleurs, vous finirez bien par trouver quelque chose de sain à manger en attendant votre train ou dans la station d’essence où vous réglez votre carburant, mais votre regard est obligé de survoler toutes les cochonneries sucrées et grasses avant de tomber, dans un coin reculé, sur une petite salade. Il faudrait donc régler les “paramètres par défaut” : présenter justement tout ce qui est sain de manière attrayante, pour inciter le corps et l’esprit à faire un choix sain. De nos jours, on utilise de plus en plus ce genre de tactiques qui consistent à influencer consciemment un comportement inconscient. C’est ce que l’on appelle le *nudging*. Pour simplifier, un *nudge* est une petite impulsion dans la bonne direction. On pourrait penser que les pouvoirs publics disposent là d’un moyen idéal pour nous amener à suivre un régime alimentaire sain. En 2008, les scientifiques américains Richard Thaler et Cass Sunstein ont publié à ce sujet leur célèbre livre *Nudge**, dans lequel ils proposent d’adapter pour le secteur public des techniques et des notions de marketing classiques utilisées en économie comportementale.

Comme nous l’avons vu précédemment, nombre de nos décisions quotidiennes sont influencées par notre cerveau “en pilotage automatique”, intuitif. Voilà précisément à quoi s’adressent les *nudges* : à notre réaction automatique

* En français : *Nudge. La méthode douce pour inspirer la bonne décision*, Pocket, 2012.

et inconsciente. Les exemples concrets efficaces de *nudges* capables de provoquer une hausse des achats de produits sains sont innombrables : les produits placés à hauteur des yeux dans les rayons de supermarché, les fruits découpés dans les rayons réfrigérés près de la caisse (résultat : trente fois plus de ventes !), les plats de légumes assortis d'une recommandation amusante ou attrayante du type "faites-vous plaisir", les plus petites portions de produits moins sains. On peut aussi augmenter la distance à parcourir pour se procurer des friandises, car c'est un moyen simple d'inciter les gens à moins en consommer. Cela vaut d'ailleurs aussi dans le cadre professionnel ou chez soi : ne posez pas la boîte de bonbons sur votre table de travail, mais plutôt, si vous tenez absolument à en avoir chez vous, dans un placard qui n'est pas à portée de main. On trouve beaucoup plus facile de ne pas toucher à des friandises quand on doit se donner du mal pour les atteindre. Afin de lutter contre l'épidémie d'obésité, nous aurons aussi besoin de prendre des mesures rigoureuses en matière de prévention, comme une taxe sur le sucre – un projet déjà évoqué aux Pays-Bas et mis en place avec succès dans de nombreux pays.

Les astuces pour conserver ou atteindre le poids souhaité

Dans ce livre vous ont été présentés toute une série de facteurs qui influencent votre graisse corporelle et donc votre poids. Chez certaines personnes, un facteur, comme les médicaments, joue un rôle plus important, tandis que, chez d'autres, ce sera une perturbation du rythme biologique due à un travail de nuit. Cependant, une alimentation saine et une activité physique suffisante sont les conditions principales qui s'appliquent à presque tout le monde pour être bien dans son corps et avec son poids. Cela n'étonnera personne. Question nourriture, il ne faut pas se compliquer inutilement la vie. Quand on mange tous les jours des bonnes portions de légumes et de fruits, de préférence frais, des aliments complets, des viandes blanches comme le poulet, des produits laitiers sans sucre ajouté, une poignée de noix non salées et de préférence non grillées, une fois par semaine du poisson gras, et que l'on boit de l'eau, du café et du thé, on est déjà sur la bonne voie (voir encadré 11). Et bien sûr, un petit morceau de gâteau au chocolat de temps en temps pour fêter un anniversaire ou les bons moments de la vie ! Personne n'a jamais pris trop de poids en mangeant une part de gâteau ! Il faut surtout éviter d'être trop crispé au sujet de la nourriture. Il suffit de choisir consciemment – et espérons, peu à peu, de plus en plus instinctivement – les aliments sains jusqu'à ce que cela devienne un automatisme. Il n'est vraiment pas utile de suivre toutes sortes de modes, et de ne manger plus que du quinoa, de l'avocat et des pois chiches. Ou de supprimer intégralement de son régime tous les glucides ou les lipides. D'ailleurs la seule restriction de glucides que l'on doit s'imposer est l'élimination des fruits quand on a un métabolisme du glucose déjà perturbé, comme les personnes atteintes de diabète ou à un stade précoce de cette maladie. En particulier quand une personne a besoin de beaucoup d'insuline d'origine externe pour bien assimiler les sucres dans son organisme.

De nombreux facteurs favorisant une prise de poids sont présents dans nos boissons, ce qui n'a rien d'un scoop. Si vous donnez chaque jour à votre enfant une briquette de boisson contenant du sucre à emporter à l'école, cela finit par s'accumuler. Dans le cadre d'une étude réalisée à Amsterdam, 641 enfants de quatre à onze ans ont été suivis pendant un an et demi. La moitié d'entre eux recevait chaque jour une canette de boisson fraîche (contenant du sucre) et l'autre une boisson sans sucre. Au bout d'un an, les enfants qui recevaient quotidiennement une boisson contenant du sucre avaient pris plus de un kilo par rapport aux enfants recevant une boisson sans sucre. Il faut se rappeler que cette étude ne portait que sur une seule année scolaire ! Si l'on part du principe qu'un enfant passe huit ans à l'école, cela fait une différence de plus de 8 kilos. Ensuite, il doit fréquenter une école secondaire, où, aux Pays-Bas, on est bombardé dans les cantines de gâteaux et de laits chocolatés.

Une activité physique est toujours bénéfique, bien sûr. On fabrique davantage de masse musculaire et on augmente sa combustion. Peut-être que le sport ne vous tente pas et qu'il vous arrive parfois de faire de l'exercice, en suant à grosses gouttes, sur un vélo d'appartement tandis que vous fixez un écran vous annonçant au bout de quinze à trente minutes que vous n'avez réussi à éliminer, en pédalant, que l'équivalent en calories d'un seul sandwich au pain complet. Il faut que vous preniez conscience que les calories qui s'affichent à l'écran ne sont pas ce qui compte le plus ! En exerçant une activité physique, donc de la musculation aussi, vous fabriquez de la masse musculaire et il est bon de savoir que la combustion de vos calories ne se fait pas seulement sur place à ce moment-là, quand vous bougez, mais qu'elle continue de se produire plus intensément, jour et nuit, tous les jours de la semaine, du fait de l'augmentation de votre masse musculaire. Au repos aussi ! Donc même quand vous dormez, vous brûlez davantage de calories, sans que cela ne vous coûte rien ! Cela vient de l'apport continuel de nutriments supplémentaires vers vos muscles, ce qui entraîne un moindre stockage des graisses. La diminution de votre risque de diabète et d'autres affections en est une conséquence directe. Vos taux de cortisol diminuent également lorsque vous avez une activité physique régulière, avec tous les effets favorables qui en découlent. En outre – comme des recherches l'ont montré – la quantité de masse musculaire et la qualité des muscles sont aussi d'excellents indicateurs pour prévoir si vous vieillirez en bonne santé. Le mouvement maintient votre forme physique et mentale !

ENCADRÉ 11.
UNE ALIMENTATION SAINE : L'ESSENTIEL

- Mangez plusieurs portions de légumes et de fruits par jour.
- Mangez régulièrement des légumes secs.
- Évitez les produits alimentaires industriels (comme les plats cuisinés, la viande rouge ou préparée).
- Mangez chaque jour une poignée de noix non salées.
- Mangez une fois par semaine du poisson gras.
- Utilisez des produits aux céréales complètes.
- Consommez chaque jour un laitage sans sucre ajouté.
- Buvez de l'eau/du café/du thé (aucune boisson contenant du sucre).
- Faites preuve de modération dans votre consommation d'alcool.

Il est donc conseillé aux adultes d'effectuer des exercices assez intensifs pendant deux heures et demie réparties sur la semaine. Par exemple une marche ou un tour à vélo énergique. De manière générale, la règle est la suivante : plus l'activité est intensive et fréquente, mieux cela vaut ! Essayez de répartir cette activité au cours de la semaine, en évitant de ne rien faire la semaine entière et de vous déchaîner le week-end dans des sports intensifs. Sinon, vous encourez le risque de vous blesser, ce qui vous éloignera encore plus du but. Il est aussi recommandé de faire au moins deux fois par semaine des exercices qui renforcent les muscles et les os. D'ailleurs, un peu de courbatures après des séances de musculation ne peuvent pas faire de mal. La contrainte exercée crée dans les muscles des microdéchirures, ce qui stimule la production supplémentaire de masse musculaire. Cette surcompensation entraîne le développement des muscles, ce qui ne peut que faire du bien ! Alors la prochaine fois que vous aurez des courbatures, réjouissez-vous et pensez à tout ce bon travail que votre corps est en train d'effectuer. Maintenant que vous avez apporté votre contribution, votre masse musculaire se développe, pendant que vous vous prélassez devant votre téléviseur !

Comme vous avez pu le lire, éviter un manque de sommeil et un stress prolongé (si possible) est essentiel pour ne pas grossir. Et si on vous prescrit des médicaments susceptibles d'entraîner une prise de poids (voir la liste récapitulative au chapitre 9), surveillez attentivement votre balance. Et consultez rapidement votre médecin si vous constatez que vous prenez des kilos. Mieux vaut prévenir l'obésité que la guérir !

Les nouvelles pratiques recommandées par les scientifiques

En dehors des aspects connus que sont une alimentation saine et une augmentation de l'activité physique, d'autres initiatives concrètes vous aideront à atteindre ou conserver un poids sain. Nous en avons déjà évoqué plusieurs, comme la stimulation de votre métabolisme par une dépense d'énergie en vous activant *(fidgeting)* : faites de petits mouvements comme tapoter votre stylo ou agiter le pied tout en restant tranquillement assis sur une chaise ou devant un bureau. Rester assis sans bouger pendant longtemps peut contribuer à l'obésité et favoriser un diabète et des maladies cardiovasculaires. La pratique d'un sport intensif le soir ne suffit pas pour y remédier. De plus, il est difficile de faire du sport quand on est en surpoids important, car les articulations sont fortement sollicitées. En plus, il est fréquent qu'un sentiment de honte s'empare des personnes en surpoids quand elles font des exercices dans des tenues de sport parmi les autres membres souvent minces d'un club. Il a été démontré que chez les personnes qui s'agitent beaucoup pendant la journée le risque accru de maladies cardiovasculaires causé par une position assise prolongée disparaît. Certaines recherches ont établi qu'une bougeotte intelligente augmente la dépense d'énergie de 20 à 30 %. Il semblerait par conséquent que, par des petits mouvements, ne serait-ce que la mastication d'un chewing-gum, nous mettions en mouvement toutes sortes de rouages dans notre corps qui diminuent considérablement l'effet nocif de l'immobilité. Vous dites que c'est une question de caractère si on s'agite ou pas, mais qui sait ? Cela vaut la peine d'essayer, si vous vous retrouvez coincés dans un embouteillage ou dans une réunion qui dure des heures. Vous ne dérangez personne si, pendant un moment, vous contractez et décontractez vos fessiers ou tapotez du pied. Peut-être pourrez-vous ainsi subtilement augmenter votre consommation d'énergie et, de toute façon, cela ne vous fera pas de mal.

En tout état de cause, on ne sait pas encore clairement pourquoi une immobilité prolongée est aussi toxique pour notre santé et fait augmenter notre masse graisseuse. La pensée qui paraît la plus évidente est que nous dépensons tout simplement moins d'énergie. Récemment, cependant, en réalisant des expériences sur des animaux de laboratoire, une autre explication possible a été découverte qui – si elle s'avère valable pour les êtres humains – offre de nouvelles solutions. Apparemment, les souris et les rats ont dans les os de leurs pattes une sorte de balance minuscule qui enregistre leur poids. Jusqu'à présent, le seul mécanisme connu qui surveillait notre masse graisseuse était la leptine, hormone sécrétée par le tissu adipeux qui rend compte au cerveau de la quantité de graisse que nous avons. Quand la masse graisseuse est importante, la leptine émet un signal au cerveau pour qu'il restreigne l'appétit et augmente la combustion. Or voilà qu'on trouve dans le corps de ces animaux de laboratoire un système supplémentaire qui communique le poids au cerveau. Ce système pourrait en partie expliquer pourquoi rester assis est si mauvais pour nous. Quand nous sommes debout, "la balance dans nos jambes" transmet le bon poids. Quand nous sommes assis, cette balance interne mesure bien entendu un poids moindre et le signale au cerveau, ce qui a pour effet d'augmenter l'appétit et de diminuer la combustion. Ces nouvelles recherches sont fascinantes. Des expériences ont même été réalisées sur des souris et des rats auxquels on a donné un poids supplémentaire à porter sur le dos. Résultat ? Elles ont perdu autant de poids que le poids qui pesait sur leur dos ! Des études doivent encore montrer si ce mécanisme fonctionne de la même manière chez les êtres humains ; le cas échéant, nous pourrions peut-être, en portant de temps en temps un lourd sac à dos, tromper le "thermostat du poids" dans notre cerveau afin de perdre des kilos !

Pour favoriser notre combustion, en dehors d'une activité physique et du *fidgeting*, un autre moyen malin a déjà été évoqué au chapitre 6 : vous exposer à une température basse. Cela permet d'activer votre graisse brune. Il vous suffit de passer seulement deux heures par jour dans une pièce à 17 °C pour réduire votre masse graisseuse en conservant votre masse musculaire. Et c'est précisément la bonne manière de perdre du poids sainement, car il importe de préserver votre masse musculaire pour votre combustion. La stimulation de votre graisse brune n'a pas forcément un coût. Au contraire, en chauffant un degré de moins, vous réaliserez des économies. Et si vous aimez faire de l'exercice, faites-le préférablement dehors. Un sport pratiqué dehors à 4 °C pendant un quart d'heure fait bien plus avancer les choses qu'une activité physique dans un club bien chauffé, car vous stimulez alors votre combustion non seulement à l'aide de votre masse musculaire, mais aussi grâce à votre graisse brune ! Par ailleurs, la consommation de capsaïcine, un composant du piment, a des effets comparables sur la graisse brune. Donc si vous aimez la cuisine épicée, ne vous privez pas : mangez un peu plus de piments !

Les aspects individuels et personnels du surpoids

La première étape pour remédier au surpoids est d'en déterminer la cause précise chez la personne. La plupart du temps, l'obésité est une somme de différents facteurs. À de très rares occasions, une maladie l'a déclenchée. D'ailleurs, l'obésité (à savoir un IMC supérieur ou égal à 30) est définie, entre autres par l'American Medical Association, principal organisme professionnel de médecins aux États-Unis, comme une maladie. Ce n'est pas pour rien, quand on pense à toutes les transformations biologiques néfastes qui interviennent dans le corps en cas d'un excédent de graisse, comme nous l'avons vu au chapitre 4.

Malheureusement, dans l'univers médical, on s'empresse de préconiser un traitement avant même d'examiner les causes de la prise de poids. Les gens pensent souvent, les médecins aussi du reste, que lorsqu'ils ont des kilos en trop, c'est qu'ils mangent trop, et ils veulent donc régler le problème en instaurant un bon équilibre énergétique. On donne habituellement le conseil suivant : manger moins et bouger plus. Problème résolu !

Il s'agit là d'une des plus grandes erreurs de jugement à propos de l'obésité. Que nous portions le regard d'un médecin, d'un professionnel de santé, d'un concepteur de politiques publiques, d'un politicien, ou du grand public, nous avons une vision du problème bien trop limitée. Et c'est une des raisons pour lesquelles l'épidémie d'obésité se propage encore et encore. Pour l'enrayer, nous devons voir au-delà des solutions faciles et cloisonnées. Maintenant que vous avez vous-mêmes une idée de tous les facteurs qui ont une influence sur notre graisse corporelle, vous savez que l'obésité n'est pas un problème simple. Nous ne contestons pas l'importance d'une alimentation saine et d'une activité physique suffisante, mais en cas d'obésité, le corps est déréglé à tant de niveaux qu'il est extrêmement difficile de perdre du poids simplement en mangeant moins et en bougeant davantage. Une fois l'obésité installée, une nouvelle norme a été définie pour le corps, et d'innombrables hormones s'efforcent de s'adapter au poids plus élevé qui a été atteint et mettent tout en œuvre pour le maintenir.

Un léger surpoids est une autre histoire. Dans ce cas, les dérèglements hormonaux ne sont pas encore à l'œuvre et la probabilité de parvenir de manière durable à perdre du poids, avec ou sans aide professionnelle, est bien plus grande. Mais en cas d'obésité il est primordial d'examiner de près les causes spécifiques. Cela peut se faire chez un médecin, un gastroentérologue ou un pédiatre. Mais on peut aussi vérifier soi-même si des facteurs de prise de poids sont en jeu. Même quand on est satisfait de son poids et qu'on souhaite le garder, il est judicieux de les connaître. Les catégories de facteurs 1 à 3 exposées ci-après sont par excellence celles auxquelles il faut être attentif.

Voici les six catégories de facteurs qui favorisent une prise de poids importante :

1. Facteurs liés au mode de vie

- Manger. Quel est mon régime alimentaire ? Est-ce que je mange des produits sains en suivant les recommandations des diététiciens (voir encadré 11) ? Ou est-ce que j'ai l'habitude, à quelques exceptions près, de prendre des repas hypercaloriques – notamment une alimentation transformée, et de boire un ou plusieurs verres de sodas ou de jus de fruits par jour à la place de l'eau ?

Est-ce que j'ai suivi des régimes draconiens, qui ont contribué, à cause de l'effet yoyo, à ma prise de poids ? Est-ce que je mange davantage le soir et/ou la nuit que pendant la journée ?

- Bouger. Est-ce que je suis dans la norme côté activité physique ? Est-ce que je pourrais faire parallèlement des exercices supplémentaires en m'activant un peu plus, notamment en empruntant plus souvent les escaliers, en mâchant du chewing-gum (sans sucre), en bougeant (le pied ou un stylo) ? Est-ce que je passe beaucoup d'heures d'affilée sur une chaise ? Serait-il possible de me lever plus fréquemment, par exemple toutes les demi-heures, pour marcher jusqu'à l'imprimante sur mon lieu de travail, aller me chercher un café, etc. ?
- Dormir. Est-ce que j'ai un bon sommeil d'environ sept à huit heures d'affilée par nuit ? Est-ce que je ronfle fort, et mes ronflements sont-ils entrecoupés de courtes apnées ? Est-ce que je travaille de temps en temps la nuit, ou mon rythme sommeil-éveil est-il perturbé pour une autre raison ?
- Boire de l'alcool. Est-ce que je bois chaque jour ou plusieurs fois par semaine de l'alcool ?
- Fumer. Vous venez d'arrêter de fumer ? Même si, en moyenne, les gens qui arrêtent de fumer prennent du poids, les avantages pour la santé d'une telle interruption compensent largement cet inconvénient !
- Le contexte socioculturel. La culture au sein de laquelle je vis m'empêche-t-elle d'adopter un mode de vie sain, par exemple parce que la nourriture (mauvaise pour la santé) y est toujours copieuse et que proposer généreusement à manger y est considéré comme une forme d'hospitalité ?

2. Facteurs psychologiques et émotionnels

- Symptômes dépressifs. Suis-en proie à des sentiments sombres, et suis-je devenu incapable d'apprécier les choses ?
- Stress. Est-ce que je ressens un stress chronique ? Puis-je me détendre suffisamment ? Est-ce que je souffre d'une douleur chronique (d'une forme de stress physique) ?
- Fringales. Ai-je des fringales (qui s'accompagnent ou non de vomissements) ? Cela peut être un signe de boulimie nerveuse ou de trouble du comportement alimentaire tel que l'hyperphagie compulsive *(binge eating)*.

3. Médicaments.

Ai-je pris du poids après le début d'un nouveau traitement ou à la suite de la prescription d'un plus fort dosage de mes médicaments actuels, qui ont pour effet secondaire une prise de poids ? Les médicaments qui ont cet effet secondaire sont, entre autres :

- les corticostéroïdes (application locale, comprimés ou injections) ;
- les bêtabloquants (métoprolol, propranolol) ;
- les antidépresseurs (mirtazapine, citalopram, paroxétine) ;
- les antipsychotiques (lithium, olanzapine, rispéridone) ;
- les antiépileptiques (carbamazépine, acide valproïque, gabapentine) ;
- les antidiabétiques (insuline, glimépiride) ;
- les antidouleurs (neuropathiques) (prégabaline, amitriptyline).

4. Facteurs hormonaux.

Ai-je un ou plusieurs des symptômes suivants qui, lorsqu'ils sont associés en une combinaison particulière, peuvent suggérer une cause hormonale ?

- Constipation
- Acné (boutons)
- Visage rond
- Peau sèche
- Forte pilosité sur le visage et sur le buste
- Bourrelet de graisse dans le cou
- Rythme cardiaque lent
- Ménopause
- Apparition spontanée de bleus
- Intolérance au froid
- Règles irrégulières
- Stries rouge violacé
- Zébrures brunes dans le cou / sous les aisselles
- Troubles de l'érection
- Faiblesse musculaire
- Kilos pris pendant la grossesse insuffisamment éliminés.

Voici quelques exemples d'un dérèglement (ou d'une maladie) de type hormonal : fonctionnement ralenti de la thyroïde, insuffisance des hormones sexuelles, syndrome des ovaires polykystiques (SOPK), syndrome de Cushing (excès de cortisol), insuffisance de l'hormone de croissance. (Ces deux dernières affections sont rares.)

5. Anomalie au niveau de l'hypothalamus (centre de régulation dans le cerveau qui pilote entre autres l'appétit et le métabolisme).

Suis-je concerné par un ou plusieurs des aspects suivants qui, lorsqu'ils sont associés, peuvent suggérer une cause hypothalamique ?

- un appétit extrême ;
- des anomalies neurologiques ;
- une lésion cérébrale dans le passé ;
- une radiothérapie ou une opération à la tête dans le passé.

Voici des exemples de causes hypothalamiques : une lésion ou une tumeur dans l'hypothalamus. Cette catégorie recouvre des causes rares.

6. Facteurs génétiques.

Suis-je concerné par un ou plusieurs des aspects suivants qui, lorsqu'ils sont associés, peuvent suggérer une cause génétique (rare !) ?

- un appétit extrême ;
- un surpoids grave dès l'enfance ;
- l'autisme ;
- une différence de poids frappante par rapport aux autres membres de la famille ;
- un retard de développement mental ou moteur ;
- aucune diminution de poids après une restriction gastrique ;
- un physique anormal (comme des oreilles basses ; des yeux très rapprochés ou écartés ; des lunettes extrêmement puissantes ; un palais haut).

Voici des exemples d'affections génétiques rares :

- une anomalie de l'ADN d'un seul gène, par exemple le récepteur 4 de la mélanocortine (MC4), la pro-opiomélanocortine (POMC), la leptine ;
- des syndromes, comme celui de Prader-Willi, de Bardet-Biedl, d'Alström, de délétion 16p11.2.

Comment procéder concrètement ?

Après avoir examiné – éventuellement en concertation avec un médecin – les facteurs spécifiques qui contribuent à votre surpoids, et les avoir améliorés dans toute la mesure du possible, on peut commencer un traitement. En cas de léger surpoids (IMC 25-30), on peut suivre les conseils de mode de vie donnés au début de ce chapitre. En cas d'obésité, une aide professionnelle est le plus souvent nécessaire. Selon la publication *Zorgstandaard Obesitas*, qui propose un ensemble de concepts établis par des professionnels de santé issus de diverses disciplines s'étant regroupés afin de traiter l'obésité, la meilleure approche possible pour lutter contre l'obésité est ce que l'on appelle un "programme multifacettes pour améliorer le mode de vie". Dans le cadre d'un tel programme de soins intensif qui dure plus d'un an, un accompagnement est proposé pour encourager une alimentation saine, des activités physiques et un changement du comportement. Ce programme permet à long terme à une personne de perdre environ 5 à 10 % de son poids. Sur les deux photos ci-contre, on voit Mark avant et après sa participation, pendant un an et demi, au programme multifacettes pour améliorer le mode de vie proposé au Centrum Gezond Gewicht, au sein d'un groupe, encadré par un diététicien, un psychologue et un kinésithérapeute. Grâce à cette trajectoire collective intensive, il est parvenu à respecter un régime alimentaire sain (sans aucun menu amincissant !), à bouger davantage, et il a perdu plus de 28 kilos. À présent, cinq ans plus tard, il se sent bien plus énergique. Depuis 2019, certains de ces programmes multifacettes sont même remboursés par l'assurance maladie des Pays-Bas. Si au bout d'un an des soins de ce type s'avèrent insuffisants, il est conseillé dans *Zorgstandaard Obesitas* d'envisager une opération gastrique ou un traitement médicamenteux pour perdre du poids.

Existe-t-il des médicaments contre l'obésité ?

Il n'existe malheureusement pas encore aujourd'hui de comprimé anti-obésité magique (bien que certains sites internet douteux affirment le contraire). En revanche, certains médicaments favorisant la perte de poids peuvent, lorsqu'ils sont associés à des changements de mode de vie, faire baisser le poids de 4,5 à plus de 11 kilos supplémentaires. Récemment, le liraglutide a été introduit aux Pays-Bas comme médicament anti-obésité. Il est utilisé depuis longtemps déjà à faible dose en tant qu'antidiabétique. Il n'est malheureusement pas encore remboursé par l'assurance maladie. Il est en fait apparenté au GLP-1, l'hormone intestinale évoquée dans le chapitre 5, qui inhibe l'appétit et fait perdre du poids (en particulier de la graisse abdominale). Un autre médicament qui a aussi reçu l'autorisation d'être commercialisé en Europe et sera sans doute bientôt proposé sur le marché néerlandais est un comprimé combiné contenant les substances naltrexone et bupropion. Ces substances sont actives dans la région du cerveau qui régule l'appétit et l'équilibre énergétique. Lorsqu'elles sont associées, elles coupent l'appétit, diminuent la prise alimentaire et augmentent la consommation d'énergie. Elles réduisent aussi le plaisir que l'on éprouve à manger. Sur le marché américain sont aussi proposés d'autres médicaments, qui n'ont pas encore reçu le feu vert pour une mise sur le marché en Europe. Il est intéressant de constater que tous les médicaments précités ont des effets très différents : certaines personnes ne perdent pas de kilos supplémentaires, alors que d'autres en perdent beaucoup. On ignore encore à l'heure actuelle pourquoi. De nombreuses recherches sont donc menées à ce sujet. Concernant tous les médicaments anti-obésité mentionnés précédemment, on vérifie au bout de trois à quatre mois si la personne à qui ils ont été administrés a déjà perdu du poids. Dans le cas contraire, il est inutile de continuer.

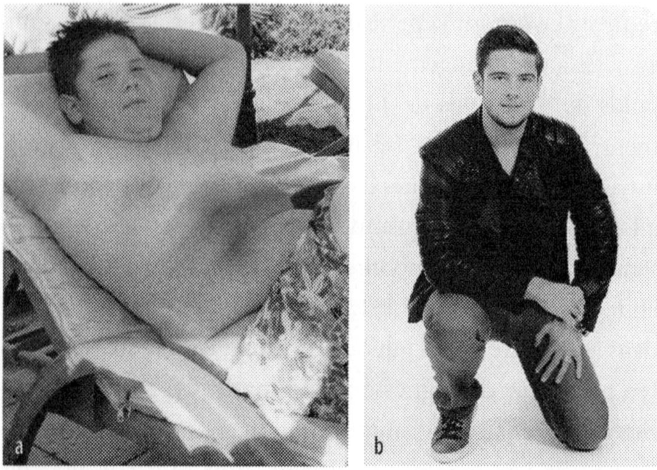

Photos de Mark avant *(a)* et après *(b)* sa participation au programme multifacettes pour améliorer le mode de vie au sein d'un groupe, qui associait des conseils pour une alimentation saine (normocalorique) en fonction du disque alimentaire en cinq parties d'un diététicien, un accompagnement des activités physiques par un kinésithérapeute et une thérapie comportementale cognitive proposée par un psychologue, pendant une période de soixante-quinze semaines avec une intensité décroissante. (Publié avec l'autorisation du patient.)

Sera-t-il possible à l'avenir de vacciner nos enfants contre l'obésité, comme on les vaccine contre toutes sortes de maladies infectieuses ? Une pensée utopiste peut-être, mais pas totalement irréaliste. Au chapitre 9, nous avons déjà vu que certains virus pourraient être à l'origine d'une prise de poids et qu'à présent des vaccins sont mis au point contre des virus que l'on associe à l'obésité. Il a en outre été démontré sur des animaux de laboratoire (des rats en l'occurrence) que, lorsqu'ils sont vaccinés contre l'hormone de la faim, la ghréline, ils ont moins tendance à prendre du poids, produisent moins de masse graisseuse et conservent leur masse musculaire. Cette approche en termes de prévention de l'obésité est véritablement révolutionnaire.

L'opération gastrique est-elle une solution durable ?

Revenons à l'histoire de Patty. Sa lutte contre les kilos s'est heurtée à beaucoup d'obstacles et a pris des dizaines d'années. En définitive, elle a opté pour une solution drastique : une opération gastrique. C'est une initiative radicale pour se débarrasser d'un grave surpoids mais, conjuguée à un mode de vie adapté et à un soutien psychologique, ce traitement est le plus efficace contre l'obésité. Les chiffres ne trompent pas. En moyenne, les personnes perdent 45 kilos durant les deux premières années suivant une dérivation gastrique. Douze ans plus tard, elles pèsent encore 35 kilos de moins qu'avant l'opération. Celle-ci est donc efficace également à long terme. Par ailleurs, et cela n'a rien d'étonnant, quand des personnes perdent autant de graisse, certaines complications liées à l'obésité disparaissent. Les personnes guérissent de leur diabète (ou n'en sont jamais atteintes), encourent moins de risques de maladies cardiovasculaires et de cancer, et vivent plus longtemps.

L'efficacité d'une opération gastrique dépend du type d'intervention (voir fig. 8.1). L'opération qu'a subie Patty est une "dérivation gastrique", aussi appelée "court-circuit gastrique", ou “bypass gastrique”. Après une dérivation gastrique, on ne peut plus manger que par petites portions. Pour une personne qui adore se régaler, cela suppose naturellement une modification radicale de son mode de vie. Une dérivation gastrique est non seulement une opération gastrique drastique, mais aussi un des types d'intervention entraînant la perte de poids la plus importante. Dans le cadre de cette opération, une petite partie de l'estomac, de la taille d'un œuf, est séparée du reste de l'estomac et directement reliée à l'intestin grêle. Par conséquent, on n'a plus qu'un tout petit estomac. Tout ce qu'une personne mange passe d'abord par le petit estomac puis arrive directement dans l'intestin grêle. La première partie de l'intestin grêle est elle aussi contournée, d'où le terme de “court-circuit”. Une autre opération est la “restriction gastrique”, qui consiste en une ablation partielle de l'estomac pour rapetisser son volume. Là aussi, on le raccorde de la même manière à l'intestin grêle. Enfin, un anneau gastrique peut être posé chez les personnes en surpoids extrême, autour de la partie supérieure de l'estomac, ce qui en réduit le volume. Cette opération est la moins radicale et elle n'est quasiment plus pratiquée aux Pays-Bas. Il existe toutes sortes de variantes de ces opérations.

Le rôle des hormones intestinales

Comment une opération de l'estomac peut-elle entraîner une perte de poids si importante et tant d'effets bénéfiques ? Bon nombre d'études ont été menées à ce sujet, surtout en ce qui concerne la dérivation gastrique. L'explication la plus évidente est que les personnes peuvent tout simplement beaucoup moins manger par la suite. Manger moins, de préférence en faisant plus d'exercice physique, conduit à un équilibre énergétique négatif. Des graisses sont libérées du tissu adipeux et brûlées dans d'autres cellules du corps. Conséquence ? La graisse fond à vue d'œil. Ensuite, une partie de l'inflammation de la graisse disparaît, vous vous souvenez : ces Pac-Man qui rendent la graisse malade. Du coup, le risque d'artériosclérose diminue, tout comme la résistance à l'insuline. Plus de la moitié des personnes qui avaient, au moment où elles ont subi une dérivation gastrique, un diabète de type 2 en ont guéri deux ans après l'opération.

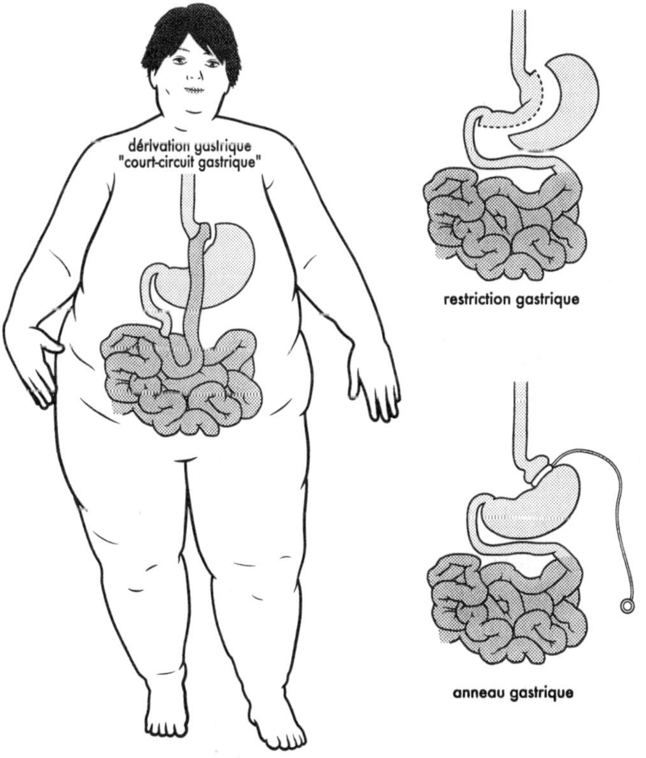

Fig. 8.1. Types d'opérations gastriques.

Mais le plus intéressant est encore à venir : il s'est avéré que certaines personnes guérissaient en quelques jours seulement de leur diabète. C'est d'autant plus curieux que la perte de poids ne survient que plus tard. On peut en conclure que des effets bénéfiques sur le métabolisme des sucres se produisent indépendamment de la perte de poids. Effectivement, étant donné qu'en cas de dérivation gastrique, les aliments, qui sont encore relativement peu digérés, arrivent directement dans une partie de l'intestin grêle située un peu plus loin dans le tube digestif (puisque la première partie a été "court-circuitée"), de nombreuses modifications ont lieu.

L'une d'entre elles est l'intervention des hormones intestinales citées précédemment. D'une manière ou d'une autre, les hormones intestinales GLP-1 et PYY sont sécrétées en plus grand nombre après une dérivation gastrique, avec tous les effets bénéfiques qui en résultent. Comme le GLP-1 a une action favorable sur le métabolisme des sucres (une augmentation de la sécrétion d'insuline par le pancréas et une plus grande sensibilité des organes aux effets de l'insuline), les personnes opérées guérissent très vite de leur diabète. Mais ce n'est pas tout. Ces hormones intestinales font en sorte que les personnes ayant subi une dérivation gastrique éprouvent plus rapidement une sensation de satiété.

Une dérivation gastrique est une opération importante et radicale. Ne pourrions-nous pas stimuler plus simplement nos hormones intestinales ? Malheureusement, un anneau gastrique, l'alternative pour réduire physiquement le volume de l'estomac, n'entraîne pas d'augmentation de ces hormones intestinales bénéfiques, le GLP-1 et le PYY, et les personnes concernées continuent d'éprouver une très forte sensation de faim. Et ce, alors qu'elles sont contraintes de moins manger car leur estomac est devenu plus petit. Par conséquent, elles conservent leur sensation de faim tout en ne pouvant pas manger autant. L'association des deux est très désagréable. Des recherches ont en outre montré à présent qu'un anneau gastrique est moins efficace que d'autres formes d'opérations gastriques pour perdre du poids.

Une autre méthode mise au point plus récemment pour lutter contre l'obésité consiste à détruire de la muqueuse intestinale par la chaleur. Cette technique n'a été appliquée pour la première fois chez les êtres humains qu'en 2016. Dès la fin du XXe siècle, le médecin et chercheur brésilien Manoel P. Galvao Neto a mis au point toutes sortes de techniques pionnières à appliquer au tube digestif pour aider les personnes obèses à perdre du poids. Il a découvert qu'en brûlant la muqueuse intestinale pour la détruire dans le duodénum, la région de l'intestin juste après l'estomac, les effets obtenus étaient en partie les mêmes qu'avec une opération gastrique. Chez des personnes atteintes à la fois d'obésité et de diabète, la glycémie diminuait déjà sensiblement au bout de quelques jours. Elles perdaient aussi quelques kilos durant la période qui suivait. L'idée derrière cette approche est la suivante : des signes indiquent que la muqueuse intestinale chez les diabétiques est anormalement épaisse, ce qui perturbe le métabolisme des sucres dans le corps. Des techniques permettant que la muqueuse de notre duodénum n'entre pas en contact avec les nutriments qui y pénètrent assurent une meilleure régulation des sucres. En détruisant par la chaleur la surface de cette fine muqueuse intestinale, le contact entre la paroi intestinale et les nutriments se modifie, ce qui rend possible toutes sortes d'effets bénéfiques sur le métabolisme. Peut-être par l'intermédiaire des hormones intestinales. Le mécanisme exact et les effets à long terme sont pour l'heure encore inconnus et exigent des recherches plus poussées.

Pour l'instant, des études sont menées afin de déterminer de quelles autres manières une dérivation gastrique a des effets bénéfiques sur notre métabolisme. L'une d'elles serait qu'elle transforme la composition de la bile. La bile est fabriquée par le foie et se compose entre autres d'eau et d'acides biliaires. Les acides biliaires permettent une digestion plus facile des graisses dans le duodénum. Dans la région terminale de l'intestin, les acides biliaires sont réassimilés et se retrouvent dans le sang. On notera qu'après une dérivation gastrique, la quantité d'acides biliaires dans le sang augmente. Et cela s'avère très bénéfique ! Ces dernières années, on s'est aperçu que les acides biliaires font bien plus que de digérer les graisses dans l'intestin. Ils peuvent se fixer à de nombreux organes par des "récepteurs d'acides biliaires" spéciaux et, de là, influer sur le métabolisme des cellules. Chose intéressante : on rencontre aussi ces récepteurs d'acides biliaires dans notre graisse brune si bénéfique. On a administré pendant deux jours à des jeunes femmes en bonne santé des acides biliaires supplémentaires sous forme de comprimés. Leur graisse brune est alors devenue plus active et leur métabolisme s'est accéléré. Peut-être que le métabolisme des personnes qui ont subi une dérivation gastrique s'accélère aussi du fait de l'augmentation des acides biliaires dans leur corps.

Par ailleurs, une dérivation gastrique entraîne un changement de la composition du microbiote : les petits habitants de l'intestin. Une transplantation de microbiote (par une transplantation fécale) de souris ou d'êtres humains ayant subi une dérivation gastrique vers des souris témoins a provoqué chez elles une perte de poids, une perte de masse graisseuse et des effets bénéfiques pour leur métabolisme. Cela semble indiquer qu'après une dérivation gastrique, des changements positifs surviennent dans le microbiote. Reste à savoir dans quelle mesure ces résultats peuvent aussi s'appliquer aux êtres humains.

Les suites de l'opération

Bien qu'une opération gastrique ait de nombreux effets positifs sur le métabolisme et qu'elle permette de perdre beaucoup de poids, son impact ne doit pas être sous-estimé, comme l'a appris aussi Patty Brard à ses dépens. Le chemin à parcourir après une opération gastrique est souvent long et intense, et n'est pas toujours parsemé de roses. Le fait de devoir soudain manger uniquement par petites portions est souvent mal vécu. Cela peut représenter une grande contrainte psychologique et parfois susciter des regrets chez les personnes qui se sont engagées dans cette voie. Les origines d'une suralimentation, notamment les causes psychologiques, ne se résolvent pas non plus par une opération gastrique. Voilà pourquoi, avant qu'une personne subisse une telle opération, un bilan psychologique complet est réalisé et un suivi psychologique est proposé pour qu'elle puisse tirer le meilleur profit de l'intervention chirurgicale, tant sur le plan physique que psychique. Le plus souvent, avant une opération, une évaluation de l'ensemble des facteurs du mode de vie est effectuée.

À court terme, les risques associés à une opération gastrique sont, comme pour chaque opération abdominale, ceux de l'opération même (risque d'infections ou d'hémorragies secondaires) ; à long terme, les personnes risquent de présenter des carences en vitamines et en minéraux, du fait de l'absence d'une partie de l'intestin, ou avoir des calculs biliaires, des rétrécissements ou une occlusion de l'intestin ou du passage entre l'estomac et l'intestin, et un excès de peau dû à une perte de poids trop rapide. Quant au problème de dumping auquel est encore confrontée Patty Brard, il survient régulièrement. Ce phénomène se produit lorsqu'on a subi un court-circuit gastrique. Une ingestion trop rapide et importante d'aliments par la suite peut provoquer brutalement, une demi-heure plus tard, une nausée, une douleur abdominale ou une diarrhée. Cela vient de l'arrivée soudaine de ces aliments en trop grandes quantités dans l'intestin grêle. Ces nutriments étant de ce fait très concentrés provoquent un appel de liquide (des litres !) de la circulation sanguine vers l'intestin. On parle de "dumping précoce". Il existe aussi un phénomène appelé "dumping tardif". Environ une heure et demie à deux heures après la prise d'aliments, on peut avoir le vertige, se mettre à transpirer abondamment et même s'évanouir car de l'insuline continue d'être sécrétée alors que les sucres ont déjà disparu de la circulation sanguine. On éprouve la même sensation que des diabétiques en hypoglycémie, qui prennent des médicaments pour y remédier.

Après avoir passé en revue les traitements de l'obésité, que ce soit une opération, le programme multifacettes pour améliorer le mode de vie ou un traitement médicamenteux, nous pouvons conclure que de nombreuses recherches sont encore nécessaires pour comprendre quelle méthode est la plus profitable à tel ou tel individu. Ces connaissances sont indispensables pour – enfin – s'orienter vers un traitement personnalisé de l'obésité. L'origine de celle-ci est différente d'une personne à une autre. En général, plusieurs facteurs contribuent à une prise de poids et une personne obèse a, en tout état de cause, naturellement tendance à grossir. Nous devons par conséquent toujours commencer par examiner toutes les causes sous-jacentes et tous les facteurs en jeu, améliorer le plus possible ces facteurs, puis intervenir seulement à ce moment-là pour faire perdre du poids. Le chemin à parcourir afin de parvenir à un poids sain est souvent très long et difficile, mais il peut – comme nous l'avons vu dans le cas de Patty – avoir pour effet de changer la vie et parfois même la sauver.

11

STIGMATISATION DES "GROS" *(FATSHAMING)* ET CONSÉQUENCES PSYCHOLOGIQUES DE L'OBÉSITÉ

JOURNAL D'UN "GROS TAS" : L'HISTOIRE D'ASHA

Asha est journaliste. Elle a grandi dans l'est de la ville de Groningue. Elle n'a ni frère ni sœur. Ses parents sont l'un comme l'autre infirmiers dans un service de soins psychiatriques. Sa mère et son père sont tous deux en surpoids. Asha était elle-même rondelette dès sa naissance et s'est battue pendant toute son enfance contre son poids. "Quand j'avais dix ans, mon père a commencé un régime de shakes Modifast. Toute la famille y a participé. Au bout d'environ un an et demi, nous avons tous repris une alimentation « normale » et avons veillé à suivre un régime alimentaire sain. Je faisais beaucoup de sport : de la natation, de la gymnastique, du roller et très souvent du vélo. J'avais toujours faim." La mère d'Asha lui donnait seulement deux petits sandwichs et une pomme pour son repas à l'école, alors qu'elle était en pleine croissance, si bien que cette sensation de faim ne disparaissait jamais. Heureusement, un gentil garçon à l'école avait des tranches de pain supplémentaires qu'il était prêt à partager avec elle.

En dernière année de primaire, Asha fait pour la première fois une expérience vraiment désagréable parce qu'elle est grosse. Elle tombe amoureuse d'un des garçons de sa classe, qui l'apprend par les bruits qui circulent dans la cour de l'école. Un camarade réagit aussitôt : "Berk, Asha amoureuse de toi ? Ce gros tas, quelle horreur, c'est répugnant !" Asha, qui pendant la récréation adore faire de la gymnastique dans la cour, est à ce moment-là suspendue la tête en bas à la barre fixe à côté des garçons et entend toute la conversation. Cela ne semble pas les gêner, au contraire. Ils donnent l'impression de vouloir délibérément la blesser.

"J'ai appris à partir de ce moment-là que mon corps pouvait susciter du dégoût, même chez quelqu'un dont j'étais amoureuse. Et qu'en tant que « grosse » il y avait certaines choses qu'il valait mieux ne pas dire. Qu'il valait mieux attendre que quelqu'un me trouve à son goût plutôt que j'aie moi-même des attentes dans le domaine de l'amour. J'ai écrit dans mon journal : « Personne ne voudra jamais de moi. Je suis une truie. Pourquoi suis-je comme ça ? Je suis repoussante. »"

Mais Asha est aussi intelligente et drôle. Beaucoup de gens l'apprécient pour ce qu'elle est et elle évolue avec aisance dans sa vie. Pourtant, pendant son enfance, elle troquerait volontiers son intelligence et son humour – et bien d'autres choses encore – contre une taille fine. À l'époque, il n'existe pas encore de mouvement comme *body positive*, qui prône l'acceptation et le respect des personnes de toutes sortes et de toutes tailles. Et certainement pas dans la campagne autour de Groningue. La seule personne grosse dont Asha se souvient en pensant à son enfance est Roseanne Barr, la star de télévision, elle-même la cible de moqueries (ou de son autodérision). "Personne ne me disait jamais qu'on pouvait aussi être belle quand on est ronde."

Lorsqu'Asha a quatorze ans, ses parents divorcent. Une période de stress commence au cours de laquelle elle ne mange pratiquement rien. C'est à peu près le seul moment de sa vie où elle atteint un poids presque normal. Car malgré le peu de nourriture qu'elle consomme, elle continue de souffrir d'un surpoids. Pendant les années qui suivent – durant lesquelles elle recommence à manger normalement – elle reprend vite du poids. Elle ne grignote pas sans arrêt – "je n'aime même pas ça, je fais très attention à manger sain, comme on m'a appris à le faire à la maison" – mais à chaque repas "normal" elle est capable de manger une grosse portion.

Asha remarque au fil de sa vie adulte que les gens portent un autre regard sur les personnes obèses comme elle et qu'on peut même parler de discrimination. Un matin, par exemple, à son travail, on lui fait savoir à la suite de sa sollicitation d'un poste en interne qu'il n'y a malheureusement pas d'emplois à durée indéterminée disponibles. Quand l'après-midi, un homme mince se présente, on lui accorde aussitôt un poste permanent. "Est-ce qu'il y avait droit parce que c'était un homme ? Ou parce qu'il n'était pas en surpoids comme moi ?" D'autres situations sont encore plus parlantes. "Par exemple, la fois où j'étais assise sur un muret en train de manger une glace avec ma fille, par une belle journée de printemps, et où une femme s'est approchée de moi pour me demander si je me rendais bien compte de ce que je faisais, à ingurgiter, avec ma corpulence, une telle quantité de sucres. Elle m'a lancé : « Vous allez finir par avoir le diabète ! » Ma fille, qui était assise à côté de moi, en a été complètement bouleversée." Dans les transports publics également, Asha est confrontée à des situations désagréables. "Un jour, alors que je prenais le train pour rentrer chez moi, j'ai vu qu'il n'y avait plus de place libre, mais qu'il restait un siège où il n'y avait qu'un sac à dos. J'ai demandé poliment à son propriétaire si je pouvais m'asseoir. L'homme m'a répondu : « Non, je ne veux pas un tas de graisse à côté de moi. » Tout simplement. Je me le suis pris en pleine figure."

Les expériences d'Asha n'ont malheureusement rien d'exceptionnel. Tous les jours, nous entendons dans notre cabinet de consultation des histoires terribles de personnes obèses victimes de préjugés et d'attaques personnelles offensantes. Asha, qui entre-temps a fait des études de psychologie et est devenue journaliste scientifique, a même fini par écrire sur la psychologie autour de l'alimentation et du surpoids un livre qui s'intitule *Eet mij* (Mange-moi), en collaboration avec le biologiste et journaliste scientifique Ronald Veldhuizen. La mère de Karin – la fillette souffrant d'une obésité d'origine génétique évoquée au chapitre 3 – se souvient aussi des réactions désagréables que suscitait sa fille chez des inconnus. "Un jour, nous faisions la queue devant un établissement de restauration rapide, toute une aventure car d'habitude nous n'y allons jamais, mais je sens encore les regards glaçants des gens autour de nous. Cela me fendait l'âme. Pourtant, je suis restée et j'ai commandé une salade pour Karin. À mon grand étonnement, un peu plus tard, une femme d'un certain âge s'est approchée de nous pour présenter ses excuses. Dans la queue, elle avait voulu nous faire remarquer que nous étions complètement irresponsables, en tant que parents, de fréquenter ce genre d'établissement alors que notre fille était si grosse. Quand elle avait vu que nous avions pris pour Karin une salade, elle avait eu des remords et était revenue sur son opinion. J'ai trouvé que cela faisait preuve de caractère. Mais tout de même..."

La discrimination sur le fondement de l'obésité est la dernière forme de discrimination socialement acceptée. Chacun le sait : nous n'avons pas le droit de discriminer sur le fondement de l'appartenance à une ethnie, de la couleur de la peau, de l'orientation sexuelle, de l'âge, de l'identité de genre, de la religion, d'un handicap mental ou physique, mais d'une manière ou d'une autre, il semble socialement accepté de réprouver les personnes obèses. Ces dernières années, des débats animés ont porté, entre autres, sur le personnage de Pierre le Noir*, le port du voile et la politique vis-à-vis des réfugiés, et une grande attention

* De peau noire, cet acolyte caricatural de saint Nicolas a fait son apparition dans le folklore néerlandais et flamand au XIXe siècle. La Saint-Nicolas se fête le 6 décembre. Traditionnellement, Pierre le Noir apporte des bonbons aux enfants sages. Cette tradition soulève de grandes controverses depuis quelques années.

est accordée à ces sujets pour déterminer s'il est question ou non de discrimination. Cela témoigne de la prise de conscience, au sein de l'opinion publique, de la persistance d'attitudes discriminatoires et de la nécessité d'agir. En ce qui concerne l'obésité, cette discrimination est bien plus inconsciente et implicite.

En 2001, deux chercheurs américains, Rebecca Puhl et Kelly Brownell, ont publié pour la première fois dans l'histoire de la psychologie clinique un bilan portant sur des dizaines d'années de recherches, qui décrit les partis pris et la stigmatisation à l'égard de personnes en surpoids et obèses. Ces professeurs de renom ont montré que la stigmatisation de l'obésité a lieu dans des milieux divers – au travail, dans la vie publique et même dans le secteur de la santé. Ils mettent en évidence à quel point le traitement injuste des personnes obèses est bien ancré dans la société mais aussi la vulnérabilité de ces personnes. Il ressort d'innombrables études scientifiques que les personnes grosses ont un plus faible pouvoir d'achat. On sait que, dans le monde occidental, ce sont plutôt les personnes démunies qui sont atteintes d'obésité. Les causes en sont multiples. Par exemple, les aliments mauvais pour la santé seraient meilleur marché et de ce fait achetés plutôt par des personnes à faibles revenus. Ou encore, la classe socio-économique à laquelle une personne appartient détermine dans une large mesure ce qu'elle mange et si elle fait beaucoup ou peu d'exercice physique. De plus, les personnes en difficultés financières et endettées subissent un stress chronique. Et comme vous le savez à présent, cela peut contribuer au surpoids, en raison d'une augmentation du taux de cortisol. Et vice versa : l'obésité peut contribuer à une baisse de revenus, par exemple, lorsque des personnes obèses postulent à un emploi, elles ont moins de chances de l'obtenir – comme l'a supposé Asha quand elle a posé sa candidature pour un emploi à durée indéterminée.

Stuart Flint et ses collègues de la faculté de la santé et du bien-être de l'université Sheffield Hallam ont effectué des recherches sur le recrutement de personnes obèses en examinant un groupe de 180 hommes et femmes dont une partie avait fait savoir son poids, contrairement à l'autre. Stuart Flint et son équipe se sont vite aperçus que, lorsque le poids n'était pas communiqué, les candidats étaient jugés plus aptes au poste que lorsqu'ils avaient mentionné leur obésité. Cela valait tant pour les hommes que pour les femmes. Les chercheurs ont constaté en particulier que les personnes obèses étaient jugées inaptes pour toute forme de travail, même peu physique, que ce soit en position debout ou assise !

Sans doute le préjugé selon lequel une personne obèse a moins de capacités physiques n'est-il pas le seul à entrer en ligne de compte ici. D'autres recherches montrent effectivement que toutes sortes de stéréotypes existent (encore) à propos des personnes obèses, qui seraient par exemple paresseuses et négligentes. Enfin, l'étude de Stuart Flint met en évidence une constatation intéressante : le sexe s'avère aussi jouer un rôle dans l'évaluation de l'aptitude à un emploi, les femmes ayant invariablement le dessous. Pour un poste de direction, les probabilités de succès de la candidature d'une personne obèse se sont révélées encore plus basses et, d'emblée, l'obésité est associée socialement à une moindre réussite.

La stigmatisation de l'obésité par le personnel de santé

Quand on se forme à une spécialité médicale, on entend parfois des choses qu'on aurait préféré ne pas entendre. Dans les coulisses parmi les soignants, on n'en croit pas ses oreilles : quand nous avons commencé notre carrière de médecins et de chercheuses à l'hôpital, nous avons entendu pour la première fois l'abréviation DDD que certains collègues utilisent à tout bout de champ. Il s'est avéré que ces lettres étaient l'abréviation courante de *Dikke Domme Diabeet**. Si vous savez que votre médecin a cette opinion de vous, vous ne vous sentirez pas à l'aise dans son cabinet de consultation.

Cette abréviation DDD montre clairement que, chez les soignants aussi, cette idée est répandue : l'obésité est entièrement de votre faute parce que vous mangez trop ou ne faites pas assez d'exercice physique. Les prédispositions génétiques, l'utilisation de médicaments, le stress, le manque de sommeil ou toute autre cause de prise de poids (ou de persistance d'une surcharge pondérale) qui peuvent jouer un rôle, et sont présentés en détail au chapitre 9, sont à peine pris en compte, voire pas du tout.

Et si une personne est trop grosse purement et simplement parce qu'elle mange trop, est-ce une raison pour la stigmatiser – ou pour lui refuser des soins médicaux ? Est-ce qu'on refuse une chimiothérapie à une personne qui a un cancer du poumon parce qu'elle fume ? Et n'accorde-t-on pas des soins efficaces à un footballeur professionnel qui se blesse le genou lors d'un match, alors qu'il aurait pu savoir qu'il court

* Littéralement : "gros, bête et diabétique".

un risque en pratiquant ce sport ? La personne l'a bien cherché ? Que signifie "l'avoir bien cherché" quand il est question d'une maladie ?

De nombreux médecins n'offrent même pas la possibilité d'aborder le sujet de l'obésité dans leur cabinet ! D'une part, il est parfois difficile ou douloureux d'en parler, d'autre part, il existe rarement à portée de main une solution toute faite, donc il est plus facile de prescrire un médicament pour le diabète, une douleur au genou ou une dépression que d'évoquer les causes à l'origine de ces symptômes. Et si le sujet est tout de même abordé, les médecins conseillent au mieux de suivre un régime hypocalorique (nous savons à présent que cette approche unilatérale est inefficace), puis prescrivent des médicaments qui risquent de faire grossir davantage – comme certains traitements antidiabétiques, des médicaments contre l'hypertension, la douleur ou la dépression – au lieu de vérifier si ces médicaments ne peuvent pas être progressivement éliminés afin de faciliter le parcours pour perdre du poids. Quand une personne diabétique utilise 100 unités d'insuline, par exemple, il lui est pratiquement impossible de perdre du poids par des mesures modifiant son mode de vie, car l'insuline veille justement à conserver la graisse. Par conséquent, si elle est sérieusement motivée pour adopter un mode de vie plus sain, il est recommandé qu'elle examine avec son médecin traitant si cet apport d'insuline peut être progressivement diminué de manière astucieuse. En tant que médecin, il faudrait penser à cette interaction avec les médicaments et on constate que cela n'arrive pas si souvent.

Un des problèmes qui se pose dans l'univers médical est qu'une maladie n'est pas toujours bien décelée chez les personnes obèses. Différentes études montrent que les médecins et autres prestataires de soins ont inconsciemment des préjugés et que, de ce fait, les soins proposés aux personnes obèses sont en moyenne moins bons que ceux auxquels ont accès des personnes d'un poids normal.

Asha fait part de son expérience : "Il y a quatre ans, j'ai ressenti de vagues symptômes : de la fatigue, des douleurs musculaires et articulaires et une sécheresse oculaire. Mon médecin généraliste est d'emblée parti du principe que mes symptômes étaient dus à mon obésité et m'a conseillé de m'acheter un nouveau matelas. Il a attribué ma sécheresse oculaire à un rhume des foins, alors que nous étions en octobre et que la saison des rhumes des foins était passée depuis longtemps. Comme j'avais mal au ventre, il m'a envoyée consulter un gastroentérologue, qui a dit : « Revenez me voir quand vous aurez un poids sain, car nous pourrons alors déterminer si ces symptômes sont dus à votre poids ou ont une autre origine. » Je comprenais bien entendu que mon surpoids puisse expliquer beaucoup de mes problèmes – il est connu que l'obésité peut provoquer des douleurs articulaires et de la fatigue – mais bon, l'articulation de mon poignet me faisait mal aussi et il me semblait impossible que cela puisse venir de mes grosses fesses."

On conseille à Asha de vivre plus sainement. C'est pourtant ce qu'elle fait depuis des années. Elle y est même plus attentive que la plupart des gens qui l'entourent. Elle marche une heure par jour, prend toujours son vélo pour se déplacer, fait des exercices de musculation chaque matin, se lève toutes les demi-heures lorsqu'elle écrit et suit un régime alimentaire sain. Donc comment faire pour "perdre un peu de poids" ? Elle consulte plusieurs autres médecins : un cardiologue – pour sa douleur à la poitrine –, un autre médecin généraliste – pour ses symptômes grippaux récurrents –, un gastroentérologue immunologiste – pour les maladies auto-immunes qui surviennent dans sa famille –, mais chaque fois sa fatigue et ses douleurs articulaires sont attribuées à son obésité. "Je ne me sentais pas prise au sérieux. Mes douleurs perturbaient totalement ma vie quotidienne. Pourtant, tous ces médecins me disaient que je n'avais pas besoin de revenir consulter pour l'instant... Au bout d'un an et demi, tout a dérapé. Un soir, j'ai vu du sang dans mon urine. Tout était rouge ! Mon médecin généraliste m'a envoyée directement consulter un gastroentérologue qui a constaté que j'avais une affection rénale. Tout compte fait, j'avais une maladie auto-immune ! Mon gastroentérologue m'a dit, presque étonné : « Alors finalement, vous êtes vraiment malade ! » – presque comme si j'avais fait semblant de l'être pendant tout ce temps."

Obésité et dépression : des causes biologiques partagées

Asha est une personne très dynamique et sa mère lui a appris dès son plus jeune âge qu'elle n'a pas à avoir honte de son corps. Malgré son obésité précoce et d'autres coups durs pendant sa puberté, comme le divorce de ses parents, elle a montré qu'elle n'avait pas de réelle prédisposition dépressive, même si elle a ressenti, pendant des années, un immense chagrin. Chez beaucoup de personnes, l'obésité et la dépression vont de pair. C'est logique, vous direz-vous, car les personnes trop grosses sont nombreuses à devoir s'accommoder tous les jours des préjugés et de la honte que suscite leur corps. Le fait est que beaucoup de personnes stigmatisées pour leur obésité sont anxieuses, ont des fringales incontrôlables et manquent d'amour-propre. En outre, comme elles ont souvent honte de leur corps, elles évitent l'exercice physique, estimant que les vêtements de sport mettent trop en évidence leurs rondeurs et que leurs bourrelets les gênent pour faire du jogging. Et quand elles finissent par rassembler leur courage pour essayer malgré tout, leur pratique du sport non seulement leur fait mal aux genoux, mais provoque aussi des regards désapprobateurs ou des remarques. On conçoit alors aisément que cela leur pèse, au sens propre et au sens figuré.

En tant que médecin spécialiste de l'obésité, on entend quotidiennement évoquer ces expériences peu réjouissantes au cours des consultations. Des contraintes fonctionnelles réduisent en outre considérablement la qualité de vie : "Mon ventre me gêne, je ne peux même pas lacer mes chaussures" ou "Je ne peux pas courir après ma fillette en bas âge quand elle veut jouer avec moi ou – pire encore – quand elle file vers le canal alors qu'elle ne sait pas encore nager". On comprend que ces désagréments quotidiens fassent naître un sentiment d'abattement, mais ils n'expliquent pas tout. Ces dernières années, les connaissances ont progressé sur la relation biologique entre l'obésité et la dépression, et peut-être que les personnes obèses pourront à l'avenir être aidées plus efficacement pour se sentir mieux.

La relation entre l'obésité et la dépression semble être réciproque : quatre grandes méta-analyses (des recherches dans le cadre desquelles les résultats d'études réalisées précédemment sont réunis pour se faire une idée plus précise d'un phénomène particulier) ont montré la relation réciproque de ces affections. L'obésité permet apparemment de pronostiquer au fil du temps le développement d'une dépression et, inversement, une dépression augmente le risque de développer une obésité. Cela ne vaut pas seulement pour les adultes, mais aussi pour les enfants et les adolescents. Cette relation entre obésité et dépression n'est pas spécifique au monde occidental, mais a aussi été constatée dans d'autres régions du monde. On pourrait penser que ce lien s'explique par certains facteurs favorisant l'apparition à la fois d'une dépression et d'une obésité, comme un mauvais style de vie, une certaine origine, un âge plus avancé, le fait d'être célibataire ou l'utilisation d'antidépresseurs qui font prendre du poids. Mais il s'est avéré que ce n'était pas le cas !

De nombreux éléments scientifiques suggèrent une hypothèse fascinante : l'obésité et la dépression seraient associées dans une sorte de cercle vicieux d'adaptations négatives dans notre corps. L'obésité et la dépression ont effectivement des causes biologiques communes ; par exemple, certains gènes entraînent les deux affections et toutes sortes de mécanismes hormonaux, métaboliques et inflammatoires qui font qu'une personne non seulement prend du poids mais devient également dépressive.

Au demeurant, on n'a pas affaire en l'occurrence à une relation univoque, car tout comme il existe plusieurs formes d'obésité, il y a différentes formes de dépression, notamment la "dépression mélancolique" et la "dépression atypique". Une dépression mélancolique se caractérise entre autres par l'impossibilité de ressentir de la joie, une autodépréciation, une humeur neutre, des troubles psychomoteurs, des insomnies, des troubles cognitifs, une perte d'appétit et une perte de poids. En revanche, la dépression dite atypique se caractérise entre autres par une fatigue, une torpeur et, au contraire, un plus grand appétit et une prise de poids. Ce plus grand appétit peut, dans cette forme de dépression, conduire à l'obésité, ainsi qu'aux transformations biologiques qui l'accompagnent, comme des valeurs plus élevées des marqueurs d'inflammation et des modifications hormonales, telles qu'une augmentation de la leptine, hormone sécrétée par la graisse. Parmi les personnes qui ont une dépression, environ 40 à 50 % perdent l'appétit et/ou du poids, et un sous-groupe de quelque 15 à 25 % ont un plus grand appétit et prennent du poids.

En entendant les histoires d'Asha, de Karin, de Mischa, de Patty, de Joost – et de bien d'autres – il y a de quoi s'attrister. Mais quel rapprochement peut-on établir entre l'obésité et la dépression, en dehors d'une humeur sombre due aux conséquences physiques et psychiques désagréables d'un poids trop élevé ?

Le lien génétique

On sait que l'obésité tout comme la dépression ont un solide fondement génétique. On notera que la plupart des gènes en rapport avec l'obésité exercent surtout leur influence dans les zones du cerveau qui régulent notre appétit et notre métabolisme énergétique (l'hypothalamus et l'hypophyse) et dans les zones qui déterminent essentiellement nos émotions et notre humeur (le système limbique). Il semblerait que certaines régions cérébrales, correspondant en grande partie aux mêmes régions du cerveau que celles régulant l'humeur, déterminent notre poids et notre métabolisme énergétique. Donc il est possible qu'on naisse avec des gènes qui favorisent le développement à la fois de l'obésité et de la dépression.

La réponse au stress

Un deuxième lien biologique entre obésité et dépression réside dans notre système de réponse au stress : l'axe hypothalamo-hypophyso-surrénalien, qui en définitive génère l'hormone du stress, le cortisol. Dans le chapitre 8, nous avons décrit toutes les conséquences pour l'organisme d'une augmentation prolongée du taux de cortisol. Lors d'une exposition extrême au cortisol, comme dans le cas du syndrome de Cushing, environ 50 à 80 % des personnes souffrent d'une grave dépression, qui souvent disparaît rapidement dès que la cause de l'hypersécrétion de cortisol est éliminée du corps. Cependant, les personnes qui ne souffrent pas de cette maladie très rare, mais d'une obésité liée à leur mode de vie, ont également un taux de cortisol plus élevé. Dans leur cas, un autre phénomène semble se produire. En ce qui les concerne, un taux élevé de cortisol est susceptible de favoriser aussi des symptômes dépressifs, car on sait qu'un excès de cette hormone du stress peut atteindre des régions cérébrales telles que le centre des émotions. Là aussi, le cortisol peut participer à un cercle vicieux, car un taux élevé de cortisol risque d'inciter à grignoter et d'engendrer un surcroît de graisse abdominale, qui lui-même fait grimper le taux de cortisol car toutes sortes d'enzymes, d'hormones et de substances inflammatoires sont sécrétées dans la graisse abdominale. On le voit : un excédent de graisse abdominale et de cortisol peut contribuer à assombrir votre humeur. Malheureusement, ce problème ne se résout pas simplement par une diminution sensible du cortisol, comme pour les personnes souffrant du syndrome de Cushing. Le cortisol est une hormone cruciale et indispensable. Pire encore : privés de cortisol, nous mourons, car d'innombrables processus métaboliques sont gravement perturbés.

La réaction inflammatoire

Attardons-nous un peu sur les substances inflammatoires, car elles constituent un troisième lien entre obésité et dépression. Les cellules graisseuses peuvent se mettre à produire au bout d'un certain temps des substances inflammatoires, comme nous l'avons déjà vu précédemment. Nous savons à présent aussi que l'obésité est en fait un état inflammatoire de "faible intensité". Celui-ci n'est pas déclenché par une infection bactérienne, comme une pneumonie par exemple, mais par la sécrétion de substances inflammatoires, notamment par la graisse abdominale. Mais pourquoi cela provoque-t-il un sentiment d'abattement ? En fait, par toutes sortes de voies astucieuses (via les substances messagères dans le sang, les nerfs et les signaux que les cellules se transmettent), les substances inflammatoires atteignent également le cerveau. Avec toutes les conséquences que cela entraîne. Grâce à des études réalisées sur les animaux, il a même été possible de montrer que, dans des cas d'obésité, certaines régions cérébrales présentent aussi une sorte de réaction inflammatoire, entre autres les régions qui influencent notre mémoire et notre humeur ! On suppose donc que les cellules graisseuses abdominales sont à l'origine d'une forme d'inflammation légère dans le cerveau, précisément dans les régions qui risquent aussi de provoquer une humeur dépressive.

On pourrait donc se dire : il suffit de prendre une petite aspirine, qui est anti-inflammatoire, pour faire disparaître la dépression comme neige au soleil. Et effectivement, plusieurs études scientifiques ont montré que des médicaments anti-inflammatoires réduisent les symptômes dépressifs. Les résultats certes prometteurs de ces études sont tout de même différents d'une personne à l'autre et, pour l'heure, on ignore encore pour qui un tel traitement sera bénéfique. Espérons qu'à l'avenir les médicaments anti-inflammatoires s'avéreront efficaces pour le groupe de personnes atteintes à la fois d'obésité et de dépression.

Dans les chapitres 3 et 5, nous avons déjà décrit comment la leptine et d'autres hormones agissent sur notre métabolisme énergétique et notre appétit, notamment en s'aidant de la communication entre notre graisse et notre cerveau. L'inflammation observée en cas d'obésité crée une perturbation de ce signal de la leptine, autrement dit une résistance à la leptine, alors que la leptine est terriblement utile en tant que compteur mesurant notre réserve de graisse et pour inhiber à temps notre sensation de faim. Une des substances inflammatoires en cause est la protéine C réactive (CRP) qui peut perturber ou freiner la fixation de la leptine sur son récepteur, le signal de satiété n'étant pas convenablement transmis à la tour de contrôle de notre centre du métabolisme énergétique : l'hypothalamus. Cela a pour effet de stimuler notre appétit tout en réduisant notre consommation d'énergie. On notera par ailleurs que la leptine semble pouvoir elle aussi influencer l'humeur. Il est ressorti d'études sur les animaux que la leptine avait un effet antidépresseur ! Une hypothèse qui circule actuellement parmi les scientifiques mais nécessite des recherches plus approfondies est que la résistance à la leptine pourrait être associée à un risque élevé de dépression.

L'insuline

Une autre hormone connue établit un lien entre obésité et dépression : l'insuline, hormone qui régule notre métabolisme des sucres et notre métabolisme des graisses. Chez les personnes obèses elle est souvent déréglée, ce qui peut induire une résistance à l'insuline et même, à terme, un diabète (voir aussi le chapitre 4). Eh bien oui : l'insuline a aussi des effets sur le cerveau et, là encore, plus particulièrement sur la région où se situe notre centre des émotions, le système limbique… On sait depuis un certain temps déjà que la dépression et le diabète vont souvent de pair. On pensait auparavant que cela s'expliquait par un contexte génétique commun, comme nous l'avons vu pour l'obésité et la dépression. Cependant, des études récentes ont montré que ce ne sont pas tant les gènes qui font le lien, mais qu'en cas de dépression et de diabète combinés, les facteurs ambiants jouent un rôle – entre autres les produits alimentaires riches en sucres que nous consommons chaque en jour à l'excès !

Par conséquent, mieux vaut renoncer aux boissons riches en sucres et aux friandises pour éviter d'être d'humeur sombre ou d'avoir le cafard.

Le microbiote

Enfin, un dernier facteur expliquant le lien entre obésité et dépression est contenu dans notre microbiote intestinal. Parfois nous parlons de sentiment viscéral. Savez-vous que ce sentiment existe réellement ? Entre notre tube digestif et notre cerveau, une intense communication réciproque a lieu par l'intermédiaire de ce qu'on appelle l'axe intestin-cerveau. Il relie le système nerveux intestinal au système nerveux central. La flore intestinale et notre alimentation jouent un rôle important dans ce système d'interaction entre les intestins et le cerveau, ce qui a amené de plus en plus à penser que ce système contribue non seulement à l'apparition de l'obésité, mais aussi au développement d'un certain nombre de troubles psychiatriques. Ainsi, les bactéries intestinales influent directement sur nos substances cérébrales, en particulier des neurotransmetteurs comme la sérotonine, notre "hormone du bonheur". Quand le taux de sérotonine diminue dans le cerveau, cela peut provoquer des symptômes dépressifs. Des études sur les souris ont montré que les probiotiques (pensez à ces petites boissons lactées de type Yakult) peuvent avoir, du fait de transformations dans le métabolisme de la sérotonine, un effet antidépressif et anxiolytique. Des études plus poussées sont nécessaires pour déterminer si cela vaut aussi pour les humains.

Une partie des modifications survenant au sein de notre microbiote sont dues elles aussi à des substances inflammatoires. Ces dernières semblent notamment favoriser une plus grande perméabilité des intestins aux bactéries et à d'autres substances. Ainsi, différentes substances en provenance des intestins peuvent atteindre le cerveau par la circulation sanguine. Normalement, le cerveau est protégé par une sorte de muret, la barrière hémato-encéphalique. Cependant, sous l'action de substances inflammatoires, comme il y en a lorsque la flore intestinale est affectée en cas d'obésité, cette barrière peut aussi se mettre à "fuir" et les substances passent alors dans les régions cérébrales qui régulent notre humeur. En anglais, les chercheurs appellent d'ailleurs ce phénomène : *leaky gut* (intestin qui fuit), *leaky brain* (cerveau qui fuit).

Comment traiter l'obésité en cas de dépression ?

En 2011, des chercheurs de la faculté de médecine de l'université de Pennsylvanie à Philadelphie ont examiné les effets de différents types de traitements contre l'obésité sur des symptômes dépressifs. Devient-on moins dépressif quand on perd du poids en changeant de mode de vie, en prenant des médicaments anti-obésité ou en subissant une opération gastrique ? Il est ressorti de cette étude que presque chaque fois qu'une perte de poids était obtenue par un mode de vie plus sain, cela entraînait effectivement une diminution des symptômes dépressifs. Le changement de l'ensemble du mode de vie entraîne une amélioration des symptômes dépressifs bien plus grande qu'un simple régime. Il s'est aussi avéré que des programmes encourageant une activité physique avaient des effets favorables sur l'humeur. On notera que, dans le cadre de ces programmes multifacettes en faveur d'un mode de vie plus sain, aucun lien n'a été découvert entre les changements de poids et les changements de symptômes dépressifs. Cela semble indiquer que d'autres facteurs que la perte de poids ont permis d'améliorer l'humeur sombre. Peut-être la thérapie comportementale cognitive, qui a souvent été pratiquée, encourage-t-elle à s'accepter tel que l'on est. Les personnes apprennent que ce n'est pas parce qu'elles sont obèses qu'elles ne valent rien. Les thérapies peuvent aider à se sentir plus maître de soi et à s'accommoder de la stigmatisation de l'obésité dans la société actuelle. Les programmes de ce type sont pour la plupart proposés dans le cadre d'un groupe et le soutien de compagnons d'infortune et de thérapeutes peut déjà avoir des effets bénéfiques sur le ressenti des personnes concernées.

Que se passe-t-il pour les personnes qui ont subi une opération gastrique ? Ces personnes perdent en moyenne beaucoup de poids après l'intervention. Bon nombre d'entre elles en tirent parti dans leurs relations sociales, sur le marché du travail et aussi en termes de qualité de vie, car leurs contraintes physiques diminuent. Après son opération gastrique, Patty Brard a entamé aussitôt une nouvelle vie, et a même fait un come-back réussi à la télévision ! Les maladies connexes, comme le diabète, deviennent moins graves ou disparaissent. Pour ce qui est de la qualité de vie mentale, les modifications constatées en termes de bien-être psychosocial ou de symptômes dépressifs sont malheureusement modestes durant la première période qui suit l'opération. Des études sur le long terme portant sur ces personnes ont montré que les symptômes dépressifs s'intensifient de nouveau au bout d'un certain temps. On notera également que des éléments de plus en plus nombreux signalent une augmentation du risque de consommation d'alcool problématique après une opération gastrique.

Des chercheurs de l'université de Miami en Floride proposent plusieurs explications à ce sujet. Sur le plan physique, notre système nerveux réagit à peu près de la même manière face à une suralimentation ou à certaines drogues. Il pourrait donc être question d'un transfert d'addiction, la suralimentation étant pour ainsi dire remplacée par l'alcoolisme après l'opération. Une autre explication possible est une plus grande sensibilité à l'alcool à la suite de ce type d'opération. Des études approfondies sont encore en cours concernant l'ensemble de ces phénomènes.

Le grand poète romain Juvénal, disait, peu après Jésus-Christ, *Mens sana in corpore sano*, autrement dit : Un esprit sain dans un corps sain. Comme nous l'avons vu précédemment, le corps et l'esprit sont, pour la gestion des graisses, subtilement liés. Les exemples d'Asha, de Patty, de Mischa, de Joost et de Karin montrent qu'une personne obèse doit avoir de l'assurance pour encaisser toutes les agressions psychologiques dont elle fait l'objet quotidiennement. La stigmatisation des gros semble faire partie de l'ordinaire !

Il est donc grand temps que nous témoignions, en tant que société, plus de respect pour des personnes qui luttent contre leur surpoids et que nous cessions une bonne fois pour toutes de les stigmatiser. Il faut du courage pour aborder le sujet de l'obésité, par exemple de la part de ceux qui ont osé partager leur histoire avec le grand public dans ce livre. Il est important de prendre au sérieux son propre surpoids et celui des autres. Et il peut être utile d'examiner à la loupe tous les facteurs possibles qui favorisent une prise de poids et maintiennent une surcharge pondérale. Cela permettrait de mieux saisir ce qui se passe et – si possible – contribuerait à s'attaquer aux causes sous-jacentes afin de parvenir durablement à un poids propice à la santé. En outre, la connaissance de la combinaison de facteurs à l'origine de l'état complexe d'obésité peut conduire à une meilleure compréhension, non seulement des moyens de maîtriser son propre poids, mais aussi du surpoids des autres. Ce serait merveilleux si nous cessions de nous juger et si nous nous aidions mutuellement à atteindre de la bonne manière le poids qui nous fait du bien. Vous l'avez compris, c'est un sujet gros comme ça !

GLOSSAIRE

Acide gras : fragment d'un triglycéride qui peut se transformer en énergie par combustion. Il existe toutes sortes d'acides gras : à longue chaîne, à chaîne courte, saturés et insaturés.

Adiponectine : une des nombreuses hormones sécrétées par notre graisse. Dans les études sur les souris, elle induit une meilleure sensibilité à l'insuline, un plus faible risque de diabète et une diminution des maladies cardiovasculaires.

adn : matériel génétique présent dans chaque cellule de notre corps. Il contient, notamment, le code pour toutes les protéines que nous fabriquons, comme celles qui constituent les muscles ou les yeux.

Adrénaline : hormone du stress sécrétée par les glandes surrénales, qui la produisent très vite en cas de stress psychique ou physique aigu.

Agouti-related peptide (AgRP) : neurotransmetteur fabriqué dans l'hypothalamus. Il se charge de susciter une sensation de faim dans le cerveau.

Amidon : longues chaînes de glucose.

Androgènes : hormones masculines, telles que la testostérone.

Biorythme : rythme diurne-nocturne associé à l'horloge biologique, qui est naturellement présente dans le corps et même dans toutes les cellules des organes.

Bisphénol A (BPA) : substance chimique qui entre dans la composition de nombreux produits en plastique et qui est considérée comme un “perturbateur endocrinien”.

Cellule : plus petit élément d’un organisme tel qu’une plante ou un animal. Elle se compose d’un noyau, où est stocké l’ADN, et aussi d’organites, les petites machines qui assurent le fonctionnement de la cellule.

Cholécystokinine (CCK) : hormone sécrétée par l’intestin qui ralentit le flux d’aliments provenant de l’estomac. Elle favorise la sensation de satiété en agissant sur le cerveau.

Corticostéroïdes (ou corticoïdes) : nom générique de certaines hormones sécrétées par le corps (comme le cortisol, l’hormone du stress), ou de médicaments qui ressemblent à cette hormone du stress produite par le cortex surrénal. La prednisone et la dexaméthasone en sont des exemples.

Cortisol : hormone du stress sécrétée continuellement par les glandes surrénales et produite en quantité supplémentaire en réponse à un stress psychique ou physique. Il participe à toutes sortes de processus dans notre corps, notamment au système immunitaire et au métabolisme des sucres. Une forte présence de cortisol dans le corps stimule l’appétit et la formation de graisse abdominale !

Delta-9-tétrahydrocannabinol (THC) : composant actif du cannabis. Par l’activation du récepteur endocannabinoïde dans l’hypothalamus, il stimule l’appétit et provoque la fameuse “fringale du fumeur de joints”.

Diabète (dans cet ouvrage, ce terme se réfère toujours au diabète de type 2) : perturbation de la régulation du glucose dans le sang, qui entraîne son augmentation. Cela vient le plus souvent d’une moindre sensibilité des tissus corporels à l’insuline (résistance à l’insuline ou insulinorésistance) ; les sucres restent alors dans le sang et la glycémie devient trop élevée. Il arrive souvent, aussi, que le pancréas sécrète moins d'insuline, dont la quantité ne suffit pas pour permettre l'assimilation par les tissus des sucres dans le sang. À plus long terme, le diabète peut entraîner, entre autres, des maladies cardiovasculaires, des problèmes oculaires et nerveux.

DOPAMINE : un des neurotransmetteurs dans le cerveau qui assure la transmission des signaux. Elle est aussi appelée l'"hormone du bonheur" car elle joue un rôle important dans notre système de récompense et, par là même, aussi en cas d'addictions.

DUMPING : phénomène qui peut survenir après une intervention chirurgicale appelée dérivation gastrique. Il se produit quand on mange ou boit trop rapidement et démesurément : les aliments arrivent donc en trop grandes quantités dans l'intestin grêle, ce qui provoque un appel brutal de liquide, de la circulation sanguine vers l'intestin. Il peut engendrer différents symptômes comme des vertiges, une transpiration abondante et même des évanouissements.

ENDOCANNABINOÏDES : substances endogènes lipidiques qui circulent dans le sang et peuvent se fixer à ce que l'on appelle les "récepteurs d'endocannabinoïdes", qui leur permettent de pénétrer dans les cellules. Ces récepteurs se situent dans l'hypothalamus, le cerveau, mais aussi dans différents organes comme la graisse corporelle et les muscles. Les endocannabinoïdes constituent, avec les récepteurs, le "système endocannabinoïde", qui agit sur notre appétit, notre métabolisme des graisses et des sucres, notre mémoire et notre système de récompense.

FIDGETING : agitation qui se traduit par des petits mouvements souvent involontaires (comme lorsqu'on joue avec un stylo ou bouge le pied). Traduit parfois par : "ne pas tenir en place".

Fructose : un des "glucides simples", tout comme le glucose. Le fructose est aussi appelé "sucre des fruits".

Gène : fragment d'ADN qui contient le code pour une protéine déterminée, comme un récepteur.

Gènes de l'horloge : gènes qui constituent un code pour la sécrétion de protéines importantes pour l'horloge biologique que nous avons dans notre corps. Les premiers gènes de l'horloge qui ont été découverts constituent le code pour les protéines suivantes : Période, Timeless et Doubletime. Ces trois protéines collaborent pour que les protéines dans nos cellules aient un rythme de vingt-quatre heures.

Ghréline : hormone sécrétée par l'estomac qui assure la sensation de faim. Elle est donc aussi appelée "hormone de la faim".

Glucagon-like peptide-1 (GLP-1) : hormone intestinale qui inhibe l'appétit et assure la sécrétion d'un surplus d'insuline par le pancréas. Elle se charge également de faire baisser la glycémie.

Glucide (complexe) : glucide qui contient des fibres. Il doit d'abord être "découpé" par les enzymes de la digestion en sucres isolés avant d'être assimilé par l'intestin. Il provoque donc une augmentation lente de la glycémie.

Glucide (simple) : glucose et fructose. Il peut être assimilé directement par l'intestin et passer dans le sang, ce qui donne lieu à une augmentation rapide de la glycémie.

Glucose : un des "glucides simples". Avec le fructose, on l'appelle "sucre" aussi.

Glycogène : réserve pour stocker le sucre. Il s'agglomère en grands écheveaux de molécules de sucre et se situe à deux endroits : le foie et les muscles.

Hormone : substance de signalisation émise par une glande hormonale dans le sang et produisant à distance des effets dans le corps. Elle s'y emploie en se fixant à des récepteurs sur les organes cibles. Des exemples de glandes hormonales sont la thyroïde, mais d'autres organes peuvent aussi sécréter et diffuser des hormones, notamment le cœur et la graisse corporelle.

HYPOPHYSE : glande située dans la tête mesurant environ un centimètre, juste derrière l'arête du nez, dans laquelle toutes sortes de cellules productrices d'hormones pilotent d'innombrables autres hormones dans le corps.

HYPOTHALAMUS : zone du cerveau qui abrite, entre autres, le centre de la satiété, le centre de la fertilité, le centre de la température et l'"horloge centrale" (responsable de notre biorythme).

INDICE DE MASSE CORPORELLE (IMC) : mesure du rapport entre le poids et la taille. Il se calcule selon la formule suivante : poids (kg)/taille $(m)^2$. Un IMC entre 18,5 et 25 est interprété comme un poids sain ; un IMC entre 25 et 30 un surpoids ; un IMC entre 30 et 40 une obésité et un IMC supérieur à 40 une obésité morbide.

INSULINE : hormone sécrétée par le pancréas qui fait en sorte que le glucose sanguin soit utilisé par des cellules corporelles. Elle y parvient en ouvrant pour ainsi dire des portes afin que le glucose pénètre dans la cellule. L'insuline fait aussi en sorte que l'on conserve davantage de graisse.

KISSPEPTINE : hormone sécrétée dans le cerveau qui est responsable de l'établissement d'un lien entre la leptine et le centre de la fertilité dans le cerveau.

LEPTINE : première hormone sécrétée par la graisse qui a été découverte. Elle assure, en se fixant à son récepteur dans l'hypothalamus, une sensation de satiété. Comme la leptine est fabriquée par les cellules graisseuses en fonction de la quantité de graisse stockée dans celles-ci, on la considère aussi comme le "compteur de graisse" dans le corps.

Mitochondrie : petite centrale énergétique dans la cellule, présente en grande quantité dans presque toutes les cellules du corps. Elle joue un rôle essentiel dans le métabolisme cellulaire.

Neuropeptide Y (NPY) : neurotransmetteur dans le cerveau qui assure, entre autres, le déclenchement d'une sensation de faim.

Neurotransmetteurs : protéines dans le cerveau qui se chargent de la transmission des signaux.

Nudging : tactique pour influencer consciemment un comportement inconscient. Un *nudge* est une petite poussée dans la bonne direction.

Obésité : surpoids sévère, avec un IMC supérieur à 30.

Œstrogènes : hormones sécrétées en particulier par les ovaires des femmes en âge de procréer. Ils peuvent aussi être produits par la graisse corporelle après la transformation d'androgènes sous l'influence de la protéine aromatase.

Pancréas : organe dans l'abdomen qui produit différentes hormones, dont l'insuline. Il sécrète aussi des sucs digestifs pour l'assimilation des aliments dans l'intestin.

Peptide yy (PYY) : hormone intestinale qui assure une sensation de satiété.

Perturbateur endocrinien : substance chimique qui peut imiter, ou au contraire inhiber, le fonctionnement de nos hormones naturelles. On utilise aussi le terme de "perturbateur hormonal".

Pet-scan (ou tomographie par émission de positons [TEP]) : examen d'imagerie spécifique qui permet de rendre visibles dans le corps des substances marquées par un produit radioactif.

Phtalates : substances chimiques assouplissant le plastique, appelées "agents flexibilisants". Ils sont aussi considérés comme des "perturbateurs endocriniens".

Protéine : une des réserves d'énergie de notre corps, en dehors du glycogène et de la graisse. Une protéine est formée d'une combinaison de divers “aminoacides”, qui peuvent être réutilisés comme combustible. Les protéines sont également d’importantes composantes des muscles et présentes dans toutes sortes d’autres organes ; elles forment, entre autres, les récepteurs.

Récepteur : protéine réceptrice sur laquelle se lie une hormone. Une hormone se fixe sur son récepteur comme une clé dans une serrure. La fixation d’une hormone sur son récepteur, présent à l’intérieur ou à la surface des cellules corporelles, donne lieu à toutes sortes de réactions dans un organe déterminé.

Récepteur MC4 : récepteur dans l’hypothalamus qui, tout comme le récepteur de la leptine, contribue à générer une sensation de satiété.

Résistance à l’insuline (ou insulinorésistance) : situation dans laquelle les cellules corporelles deviennent insensibles aux effets de l’insuline. Les organes utilisent alors moins de glucose dans le sang et la glycémie augmente.

Sérotonine : neurotransmetteur dans le cerveau qui, entre autres, assure un “sentiment de bonheur” et une stabilité émotionnelle. Elle procure aussi, par l’intermédiaire du récepteur MC4, un sentiment de satiété.

Surpoids : IMC entre 25 et 30.

Syndrome d’apnées obstructives du sommeil (SAOS) : trouble du sommeil associé à des ronflements et de brèves interruptions de la respiration. La respiration s’arrête pendant le sommeil plusieurs fois par heure (parfois jusqu’à cinquante occurrences). Cela entraîne un manque d’oxygène dans le sang, la personne est épuisée au réveil et a tendance à s’endormir fréquemment pendant la journée. Ce syndrome est souvent lié au surpoids ou à l’obésité.

Syndrome de Cushing : ensemble de symptômes et de phénomènes indiquant la trop forte présence dans le corps de cortisol, hormone sécrétée par les glandes surrénales. Cela peut être dû à l'utilisation de médicaments à base de substances apparentées au cortisol (appelés "corticostéroïdes"), sous forme de pommades dermatologiques, d'inhalateurs, de comprimés ou d'injections. Cela peut aussi venir d'une sécrétion trop importante de cortisol par le corps lui-même.

Thermogenèse : production de chaleur. La production de chaleur quotidienne totale se subdivise en différentes composantes, comme le métabolisme au repos, l'effet thermique alimentaire et les dépenses énergétiques liées à l'activité physique.

Triglycéride : forme de stockage de la graisse. Il se compose de trois acides gras fixés sur une molécule de glycérol.

SOURCES

1. BRÈVE HISTOIRE DE LA GRAISSE CORPORELLE

Les informations sur la Vénus de Willendorf proviennent de l'article de Walpurga Antl-Weiser, "The anthropomorphic figurines from Willendorf", *Wissenschaftliche Mitteilungen Niederösterreichisches Landesmuseum*, 2008, 19:1930. On peut lire une rétrospective instructive de la modification du regard sur le surpoids dans Garabed Eknoyan, "A history of obesity, or how what was good became ugly and then bad", *Advances in chronic kidney disease*, 2006, 13:421-427. Les découvertes relatives aux causes de surpoids sont magistralement exposées dans George A. Bray, "Obesity: Historical development of scientific and cultural ideas", *International Journal of Obesity*, 1990, 14:909-926. Des informations sur la deuxième révolution agricole sont données dans Robert William Fogel, *The Escape from Hunger and Premature Death, 1700-2100*, Cambridge University Press, Cambridge, Royaume-Uni, 2004. Un tour d'horizon détaillé de la découverte de la cellule graisseuse et de toutes les découvertes majeures concernant la graisse est fourni dans Max Lafontan, "Historical perspectives in fat cell biology: the fat cell as a model for the investigation of hormonal and metabolic pathways", *American Journal of Physiology – Cell Physiology*, 2011, 302:C327-C359.

Pour le passage sur le Fat Men's Club, nous avons consulté le site internet de la New England Historical Society.

2. UN ORGANE-RÉSERVOIR POUR NE JAMAIS MANQUER DE RIEN

Pour une excellente description du métabolisme des lipides, des glucides ou des protéines, on se référera au chapitre 46 du livre de Matthew Levy *et al.*, *Physiology Fourth Edition*, Mosby, Philadelphie, 2006.

Le fonctionnement de la cellule graisseuse et le développement fœtal de la graisse corporelle sont expliqués dans un article synoptique passionnant de Michael E. Symonds *et al.*, "Adipose tissue and fetal programming", *Diabetologia*, 2012, 55:1597-1606.

Une description exhaustive de la lipodystrophie figure dans l'article suivant : Ingrid M. Jazet *et al.*, "Therapy resistant diabetes mellitus and lipodystrophy: leptin therapy leads to improvement", *Nederlands Tijdschrift voor Geneeskunde*, 2013, 157(4): A5482.

Une vue d'ensemble des différents types de sucres et de graisses peut être consultée sur le site internet Manger Bouger : www.mangerbouger.fr.

Une étude expliquant les différents effets du fructose et du glucose sur le foie est parue dans Thomas Jensen *et al.*, "Fructose and sugar: a major mediator of non-alcoholic fatty liver disease", *Journal of Hepatology*, 2018, 68:1063-1075.

Pour une lecture plus approfondie sur la différence d'impact entre un régime faiblement lipidique ou faiblement glucidique, voir Christopher D. Gardner *et al.*, "Effect of low-fat vs low-carbohydate diet on 12-month weight loss in overweight adults and the association with genotype pattern or insulin secretion: The DIETFITS randomized clinical trial", *JAMA*, 2018, 319: 667-679, et Mesut Savas et Elisabeth F. C. van Rossum, "Beter een vetarm of koolhydraatarm dieet: is dat te voorspellen?" [Peut-on prévoir ce qui vaut mieux : un régime faiblement lipidique ou faiblement glucidique ?], *Nederlands Tijdschrift voor Geneeskunde*, 2017, 161:D2310.

Pour l'étude montrant qu'il vaut mieux manger ses glucides en dernier : Alpana P. Shukla *et al.*, "Carbohydrate-last meal pattern lowers postprandial glucose and insulin excursions in type 2 diabetes", *BMJ Open Diabetes Research & Care*, 2017, 5:e000440.

On trouve un exposé des dernières conceptions concernant les meilleures proportions de nutriments à prendre en compte pour un régime dans David S. Ludwig *et al.*, "Dietary fat: from foe to friend?", *Science*, 2018, 362:764-770.

Les directives alimentaires néerlandaises du Voedingscentrum se fondent sur un excellent article récapitulatif dans Daan Kromhout *et al.*, "The 2015 Dutch food-based dietary guidelines", *European Journal of Clinical Nutrition*, 2016, 70:869-878.

L'article soulignant qu'une consommation régulière de fibres entraîne un recul des maladies cardiovasculaires a été publié par Andrew Reynolds, "Carbohydrate quality and human health: a series of systematic reviews and meta-analyses", dans *The Lancet*, 2019, 393:434-445.

3. LA GRAISSE, UNE USINE À FABRIQUER DES HORMONES

Les informations sur la découverte de la leptine proviennent du chapitre 1 du livre *Leptin*, de V. Daniel Castracane et Michael C. Henson, "The obese (ob/ob) mouse and the discovery of leptin".

La découverte de la déficience en leptine chez deux enfants est décrite dans Carl T. Montague *et al.*, "Congenital leptin deficiency is associated with severe early-onset obesity in humans", *Nature*, 1997, 387:903-908.

On lira un bel aperçu du traitement réussi de la déficience en leptine dans Gilberto Paz-Filho *et al.*, "Leptin treatment: facts and expectations", *Metabolism*, 2015, 1:146-156.

Le premier traitement d'un enfant souffrant d'une déficience en leptine est présenté par Ismaa Sadaf Farooqi *et al.*, dans "Effects of recombinant leptin therapy in a child with congenital leptin deficiency", *New England Journal of Medicine*, 1999, 341:879-884.

Le rôle de la leptine dans la prévention d'un effet yoyo après une perte de poids est décrit par Olivia M. Farr *et al.*, dans "Leptin applications in 2015: what have we learned about leptin and obesity?", *Current Opinion in Endocrinology, Diabetes and Obesity*, 2015, 22:353-359.

Un excellent article général décrit le potentiel de la leptine pour le traitement de l'obésité et du diabète : Alex M. DePaoli, *Journal of Endocrinology*, 2014, 223:T71-T81.

Un bon article récent explique le fonctionnement de l'adiponectine : Ersilia Nigro *et al.*, "New insight into adiponectin role in obesity and obesity-related diseases", *BioMed Research International*, 2014, 658913.

Des informations sur la constitution corporelle et la menstruation des gymnastes de haut niveau sont fournies dans les articles suivants : Albrecht L. Claessens *et al.*, "Growth and menarcheal status of elite female gymnasts. Children and exercise 1992", 24:755-763, Gérald E. Theintz *et al.*, "Evidence for a reduction of growth potential in adolescent female gymnasts", *Journal of Pediatrics*, 1993, 122:306-312, et Gaston P. Beunen, "Physical growth and maturation of female gymnasts: influence of selection bias on leg length and the duration of training on trunk length", *Journal of Pediatrics*, 1999, 136:149-155.

Deux vues d'ensemble intéressantes concernant le rôle de la leptine sur la fertilité sont données dans les articles : Farid F. Chehab *et al.*, "Leptin and reproduction: Past mile stones, present undertakings and future endeavor", *Journal of Endocrinology*, 2014, 223:T37-T48, et Maria Manfredi-Lozano *et al.*, "Connecting metabolism and gonadal function: novel central neuropeptide pathways involved in the metabolic control of puberty and fertility", *Frontiers in Neuroendocrinology*, 2018, 48:37-49.

Pour en savoir davantage sur la protéine romantique kisspeptine, on peut consulter Karolina Skorupskaite *et al.*, "The kisspeptin-GnRH pathway in human reproductive health and disease", *Human Reproduction Update*, 2014, 20:485-500.

4. LES MALADIES CAUSÉES PAR UN EXCÈS DE GRAISSE ET VICE VERSA

Voici deux excellents articles synoptiques sur le cycle de vie de la graisse : Mervi T. Hyvönen *et al.*, "Maintenance of white adipose tissue in man", *The International Journal of Biochemistry & Cell Biology*, 2014, 56:123-132, et Peter Arner *et al.*, "Fat cell turnover in humans", *Biochemical and Biophysical Research Communications*, 2010, 396:101-104.

Une étude décrit les effets de la prise de poids sur la taille des cellules graisseuses : Lester B. Salans *et al.*, "Experimental obesity in man: cellular character of the adipose tissue", *Journal of Clinical Investigation*, 1971, 50:1005-1011.

Voici la principale étude montrant que le nombre de cellules graisseuses reste à peu près constant à partir de vingt ans : Kirsty

L. Spalding *et al.*, "Dynamics of fat cell turnover in humans", *Nature*, 2008.

Une vue d'ensemble des effets des hormones sexuelles sur les différents dépôts de graisse est présentée par Ursula A. White *et al.*, dans "Sex dimorphism and depot differences in adipose tissue function", *Biochimica et Biophysica Acta*, 2014, 1842:377-392.

Un vaste aperçu des différences entre la graisse abdominale et la graisse sous-cutanée, ainsi que le risque de maladies métaboliques est donné par Theresa Schoettl *et al.*, dans "Heterogeneity of adipose tissue in development and metabolic function", *Journal of Experimental Biology*, 2018, 221:jeb162958.

L'impact de l'obésité sur la fertilité des femmes et la contribution de la perte de poids à l'amélioration de la fertilité sont décrits dans les deux articles suivants : Erica Silvestris *et al.*, "Obesity as disruptor of the female fertility", *Reproductive Biology and Endocrinology*, 2018, 16:22, et Damian Best *et al.*, "How effective are weight-loss interventions for improving fertility in women and men who are overweight or obese? A systematic review and meta-analysis of the evidence", *Human Reproduction Update*, 2017, 23:681-705.

L'impact de l'obésité sur la fertilité de l'homme est exposé par Yue Liu *et al.*, dans "Obesity, a serious etiologic factor for male subfertility in modern society", *Reproduction*, 2017, 154:R123-R131.

L'étude dans laquelle Rose Frisch a montré que d'anciennes athlètes ont moins de risques de développer un cancer du sein et un cancer de l'appareil reproducteur est présentée dans l'article suivant : Rose E. Frisch, "Former athletes have a lower lifetime occurrence of breast cancer and cancers of the reproductive system", *Advances in Experimental Medicine and Biology*, 1992, 322:29-39.

Le lien entre le surpoids ou l'obésité et le développement d'un cancer est décrit dans ces deux revues : Emma H. Allott *et al.*,

"Obesity and cancer: mechanistic insights from transdisciplinary studies", *Endocrine-Related Cancer*, 2015, 22:R365-R386, et Nathan A. Berger *et al.*, "Obesity and cancer pathogenesis", *Annals of the New York Academy of Sciences*, 2014, 1311:57-76.

5. SENSATION DE FAIM ET SENSATION DE SATIÉTÉ : COMMENT ÇA MARCHE ?

Une étude impressionnante montrant que, chaque jour, nous effectuons en moyenne plus de 220 choix alimentaires inconscients et que notre environnement influence ces décisions : Brian Wansink et Jeffery Sobal, "Mindless Eating: The 200 Daily Food Decisions We Overlook", *Environment and Behavior*, 2007.

Dans Erica van den Akker et Edgar van Mil, "Obesitas: gendiagnostiek of geen diagnostiek?" [Obésité : diagnostic génétique ou inexistant ?], *Praktische Pediatrie*, 2009, les pédiatres montrent que, chez les enfants obèses, il est possible d'établir un diagnostic des formes d'obésité dites monogénétiques dont souffrent, entre autres, Karin (déficience du récepteur de leptine) et Joost (déficience du récepteur MC4).

Tatjana Almuli (ancienne participante à l'émission télévisée *Obese*), elle-même en surpoids et chez qui une déficience héréditaire comparable à celle de Joost a été découverte, a écrit un récit poignant dans *Knap voor een dik meisje. Het gewicht van gewicht* [Jolie pour une grosse. Le poids du poids], Nijgh & Van Ditmar, Amsterdam, 2019.

Un bel article général sur la ghréline, hormone de la faim sécrétée par l'estomac : Rosalie M. Kiewiet, Maarten O. van Aken, L. Schepp, Y. P. M. van der Hulst et Aart Jan van der Lelij, "Ghreline: van eerste natuurlijke groeihormoon secretagoog tot multifunctioneel peptide" [La ghréline : d'abord premier sécrétagogue naturel de l'hormone de croissance, puis peptide multifonctionnel], *Nederlands Tijdschrift voor Klinische Chemie* et *Nederlands Tijdschrift voor Klinische Chemie en Laboratoriumgeneeskunde*, 2007.

Une étude fascinante décrit l'effet de nos pensées sur la vitesse à laquelle notre sentiment de satiété apparaît et sur notre hormone de la faim, la ghréline, dans l'article d'Alia J. Crum *et al.*, "Mind over milkshakes: mindsets, not just nutrients, determine ghrelin response", *Health Psychology*, 2011.

On trouvera des informations supplémentaires sur l'hormone apparentée à la ghréline, hormone de la faim, qui s'avère avoir toutes sortes d'effets favorables inattendus sur le métabolisme, dans Patric J. Delhanty, Sebastian J. Neggers et Aart J. van der Lely, "Des-Acyl Ghrelin: A Metabolically Active Peptide", *The Ghrelin System, Endocrine Development*, Karger, 2013.

Gastroentérologue et homme de science, Werner Creutzfeldt présente une rétrospective sur la découverte de nos hormones intestinales, qui peuvent communiquer avec notre cerveau, dans "The (pre)history of the incretin concept", *Regulatory Peptides*, 2005.

Dans Roger G. Pertwee, "Cannabinoid pharmacology: the first 66 years", *British Journal of Pharmacology*, 2006, le chercheur de l'université d'Aberdeen nous entraîne dans l'histoire du cannabis et du système endocannabinoïde, qui s'avère produire toutes sortes d'effets sur notre cerveau.

Un article intéressant décrit le fonctionnement de notre système de récompense cérébral, la suralimentation que peut induire ce système et les moyens de mieux le contrôler : Hisham Ziauddeen *et al.*, "Obesity and the Neurocognitive Basis of Food Reward and the Control of Intake", *Advances in Nutrition*, 2015.

On peut lire des explications scientifiques complémentaires sur les raisons pour lesquelles certaines personnes ressentent un très fort besoin de glucides, et le lien avec les troubles émotionnels et l'obésité, dans Tamara Ventura *et al.*, "Neurobiologic basis of craving for carbohydrates", *Nutrition*, 2014.

Les effets de la sérotonine, "hormone du bonheur", qui joue un rôle important en cas d'addiction et peut inhiber notre appétit, sont détaillés entre autres dans l'article de Christian P. Müller et Judith R. Homberg, "The role of serotonin in drug use and addiction", *Behavioural Brain Research*, 2015.

L'article scientifique suivant décrit un médicament, commercialisé aux États-Unis, qui inhibe l'appétit et agit contre l'obésité par le système de récompense : Guy A. Higgins, Fiona D. Zeeb et Paul J. Fletcher, "Role of impulsivity and reward in the anti-obesity actions of 5-HT2C receptor agonists", *Journal of Psychopharmacology*, 2017.

6. BRÛLER LES GRAISSES

Une vue d'ensemble du fonctionnement de la graisse brune et de divers médicaments et ingrédients alimentaires qui l'influencent figure dans Jonathan R. Ruiz *et al.*, "Role of human brown fat in obesity, metabolism and cardiovascular disease: strategies to turn up the heat", *Progress in Cardiovascular Diseases*, 2018.

Le cas d'une patiente présentant un hibernome, qui a constitué une source d'inspiration pour le cas de Barbara, est présenté dans Emilie Gadea *et al.*, "Hibernoma: a clinical model for exploring the role of brown adipose tissue in the regulation of body weight?", *The Journal of Clinical Endocrinology & Metabolism*, 2014, 1:1-6.

Une vue d'ensemble de la "thermogenèse sans action dynamique" est fournie dans James A. Levine *et al.*, "Non-exercise activity thermogenesis (NEAT): environment and biology", *American*

Journal of Physiology – Endocrinology and Metabolism, 2004, 286:E675-E685.

Une étude examine les conséquences que peuvent avoir des stations debout et des marches plus fréquentes au lieu d'une position assise dans Bernard Duvivier *et al.*, "Minimal intensity physical activity (standing and walking) of longer duration improves insulin action and plasma lipids more than shorter periods of moderate vigorous exercise (cycling) in sedentary subjects", *PLoS One*, 2013.

Les effets des aliments sur la graisse brune sont décrits dans Takeshi Yoneshiro *et al.*, "Tea catechin and caffeine activate brown adipose tissue and increase cold-induced thermogenic capacity in humans", *American Journal of Clinical Nutrition*, 2017, 105:873-881.

La passionnante étude japonaise de Yoneshiro *et al.*, *Journal of Clinical Investigation*, 2013, montre que l'exposition pendant six semaines à un froid léger entraîne une perte de masse graisseuse et que la consommation quotidienne de capsaïcines (un composant des piments rouges) active la graisse brune chez les hommes jeunes en bonne santé.

7. BIORYTHMES ET TISSUS GRAISSEUX

On trouvera des informations complémentaires sur les recherches innovantes concernant l'horloge biologique, qui a valu aux trois chercheurs américains Jeffrey C. Hall, Michael Rosbash et Michael W. Young en 2017 le prix Nobel de physiologie ou médecine, dans un petit film annonçant la nouvelle de ce prix réalisé par la National Public Radio : www.npr.org/sections/thetwo-way/2017/10/02/554993385/nobel-prize-in-medicine-is-awarded-to-3-americans-for-work-on-circadian-rhythm.

Un excellent bilan sur les incidences du manque de sommeil, qui peut stimuler l'appétit, modifier le métabolisme et favoriser une prise de poids, ainsi que sur les effets d'un sommeil perturbé : Arlet Nedeltcheva et Frank Scheer, "Metabolic effects of sleep disruption, links to obesity and diabetes", *Current Opinion in Endocrinology, Diabetes and Obesity*, 2014.

L'étude intéressante réalisée par des chercheurs qui ont fait dormir plus longtemps des personnes dormant peu d'habitude et étudié les effets favorables éventuels sur leur comportement alimentaire : Haya K. al-Khatib *et al.*, "Sleep extension is a feasible lifestyle intervention in free-living adults who are habitually short sleepers: a potential strategy for decreasing intake of free sugars? A randomized controlled pilot study", *The American Journal of Clinical Nutrition*, 2018.

La plus grande étude britannique qui a révélé que les femmes dont la chambre n'était pas plongée dans l'obscurité sont plus grosses que celles dormant dans une chambre obscure est présentée dans Emily McFadden *et al.*, "The Relationship Between Obesity and Exposure to Light at Night: Cross-Sectional Analyses of Over 100,000 Women in the Breakthrough Generations Study", *American Journal of Epidemiology*, 2014.

L'article qui suit donne un aperçu clair des relations réciproques entre sommeil et obésité, montrant que le manque de sommeil peut nous faire prendre du poids, mais que l'obésité et une mauvaise alimentation peuvent détériorer la qualité de notre sommeil : Giovanna Muscogiuri *et al.*, "Obesity and sleep disturbance: the chicken or the egg?", *Critical Reviews in Food Science and Nutrition*, 2018. Les liens entre sommeil et obésité sont aussi décrits dans Jenny Theorell-Haglöw et Eva Lindberg, "Sleep Duration and Obesity in Adults: What Are the Connections?", *Current Obesity Reports*, 2016.

Une étude décrivant le plus grand risque de maladies cardiovasculaires encouru quand on est à la fois obèse et en proie au syndrome d'apnées obstructives du sommeil (SAOS) : Jean-Louis Girardin *et al.*, "Obstructive Sleep Apnea and Cardiovascular Disease: Role of the Metabolic Syndrome and Its Components", *Journal of Clinical Sleep Medicine*, 2008.

L'article qui suit explique l'importance de l'heure à laquelle on consomme certains aliments et le dérèglement de la régulation du glucose sanguin que peut provoquer une alimentation nocturne : Crystal L. Grant *et al.*, "Timing of food intake during simulated night shift impacts glucose metabolism: A controlled study", *Chronobiology International*, 2017.

L'article synoptique majeur ci-après traite des effets sur la santé de comportements alimentaires spécifiques, comme sauter le petit-déjeuner, le "jeûne intermittent" et le nombre et l'heure des repas : Marie-Pierre St-Onge, "Meal Timing and Frequency: Implications for Cardiovascular Disease Prevention: A Scientific Statement from the American Heart Association", *Circulation*, 2017.

Une étude pionnière a examiné les effets à court et à long terme sur nos hormones de la faim et de la satiété d'un régime de courte durée très faiblement calorique : Priya Sumithran *et al.*, "Long-Term Persistence of Hormonal Adaptations to Weight Loss", *The New England Journal of Medicine*, 2011. Elle a montré clairement comment peut s'expliquer en partie l'effet yoyo d'une reprise de poids après un régime.

Pour un complément de lecture sur les résultats à long terme du célèbre concours américain *The Biggest Loser*, on se référera à l'article d'Erin Fothergill *et al.*, "Persistent metabolic adaptation 6 years after « The Biggest Loser » competition", *Obesity*, 2016.

L'article qui suit donne des informations supplémentaires sur une tendance en matière de régimes, le "jeûne intermittent", qui prévoit de jeûner et de manger par intermittence : Mary-Catherine Stockman *et al.*, "Intermittent Fasting: Is the Wait Worth the Weight?", *Current Obesity Reports*, 2018.

Des informations additionnelles sur d'autres tendances en matière de régimes, notamment le "jeûne limité dans le temps", dans le cadre duquel on ne restreint pas le nombre de calories que peut consommer une personne, mais où on réduit considérablement les tranches horaires au cours desquelles cette personne peut manger, figurent dans Girish C. Melkani et Satchidananda Panda, "Time-restricted feeding for prevention and treatment of cardiometabolic disorders", *Journal of Physiology*, 2017. Satchidananda Panda a aussi écrit un article intéressant avec Shubhroz Gill, "A Smartphone App Reveals Erratic Diurnal Eating Patterns in Humans that Can Be Modulated for Health Benefits", dans une revue qui fait autorité, *Cell Metabolism*, 2015. Les auteurs traitent des comportements alimentaires d'adultes en bonne santé et établissent des liens avec les incidences sur la santé.

8. L'IMPACT DU STRESS SUR LA GRAISSE

Les articles suivants décrivent scientifiquement le lien entre stress et obésité : Elisabeth F. C. (Liesbeth) van Rossum, "Obesity and cortisol: New perspectives on an old theme", *Obesity*, 2017, et A. Janet Tomiyama, "Stress and Obesity", *Annual Reviews*, 2018.

Dans l'article ci-après, nous expliquons pourquoi certaines personnes sont plus sensibles que d'autres aux effets négatifs d'un stress chronique sur le poids corporel : Eline S. van der Valk, Mesut Savas et Elisabeth F. C. van Rossum, "Stress and Obesity: Are There More Susceptible Individuals?", *Current Obesity Reports*, 2018.

Des informations complémentaires en français sur le syndrome de Cushing, dont on a finalement découvert que Mischa souffrait, figurent sur le site www.surrenales.com/syndrome-et-maladie-de-cushing.

L'article suivant décrit une méthode relativement nouvelle pour examiner la relation entre l'obésité et l'hormone du stress en mesurant sur le long terme chez des adultes les taux de cortisol dans les cheveux : Vincent L. Wester, Sabine M. Staufenbiel, A. B. Margriet Veldhorst, Jenny A. Visser, Laura Manenschijn, Jan W. Koper, Françoise J. M. Klessens-Godfroy, Erica L. T. van den Akker et Elisabeth F. C. van Rossum, "Longterm cortisol levels measured in scalp hair of obese patients", *Obesity*, 2014.

Notre étude sur le rapport entre cortisol et obésité chez les enfants est présentée dans Gerard Noppe, Erica L. T. van den Akker, Yolanda B. de Rijke, Jan W. Koper, Vincent W. Jaddoe et Elisabeth F. C. van Rossum, "Long-term glucocorticoid concentrations as a risk factor for childhood obesity and adverse body-fat distribution", *International Journal of Obesity*, 2016.

Nous décrivons la relation entre un taux de cortisol chroniquement élevé et un risque accru de maladies cardiovasculaires dans Laura Manenschijn, Laura A. Schaap, Natasja M. van Schoor, Suzan van der Pas, Geeske M. E. E. Peeters, Paul Lips, Jan W. Koper et Elisabeth F. C. van Rossum, "High long-term cortisol levels, measured in scalp hair, are associated with a history of cardiovascular disease", *Journal of Clinical Endocrinology and Metabolism*, 2013.

L'article de Tobias Stalder, Clemens Kirschbaum, Kareen Heinze, Susann Steudte, Paul Foley, Antje Tietze et Lucia Dettenborn, "Use of hair cortisol analysis to detect hypercortisolism during active drinking phases in alcohol-dependent individuals", *Biological Psychology*, 2010, explique le lien entre une consommation abusive d'alcool et le cortisol.

Des informations supplémentaires sur la consommation excessive ou risquée d'alcool aux Pays-Bas peuvent être consultées en ligne dans la fiche d'informations de l'institut Trimbos : assets.trimbos.nl/docs/bd1d5260-16d8-4d3f-a151-09f983d61d4c.pdf.

9. LES CAUSES CACHÉES DU SURPOIDS

Le rapport entre les médicaments qui contiennent une forme d'hormones du stress, à savoir les corticostéroïdes, et le poids corporel est décrit dans les articles scientifiques suivants : Mesut Savas, Vincent L. Wester, Sabine M. Staufenbiel, Jan W. Koper, Erica L. T. van den Akker, Jenny A. Visser, Aart Jan van der Lely, Brenda W. J. H. Penninx et Elisabeth F. C. van Rossum, "Systematic Evaluation of Corticosteroid Use in Obese and Non-obese Individuals: A Multi-cohort Study", *International Journal of Medical Sciences*, 2017, et Mesut Savas, Taulant Muka, Vincent L. Wester, Erica L. T. van den Akker, Jenny A. Visser, Gert-Jan Braunstahl, Sandra N. Slagter, Bruce H. R. Wolffenbuttel, Oscar H. Franco et Elisabeth F. C. van Rossum, "Associations Between Systemic and Local Corticosteroid Use With Metabolic Syndrome and Body Mass Index", *Journal of Clinical Endocrinology and Metabolism*, 2017.

En outre, l'article suivant montre clairement que les produits utilisés localement qui contiennent des corticostéroïdes peuvent avoir sur tout le corps des effets susceptibles d'inhiber les fonctions endogènes des glandes surrénales : Leonie H. Broersen, Alberto M. Pereira, Jens O. Jørgensen et Olaf M. Dekkers, "Adrenal Insufficiency in Corticosteroids Use: Systematic Review and Meta-Analysis", *Journal of Clinical Endocrinology and Metabolism*, 2015.

D'autres informations sur le rapport entre obésité et asthme sont fournies dans les articles suivants : Marta Gruchała-Niedoszytko,

Sylwia Małgorzewicz, Marek Niedoszytko, Maria Gnacińska et Ewa Jassem, "The influence of obesity on inflammation and clinical symptoms in asthma", *Advances in Medical Sciences*, 2013, et Astrid van Huisstede, Manuel Castro Cabezas, Gert-Jan M. van de Geijn, Guido H. Mannaerts, Tjin L. Njo, Christian Taube, Pieter S. Hiemstra et Gert-Jan Braunstahl, "Underdiagnosis and overdiagnosis of asthma in the morbidly obese", *Respiratory Medicine*, 2013.

Dans Charlotte Suppli Ulrik, "Asthma and obesity: is weight reduction the key to achieve asthma control?", *Current Opinion in Pulmonary Medicine*, 2016, l'auteure décrit les effets favorables sur l'asthme d'une perte de poids chez les personnes qui sont à la fois obèses et asthmatiques.

Nous faisons le point sur les médicaments qui peuvent avoir pour effets secondaires de favoriser la prise de poids, et sur l'ampleur de ces effets, dans l'article d'Eline S. van der Valk, Erica L. T. van den Akker, Mesut Savas, Lotte Kleinendorst, Jenny A. Visser, Mieke M. van Haelst, Arya M. Sharma et Elisabeth F. C. van Rossum, "A comprehensive diagnostic approach to detect underlying causes of obesity in adults", *Obesity Reviews*, 2019.

Dans l'article de Madhubhashinee Dayabandara *et al.*, "Antipsychotic-associated weight gain: management strategies and impact on treatment adherence", *Neuropsychiatr Dis Treat*, 2017, sont décrits des mécanismes entraînant, lors de l'utilisation de certains antipsychotiques, une prise de poids, ainsi que les manières de lutter contre cet effet.

Des précisions sur la contribution à la prise de poids que peuvent avoir les bêtabloquants, des médicaments souvent utilisés pour réduire la tension artérielle ou ralentir le rythme cardiaque, figurent dans l'article d'Arya M. Sharma, Tobias Pischon, Sandra Hardt, Iris Kunz et Friedrich C. Luft, "b-Adrenergic Receptor

Blockers and Weight Gain, A Systematic Analysis", *Hypertension*, 2001.

Sur les perturbateurs endocriniens, l'organisme Wemos a mis en ligne une fiche d'information : www.wemos.nl/wp-content/uploads/2016/11/Wemos-Factsheet-Dit-moet-je-weten-overhormoonverstorende-stoffen_November-2016-1.pdf.

The Endocrine Society, association professionnelle américaine de spécialistes des hormones (endocrinologues), a publié un article important sur les effets des perturbateurs endocriniens et le risque d'obésité et de diabète : "The Endocrine Society's Second Scientific Statement on Endocrine-Disrupting Chemicals", *Endocrine Review*, 2015, endocrinenews.endocrine.org/edcs-linked-to-rising-diabetes-obesity-risk. The Endocrine Society donne aussi des conseils sur ce que l'on peut faire de plus soi-même pour éviter le plus possible de s'exposer aux perturbateurs endocriniens. On peut les consulter en ligne : www.endocrine.org/topics/edc/what-you-can-do.

Des informations complémentaires concernant l'impact des perturbateurs endocriniens sur notre appétit et leur influence sur notre métabolisme, et peut-être même leurs effets négatifs qui peuvent se transmettre de génération en génération, sont en ligne sur le site de The Endocrine Society : www.endocrine.org/topics/edc/what-edcs-are/common-edcs/metabolic.

Philippa D. Darbre, "Endocrine Disruptors and Obesity", *Current Obesity Reports*, 2017, est un article intéressant qui porte sur le cercle vicieux susceptible de survenir quand on a déjà trop de graisse et que des perturbateurs endocriniens peuvent s'y accumuler, et ainsi provoquer toutes sortes de maladies, comme le cancer.

Une équipe de chercheurs, sous la direction de Jeffrey Gordon de la Washington University School of Medicine à St Louis, a publié l'étude pionnière "Gut Microbiota from Twins Discordant for Obesity Modulate Metabolism in Mice", *Science*, 2016. On y trouve une description d'expériences qui ont révélé que des caractéristiques telles que l'obésité ou au contraire la minceur peuvent être transmises en transplantant des bactéries intestinales humaines dans des souris.

On lira avec intérêt les articles scientifiques suivants sur le rôle des bactéries intestinales dans l'obésité et sur les transplantations fécales en tant que thérapies possibles : Yongbo Kang et Yue Cai, "Gut microbiota and obesity: implications for fecal microbiota transplantation therapy", *Hormones*, 2017, et Anne Vrieze *et al.*, "Transfer of intestinal microbiota from lean donors increases insulin sensitivity in individuals with metabolic syndrome", *Gastroenterology*, 2012.

D'autres vues d'ensemble récentes sur le rôle de nos bactéries intestinales en cas d'obésité figurent dans Olga Castaner *et al.*, "The Gut Microbiome Profile in Obesity: A Systematic Review", *International Journal of Endocrinology*, 2018, et dans Abraham S. Meijnikman, Victor E. Gerdes, Max Nieuwdorp et Hilde Herrema, "Evaluating Causality of Gut Microbiota in Obesity and Diabetes in Humans", *Endocrine Reviews*, 2018.

Pour un complément de lecture sur le discours du médecin Richard Atkinson à propos de la contribution possible des virus à l'épidémie d'obésité dans le monde, on se reportera à son article en ligne, "Obesity Due to a Virus: How this Changes the Game". Il est disponible sur le site internet de l'Obesity Action Coalition : www.obesityaction.org/community/article-library/obesity-due-to-a-virus-how-this-changes-the-game/.

Par ailleurs, un article scientifique sur la relation entre l'adénovirus-36 et l'obésité a été écrit par Richard Atkinson *et al.*, "Human adenovirus-36 is associated with increased body weight and paradoxical reduction of serum lipids", *International Journal of Obesity*, 2005. Un article fait le bilan des recherches effectuées les années précédentes sur ce virus en rapport avec l'obésité : Mei-Yan Xu *et al.*, "Human Adenovirus 36 Infection Increased the Risk of Obesity: A Meta-Analysis Update", *Medicine*, 2015.

Des recherches sur l'utilisation d'antibiotiques à un jeune âge et les effets négatifs sur le microbiote, ainsi que le lien avec un poids corporel plus élevé, sont décrites dans l'article de Katri Korpela *et al.*, "Intestinal microbiome is related to lifetime antibiotic use in Finnish pre-school children", *Nature Communications*, 2016.

10. QU'EST-CE QUI MARCHE CONTRE LE SURPOIDS ET L'OBÉSITÉ ?

Pour des précisions sur les recherches à propos des conséquences d'une consommation quotidienne d'une boisson sucrée sur le poids d'élèves, on lira l'article suivant : Janne C. de Ruyter *et al.*, "A trial of sugar-free or sugar-sweetened beverages and body weight in children", *The New England Journal of Medicine*, 2012.

Des conseils sur le traitement adapté selon l'ampleur du surpoids ou de l'obésité sont donnés dans la publication en néerlandais *Zorgstandaard Obesitas* [Normes de soin pour l'obésité], conçue par le Partnerschap Overgewicht Nederland (PON) en 2010. Le PON est un partenariat entre des associations professionnelles de médecins et des membres de professions paramédicales, l'assurance maladie Zorgverzekeraars Nederland, les services de santé GGD-GHOR et des associations de patients qui sont tous concernés par le traitement de l'obésité aux Pays-Bas, et il joue un rôle de conseil entre autres auprès du ministère de la Santé publique, du Bien-Être et des Sports. En France, le gouvernement publie aussi une liste des établissements qui prennent en charge l'obésité sévère : solidarites-sante.gouv.fr/soins-et-maladies/prises-en-charge-specialisees/obesite.

L'approche pour établir un diagnostic en recherchant les facteurs sous-jacents favorisant la prise de poids ou le maintien d'un poids élevé est décrite dans les articles suivants : Eline S. van der Valk, Mesut Savas, Jan Steven Burgerhart, Maaike de Vries, Erica L. T. van den Akker et E. F. C. van Rossum, "Obesitas in de spreekkamer. Eerst diagnostiek en daarna effectieve behandeling (klinische les)" [Aborder l'obésité en cabinet de consultation. D'abord le diagnostic, puis un traitement efficace (enseignement clinique)], *Nederlands Tijdschrift voor Geneeskunde*, 2017, 161:D2310, et Eline S. van der Valk, Erica L. T. van den Akker, Mesut Savas, Lotte Kleinendorst, Jenny A. Visser, Mieke M. van Haelst, Arya M. Sharma et Elisabeth F. C. van Rossum, "A comprehensive diagnostic approach to detect underlying causes of obesity in adults", *Obesity Reviews*, 2019. Il s'agit d'articles scientifiques. Pour des informations plus accessibles au grand public, on peut aussi regarder en ligne le discours d'accession au poste de professeur d'université de Liesbeth van Rossum intitulé "Dik ben je niet voor de lol" [On n'est pas gros par plaisir] ou sa présentation TEDX "Solutions for the obesity epidemic".

L'étude sur la vaccination contre l'hormone de la faim, la ghréline, qui a fait en sorte que des rats prennent moins de poids, figure dans l'article d'Eric P. Zorrilla *et al.*, "Vaccination against weight gain", *Proceedings of the National Academy of Sciences*, 2006.

11. STIGMATISATION DES "GROS" *(FATSHAMING)* ET CONSÉQUENCES PSYCHOLOGIQUES DE L'OBÉSITÉ

Un livre intéressant intitulé *Eet mij* (Mange-moi) traite de la psychologie de l'alimentation et du surpoids. Ses auteurs sont Asha ten Broeke, dont il est question dans le chapitre 11, psychologue et éditorialiste du quotidien néerlandais *de Volkskrant*, et Ronald Veldhuizen, biologiste et journaliste scientifique. Malheureusement, il n'est pas encore traduit en français.

Un vaste tour d'horizon des recherches effectuées durant plusieurs dizaines d'années sur le parti pris et la stigmatisation concernant les personnes en surpoids et obèses figure dans Rebecca M. Puhl et Kelly D. Brownell, "Bias, discrimination, and obesity", *Obesity Research*, 2001, 9:788-905.

Pour en savoir plus sur la façon d'aborder la stigmatisation de l'obésité, on consultera l'article d'Angela S. Alberga, Shelly Russell-Mayhew, Kristin M. von Ranson et Lindsay McLaren, "Weight bias: a call to action", *Journal of Eating Disorders*, 2016.

Comme nous l'avons vu précédemment, des études ont montré qu'on a moins de chances d'obtenir un emploi lorsqu'on présente sa candidature à un poste et qu'on est obèse. Pour plus de précisions, on se reportera à l'article scientifique de Stuart W. Flint, Martin Čadek, Sonia C. Codreanu, Vanja Ivić, Colene Zomer et Amalia Gomoiu, "Obesity Discrimination in the Recruitment Process: You're Not Hired!", *Frontiers in Psychology*, n° 7, 2016.

Un vaste aperçu des explications biologiques du lien entre obésité et dépression figure dans l'article de Yuri Milaneschi, Kyle Simmons, Elisabeth (Liesbeth) F. C. van Rossum et Brenda Penninx, "Depression and obesity: evidence of shared biological mechanisms", *Molecular Psychiatry*, 2018.

Une vue d'ensemble fascinante sur le mode de communication de nos intestins avec notre cerveau est proposée dans Sabrina Mörkl, Jolana Wagner-Skacel, Theresa Lahousen, Sonja Lackner, Sandra Johanna Holasek, Susanne Astrid Bengesser, Annamaria Painold, Anna Katharina Holl et Eva Reininghaus, "The Role of Nutrition and the Gut-Brain Axis in Psychiatry: A Review of the Literature", *Neuropsychobiology*, 2018.

Des informations complémentaires sur le concept d'une sorte de "fuite" des bactéries intestinales et d'autres éléments atteignant le cerveau par la circulation sanguine peuvent être consultées dans l'article synoptique de Mark E. M. Obrenovich, "Leaky Gut, Leaky Brain?", *Microorganisms*, 2018.

Pour en savoir plus sur l'amélioration des symptômes de dépression par une perte de poids, la lecture de l'article scientifique suivant est conseillée : Anthony N. Fabricatore *et al.*, "Intentional weight loss and changes in symptoms of depression: a systematic review and meta-analysis", *International Journal of Obesity*, 2011.

Si vous souhaitez lire des informations supplémentaires sur les conséquences psychiques d'une opération gastrique en vue de traiter l'obésité, nous vous conseillons l'article de Sandra Jumbe *et al.*, "Psychological Aspects of Bariatric Surgery as a Treatment for Obesity", *Current Obesity Reports*, 2017, 6(1):71-78.

Vous trouverez d'autres informations sur le risque accru d'une consommation problématique d'alcool à la suite d'une opération gastrique dans l'aperçu général de Christine E. Spadola *et al.*, "Alcohol and Drug Use Among Postoperative Bariatric Patients: A Systematic Review of the Emerging Research and Its Implications", *Alcoholism: Clinical and Experimental Research*, 2015, 39(9):1582-1601.

REMERCIEMENTS

Pour la réalisation de ce livre, nous sommes profondément reconnaissantes à de nombreuses personnes. En premier lieu à celles qui ont bien voulu partager leur histoire avec nous. Ce sont vos histoires personnelles qui nous ont touchées et inspirées. Elles peuvent être instructives pour tous. Certains noms sont les vrais, d'autres des pseudonymes : un grand merci à Joost et à Karin (et à vos parents !), ainsi qu'à Asha, Mark, Mischa, Natalie, Patty et Rob, pour votre franchise !

Sachant qu'il est important pour nous que notre livre contienne des informations utiles à beaucoup de gens et s'appuie sur une solide base scientifique, nous avons demandé à plusieurs médecins et savants de vérifier l'exactitude des faits : professeur Patrick Rensen, docteur Erica van den Akker, docteur Michiel Nijhoff, docteur Adrie Verhoeven, professeur Max Nieuwdorp, professeur Jan Hoeijmakers, professeur Jaap Seidell, docteur Mireille Serlie, docteur Jeroen Molinger, docteur Jan Apers et docteur René Klaassen, nous vous exprimons nos remerciements pour vos relectures et vos précieuses réactions.

Nous tenons aussi à remercier plusieurs relecteurs qui ont vérifié que les éléments compliqués que nous souhaitons expliquer à un large public soient compréhensibles même pour des personnes sans formation médicale ou scientifique. Tout d'abord un immense merci à nos éditeurs Erik de Bruin et Linda Visser. Ensuite un tout aussi grand merci à Julie Maturbongs, Marijke Schiffer, Ruud van der Linde, Monique den Hamer, Carla Jongenengel, Claudia Visser, Jos Boon, Ada Willemstein, Esther Lankhuijzen, Ilke van der Mark et Anita Groenendijk.

Enfin, nous aimerions remercier nos partenaires, nos familles et nos amis pour le soutien qu'ils nous ont accordé pendant nos rares heures libres afin que nous puissions nous consacrer à la rédaction de ce livre. Grâce à vous, nous avons pu en retirer un plaisir gros comme ça !

LISTE DES ENCADRÉS

TABLE

ACTES SUD
Collection "Questions de santé"

Pour de plus amples informations :
www.actes-sud.fr/rayon/sant.

Giulia ENDERS
Illustrations de Jill ENDERS
LE CHARME DISCRET DE L'INTESTIN
TOUT UN ORGANE MAL AIMÉ...
Avril 2015 / 13,5 × 21,5 cm / 352 pages
Novembre 2017 / Rééd. revue et augmentée
Mai 2021 / Semi-poche / 384 pages

Roger LENGLET & Chantal PERRIN
L'AFFAIRE DE LA MALADIE DE LYME
UNE ENQUÊTE
Avril 2016 / 13,5 × 21,5 cm / 160 pages

Romain GHERARDI
TOXIC STORY
DEUX OU TROIS VÉRITÉS EMBARRASSANTES
SUR LES ADJUVANTS DES VACCINS
Octobre 2016 / 13,5 × 21,5 cm / 256 pages
Avril 2019 / Babel n°1613

Dr Michael NEHLS
GUÉRIR ALZHEIMER
COMPRENDRE ET AGIR À TEMPS
Février 2017 / 13,5 × 21,5 cm / 432 pages
Octobre 2018 / Babel n° 1583

Nina BROCHMANN & Ellen STØKKEN DAHL
LES JOIES D'EN BAS
TOUT SUR LE SEXE FÉMININ
Janvier 2018 / 13,5 × 21,5 cm / 448 pages
Mai 2021 / Semi-poche / 448 pages

Valter LONGO
LE RÉGIME DE LONGÉVITÉ
UNE NOUVELLE STRATÉGIE ALIMENTAIRE POUR RÉGÉNÉRER ET RAJEUNIR L'ORGANISME, COMBATTRE LES MALADIES ET ATTEINDRE LE POIDS IDÉAL
Août 2018 / 13,5 × 21,5 cm / 336 pages

Johann HARI
CHAQUE DÉPRESSION A UN SENS
CAUSES MÉCONNUES ET SOINS NOVATEURS
Janvier 2019 / 14,5 × 24 cm / 400 pages

Brice FARAUT
SAUVÉS PAR LA SIESTE
PETITS SOMMES ET GRANDES VICTOIRES SUR LA DETTE DE SOMMEIL
Mars 2019 / 13,5 × 21,5 / 256 pages
Mai 2021 / Semi-poche / 256 pages

Sophie GOETTMANN
VOS ONGLES, TOUT UN MONDE…
EMBELLIR – PRÉVENIR – GUÉRIR
Septembre 2020 / 13,5 × 21,5 / 352 pages

Valter LONGO
LA LONGÉVITÉ SE CONQUIERT DÈS L'ENFANCE
UN NOUVEAU PROGRAMME NUTRITIONNEL DE LA GROSSESSE À L'ADOLESCENCE
Octobre 2020 / 14,5 × 24 / 464 pages